"十二五"职业教育国家规划教材
经全国职业教育教材审定委员会审定

高职高专财经类专业规划教材

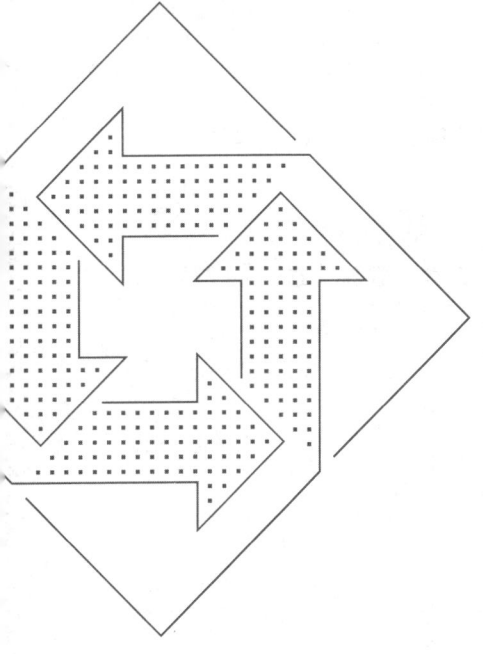

财务管理
CAIWU GUANLI
(第4版)

主　编　郭素娟　于　涵
副主编　石晓燕　洪　燕　王成玉

中国财经出版传媒集团

中国财政经济出版社

图书在版编目（CIP）数据

财务管理 / 郭素娟，于涵主编 . —4 版 . —北京：中国财政经济出版社，2019.2

"十二五"职业教育国家规划教材

ISBN 978 – 7 – 5095 – 8703 – 4

Ⅰ.①财⋯　Ⅱ.①郭⋯　Ⅲ.①财务管理 – 高等职业教育 – 教材　Ⅳ.①F275

中国版本图书馆 CIP 数据核字（2018）第 301879 号

责任编辑：李　媛　　　　　　责任校对：徐艳丽
封面设计：华乐功　　　　　　版式设计：董生萍

中国财政经济出版社出版

URL：http：// www.cfeph.cn

E – mail：cfeph @ cfeph.cn

（版权所有　翻印必究）

社址：北京市海淀区阜成路甲 28 号　邮政编码：100142

营销中心电话：010 – 88191537

北京富生印刷厂印刷　各地新华书店经销

787×1092 毫米　16 开　17.25 印张　401 000 字

2019 年 2 月第 4 版　2021 年 7 月北京第 3 次印刷

定价：42.00 元

ISBN 978 – 7 – 5095 – 8703 – 4

（图书出现印装问题，本社负责调换）

本社质量投诉电话：010 – 88190744

打击盗版举报热线：010 – 88191661　　QQ：2242791300

第4版前言

《财务管理》和《财务管理职业能力训练》作为高职高专财经类专业规划教材以及"十二五"职业教育国家规划教材,自2010年初版以来,至今已经推出第4版。多年来,本教材深受高职院校教师和学生以及广大读者的认可和厚爱,值此第4版问世之际,谨向选用本书和提出宝贵修改建议的广大师生和读者朋友,致以衷心的感谢!

本教材根据政府最新相关文件精神,结合企业对财务管理人才的素质要求,按照高职高专财务管理课程的教学目标,吸收财务管理的最新内容,充分考虑企业专家的意见和建议,结合高职学生的认知特点,内容设置充分体现课证融合与课赛融合,在总结长期教学经验和实践经验的基础上编写而成的。

本教材已经使用了8年的时间,在使用过程中,教师和学生提出了很多合理化的意见和建议,这成为完善教材体系和内容的宝贵资源。因此,教材编写团队在第3版的基础上,对相关内容进行了完善、调整、更新,做到与时俱进,满足适应大数据和人工智能迅猛发展背景下的财务管理人才的培养需要。主要体现在以下几个方面:

1. 对教材内容进行更新与完善

根据新的法律法规和职业资格考试的内容,结合高职高专教学的特点,对相关内容进行完善和更新,突出教材的科学性、趣味性、先进性和适用性。

2. 充分体现课证融合

本教材的内容与财政部会计资格考试以及注册会计师考试的相关内容相融合,充分体现课证融合,为学生的未来可持续发展做好知识储备。

3. 充分体现课赛融合

本教材在内容设计上,充分考虑全国职业院校(高职组)会计技能赛项(会计基本技能竞赛)涉及的相关知识点,做到课赛融合,为学生参加比赛以及综合素质的提升提供支撑。

4. 建立校企合作教材编写团队

吸纳有丰富财务管理教学经验的教师和有丰富财务管理实践经验的不同业态的企业管理人员和行业专家加入编写队伍,建立校企合作教材编写团队,聘请上市公司的行业专家担任审定工作,使教材更加贴近企业相关岗位对财务管理知识的需求,共同提高教材质量。

本教材的校企合作编写团队如下:

主编由山东商业职业技术学院教授、高级会计师、注册会计师郭素娟和山东商业职业技术学院副教授于涵担任;副主编由山东商业职业技术学院副教授石晓燕;山东商业职业技术学院讲师洪燕;山东省潍坊市潍城区财政局会计师王成玉担任。参编有：山东商业职业技术学院副教授李霞；山东商业职业技术学院副教授杨忠英；山东商业职业技术学院讲师王繁一、山东商业职业技术学院讲师孙楠楠；山东航空公司济南营业部财务经理、高级会计师张涛。山东高速集团有限公司总会计师嵇可成担任主审。

具体编写分工如下：项目一、项目二、项目三、项目四由郭素娟编写；项目五由李霞、王繁一、孙楠楠编写；项目六由杨忠英、王成玉编写；项目七由石晓燕、洪燕编写，项目八由于涵、张涛编写。全书最后由郭素娟总纂定稿。

本教材既可作为高职高专财经类专业教材，也可作为在职会计人员培训及自学者自学用书。同时，本教材有配套出版的《财务管理职业能力训练》，包括知识回顾、职业判断能力训练、职业实践能力训练和职业拓展能力训练四部分，既有助于巩固所学基本理论，又可以培养解决实际问题的能力。

本教材在编写过程中参阅、借鉴了相关教材、著作和网络资源，在此对相关作者表示诚挚的谢意。由于编写时间仓促，作者水平和实践经验有限，书中不妥之处，恳请读者批评指正。

编者

2019 年 1 月

目 录

项目一	财务管理初步认知	1
任务一	财务管理的内容认知	1
任务二	财务管理的目标认知	8
任务三	财务管理的环境认知	14

项目二	财务管理的价值观念认知	23
任务一	货币时间价值计算	23
任务二	风险与报酬衡量	34
任务三	债券与股票估价	44

项目三	项目投资管理	55
任务一	项目投资管理认知	55
任务二	现金流量预测	59
任务三	项目投资财务评价指标的计算	64
任务四	项目投资决策方法及应用	73

项目四	筹资管理	78
任务一	筹资规模管理	78
任务二	股权筹资管理	87
任务三	债务筹资管理	95
任务四	混合筹资管理	103
任务五	资本成本决策	109
任务六	杠杆效应分析	118
任务七	资本结构决策	125

项目五	营运资本管理 ································· 133
	任务一 营运资本策略管理 ·················· 133
	任务二 现金管理 ·························· 140
	任务三 应收账款管理 ······················ 148
	任务四 存货管理 ·························· 160
	任务五 流动负债管理 ······················ 169

项目六	股利分配管理 ································· 178
	任务一 股利支付程序和方式 ················ 178
	任务二 股利政策及其选择 ·················· 184
	任务三 股票股利、股票分割与回购 ·········· 194

项目七	预算管理 ····································· 199
	任务一 预算的编制方法 ···················· 199
	任务二 全面预算的编制 ···················· 209

项目八	财务分析 ····································· 221
	任务一 财务分析方法 ······················ 221
	任务二 偿债能力分析 ······················ 228
	任务三 营运能力分析 ······················ 237
	任务四 盈利能力分析 ······················ 243
	任务五 发展能力分析 ······················ 250
	任务六 财务综合分析 ······················ 252

附录 ·· 256

参考文献 ·· 268

项目一
财务管理初步认知

 知识学习目标

1. 了解企业组织形式及其特点
2. 能准确把握财务管理的内容
3. 能理解财务管理的环节
4. 能掌握财务管理目标的不同观点的主张、理由和存在的问题
5. 能掌握股东、经营者和债权人的利益冲突及协调方法
6. 能够分析各种环境对财务管理的影响

 技能训练目标

1. 会与企业内外相关部门沟通财务管理相关信息
2. 能比较敏锐地判断各种环境变化对企业财务活动产生的影响
3. 会通过现代媒体等手段收集学习企业财务管理所需资料
4. 会运用不同的方法加工整理选取资料,为我所用

任务一
财务管理的内容认知

 引导案例

郭先生是羽裳服装公司的董事长,他曾经在一家跨国公司任部门经理,后来回国创立了这家服装公司。李先生是郭先生聘请的财务总监,他是一名非执业注册会计师,曾经在上市公司做过财务工作,有比较丰富的财务管理工作经验。郭先生有着在跨国公司工作的管理经验,深知做好财务管理工作对一家企业的重要性。所以,他高薪聘请了李先生做财务总监,而且在李先生入职伊始,让其参加了财务总监培训班,旨在更好地做好财务管理工作。

请思考:你对企业的财务管理工作了解吗?

任务处理

财务管理是对一个组织内部进行投资和筹资决策的一项价值管理工作。任何组织都需要财务管理，但是营利性组织与非营利性组织的财务管理有较大区别。这里讨论的是营利性组织的财务管理，即企业财务管理，又称作企业理财。

一、企业的组织形式

典型的企业组织形式有三类：个人独资企业、合伙企业和公司制企业。

（一）个人独资企业

个人独资企业是由一个自然人投资，财产为投资人个人所有，投资人以其个人财产对企业债务承担无限责任的经营实体。

个人独资企业的优点：①创立容易。个人独资企业不需要与他人协商并取得一致，只需要很少的注册资本。②维持个人独资企业的固定成本较低。政府对个人独资企业的监管较少，对其规模也没有限制。③个人独资企业不需要缴纳企业所得税。

个人独资企业的缺点：①业主对企业承担无限连带责任，有时企业的损失会超过业主最初对企业的投资，需要用个人其他财产偿债；②企业的存续年限受制于业主的寿命；③难以从外部获得大量资本用于经营。

多数个人独资企业的规模较小，抵御经济衰退和承担经营损失的能力不强，其平均存续年限较短。有一部分个人独资企业能够发展壮大，规模扩大后会发现其固有缺点，于是转变为合伙企业或公司制企业。

（二）合伙企业

合伙企业是由各合伙人订立合伙协议，共同出资，合伙经营，共享收益，共担风险，并对合伙债务承担无限连带责任的营利性组织。通常，合伙人是两个或两个以上的自然人，有时也包括法人或其他组织。

合伙企业的优点和缺点与个人独资企业类似，只是程度有些区别。合伙企业规定每个合伙人对企业债务承担无限连带责任。每个合伙人都可能因为偿还企业债务而失去其原始投资以外的个人财产。如果一个合伙人没有能力偿还其应分担的债务，其他合伙人需承担连带责任，即有责任替其偿还债务。法律还规定，合伙人转让其所有权时，需要取得其他合伙人的同意，有时甚至还需要修改合伙协议。因此，合伙企业所有权的转让比较困难。

此外，还有特殊的普通合伙企业。它是指以专门知识和技能为客户提供有偿服务的专业机构，这些企业可以设立为特殊的普通合伙企业。譬如，律师事务所、会计师事务所、设计师事务所等。特殊普通合伙企业必须在其企业名称中标明"特殊普通合伙"字样，以区别于普通合伙企业。在特殊的普通合伙企业中，一个合伙人或数个合伙人在执业活动中因故意或重大过失造成合伙企业债务的，应当承担无限责任或无限连带责任,其他合伙人则仅以其在合伙企业中的财产份额为限承担责任。

> 合伙企业分为普通合伙企业和特殊的普通合伙企业。普通合伙企业由普通合伙人组成,合伙人对合伙业务承担无限连带责任。依照合伙企业法的规定,国有独资公司、国有企业、上市公司以及公益性的事业单位、社会团体不得成为普通合伙人。以专业知识和专门技能为客户提供有偿服务的专业服务机构,可以设立为特殊的普通合伙企业。

小提示

(三)公司制企业

任何依据公司法登记的机构都被称为公司。各国的公司法差异较大,因此,公司的具体形式并不完全相同。它们的共同特点是均为经政府注册的营利性法人组织,并且独立于所有者和经营者。

因为公司是独立法人,因此具有以下特点:①无限存续,即一个公司在最初的所有者和经营者退出后仍然可以继续存在;②股权便于转让,即公司的所有者权益被划分为若干股权份额,每个份额可以单独转让,无需经过其他股东同意;③有限责任,即公司债务是法人债务,不是所有者的债务。所有者对公司债务的责任以其出资额为限。由于公司具有以上三个优点,其更容易在资本市场上筹集到资本。有限债务责任和公司无限存续,降低了投资者的风险;股权便于转让,提高了投资人资产的流动性。这些优点吸引投资人把资本投入公司制企业。

公司制企业的缺点:①双重课税。公司作为独立法人,其利润需缴纳企业所得税,当企业利润分配给股东后,股东还需缴纳个人所得税。②组建成本高。公司法对于建立公司的要求比独资或合伙企业高,并且需要提交一系列法律文件,通常花费的时间较长。公司成立后,政府对其监管比较严格,需要定期公开各种报告。③存在代理问题。经营者和所有者分开后,经营者成为代理人,所有者成为委托人,代理人可能为了自身利益而伤害委托人利益。

以上三类企业组织形式中,虽然个人独资、合伙企业的总数较多,但公司制企业的注册资本和经营规模较大。因此,财务管理通常把公司财务管理作为讨论的重点。除非特别指明,本教材所讨论的财务管理均指公司财务管理,主要基于工商业行业。

> 公司法关于公司制企业股东人数的规定:有限责任公司股东人数为50人以下;非上市的股份有限公司股东人数不得超过200人;上市公司的股东人数没有限制。

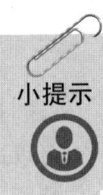
小提示

二、财务管理的内容

企业的基本活动是从资本市场上筹集资金,投资于生产性经营资产,并运用这些资产进行生产经营活动,取得利润后用于补充权益资本或分配给股东。因此,企业的基本活动可以分为投资、筹资和股利分配三个方面。

投资活动可分为长期投资和短期投资,筹资活动可分为长期筹资和短期筹资。由于短期投资和短期筹资，属于日常管理活动，可以合并在一起，称之为营运资本管理。由于利润分配决策同时也是利润留存决策（即内部筹资决策），也可以视为长期筹资的一部分。因此，财务管理的内容可分为三个部分：长期投资、长期筹资和营运资本管理。

（一）长期投资

这里的长期投资，是指企业对经营性长期资产的投资。它具有以下特征：

1. 投资的主体是公司

公司投资不同于个人或专业投资机构的投资。公司投资是直接投资，即资金直接投资于生产性资产，然后用其开展经营活动并获取现金。个人或专业投资机构是把现金投资于企业，然后企业用这些现金再投资于经营性资产，属于间接投资。

2. 投资的对象是经营性长期资产

经营性资产投资的对象，包括长期资产和短期资产两类。长期资产投资的现金流出至现金流入的时间超过一年，属于长期投资；短期资产投资的现金流出至现金流入的时间不超过一年，属于短期投资。公司的经营性长期资产包括厂房、建筑物、机器设备、运输设备等。经营性短期资产包括应收账款、存货等。

经营性资产投资有别于金融资产投资。金融资产投资以赚取利息、股利或差价为目的，其投资对象主要是股票、债券、各种衍生金融工具等，习惯上称为证券投资。

3. 投资的目的是获取经营活动所需的实物资源

长期投资的目的是获取生产经营所需的固定资产等劳动手段，以便运用这些资源赚取营业利润。投资的目的不是为了获取固定资产的再出售收益，而是要使用这些固定资产。有的企业也会投资于其他公司，主要目的是控制其经营和资产以增加本企业的价值，而主要不是为了获取股利。

（二）长期筹资

筹资决策要解决的问题是如何取得企业所需要的资本，包括向谁、在什么时候、筹集多少资本。长期筹资是指筹集和管理企业的长期资本，它具有以下特点：

1. 筹资的主体是公司

公司可以直接在资本市场上向潜在的投资人融资，例如发行股票、债券等；也可以通过金融机构间接融资，例如银行借款等。

2. 筹资的对象是长期资本

长期资本是指企业可以长期使用的资本，包括权益资本和长期负债资本。权益资本可以通过向投资者吸收直接投资、发行股票、用留存收益转增资本等方式取得；长期负债资本可以通过银行借款、发行债券等方式取得。

长期筹资还包括股利分配。股利分配决策同时也是内部筹资决策。净利润是属于股东的，应该分配给他们，留存一部分收益而不将其分给股东，实际上是向现有股东筹集权益资本，即利润的资本化。

3. 筹资的目的是满足企业长期资本的需要

筹集多少长期资本，应根据长期资本的需要量确定，两者应当匹配。按照投资持续时间结构去安排筹资时间结构，有利于降低利率风险和偿债风险。使用短期债务支持固定资产购置，短期债务到期时，企业有出售固定资产偿债的风险。使用长期债务支持长期资产，可以锁定利息支出，避免短期利率变化的风险。

长期筹资决策的主要问题是资本结构决策、债务结构决策和股利分配决策。长期债务资本和权益资本的特定组合，称为资本结构。债务资本与权益资本有很大不同，企业必须对它们进行权衡，确定合适的长期负债权益比。资本结构决策是最重要的筹资决策。长期债务的种类较多，它们的成本费用各不相同，选择债权人和借款类型，决定债务结构是另外一个重要的筹资决策。股利分配决策，主要是决定净利润留存和分给股东的比例，也是一项重要的筹资决策。

（三）营运资本管理

营业活动产生的现金对于价值创造具有直接意义，它是增加股东财富的基础。财务人员不直接从事营业活动，他们的职责是管理营业运转所需要的资本。

营运资本是指流动资产（短期资产）和流动负债（短期负债）的差额。营运资本管理分为营运资本投资和营运资本筹资两部分。营运资本投资管理主要是制定营运资本投资决策，决定分配多少资金用于应收账款和存货、决定保留多少现金以备支付，以及对这些资金进行日常管理。营运资本是周转使用的，以尽可能少的营运资本支持同样的营业现金流，有利于增加股东财富。营运资本筹资管理主要是制定营运资本筹资决策，决定向谁借入短期资金，借入多少短期资金，是否需要采用赊购融资等。

上述三部分内容中，长期投资主要涉及资产负债表的左方下半部分的项目（非流动资产），这些项目的类型和比例往往因公司所处行业不同而有差异；长期筹资主要涉及资产负债表的右方下半部分的项目（非流动负债和股东权益），这些项目的类型和比例往往因企业组织的类型不同而有差异；营运资本管理主要涉及资产负债表的上半部分的项目（流动资产和流动负债），这些项目的类型和比例既和企业有关，也和组织类型有关。这三部分内容是相互联系、相互制约的。长期筹资与长期投资有关，一方面长期投资决定需要长期筹资的规模和时间，另一方面公司已经筹集到的资本制约了公司投资的规模。长期投资和经营有关，一方面生产经营活动的内容决定了需要投资的长期资产类型，另一方面已经取得的长期资产决定了公司日常经营活动的特点和方式。长期投资、长期筹资和营运资本管理的最终目的，都是为了增加企业价值。

三、财务管理的环节

财务管理的环节是指财务管理的工作步骤和一般程序。企业财务管理包括以下几个环节：

（一）计划与预算

1. 财务预测

财务预测是根据财务活动的历史资料，考虑现实的要求和条件，对企业未来的财务活动和财务成果做出科学的预计和测算。财务预测的主要内容包括资产预测、成本费用和留存收益预测，以及资金需要量预测等。财务预测的主要步骤有：①明确预测目标；②搜集相关资料；③建立预测模型；④确定预测结果。财务预测是财务决策的前提。

2. 财务计划

财务计划是根据企业整体战略目标和规划，结合财务预测的结果，对财务活动进行规划，并以指标形式落实到每一计划期间的过程。财务计划主要通过指标和表格，以货币的形式反映，在一定计划期内企业生产经营活动所需要的资金及其来源、财务收支、财务成果及其分配情况。

3. 财务预算

财务预算是指运用科学的技术手段和数量方法，对未来财务活动的内容及指标所进行的具体规划。财务预算的编制一般包括以下几个步骤：①分析财务环境，确定预算指标；②协调财务能力，组织综合平衡；③选择预算方法，编制财务预算。

财务预算是以财务决策确立的方案和财务预测提供的信息为基础编制的，是财务预测和财务决策的具体化，是控制财务活动的依据。

（二）决策与控制

1. 财务决策

财务决策是指财务人员按照财务目标的总体要求，利用专门方法对各种备选方案进行比较分析，从中选出最佳方案的过程。财务决策的主要步骤有：①确定决策目标；②提出备选方案；③选择最优方案。

财务管理的核心是财务决策，财务预测是为财务决策服务的，决策成功与否直接关系企业的兴衰成败。

2. 财务控制

财务控制是指在财务管理过程中，利用相关信息和特定手段，对企业财务活动所施加的影响或进行的调节。财务控制一般要经过以下步骤：①制定控制标准，分解落实责任；②实施追踪控制，及时调整误差；③分析执行情况，搞好考核奖惩。

实行财务控制是落实预算任务、保证预算实现的有效措施。

（三）分析与考核

1. 财务分析

财务分析是根据会计核算资料，运用特定方法，对企业财务活动过程及其结果进行分析和评价的一项工作。财务分析包括以下步骤：①收集资料，掌握信息；②指标对比，揭露矛盾；③分析原因，明确责任；④提出措施，改进工作。

通过财务分析，可以掌握各项财务计划的完成情况并对其进行评价，改善财务预测、决策、预算和控制，改善企业管理水平，提高企业经济效益。

2. 财务考核

财务考核是将报告期实际完成数与规定的考核指标进行对比，确定有关责任单位和个人完成任务的过程。财务考核与奖惩紧密联系，是贯彻责任制原则的要求，也是构建激励与约束机制的关键环节。

首席财务官、总会计师与财务总监

在中国企业的高级财务管理职位中,首席财务官、总会计师与财务总监三种制度同时并存,经常有人混同对待,但实际上这三者并不等同,它们之间既有联系又有区别。它们不仅字面表述不同,而且各自的历史渊源、本质、在公司治理中的地位、职责定位等方面也存在差别。

1. 首席财务官(Chief Financial Officer,CFO)

CFO源自美国等一些西方国家的企业,最早出现于20世纪70年代。CFO是地位显赫的公司高级管理者,在公司治理中扮演着重要角色,他们同时进入董事决策层和经理执行层,以股东价值创造为基础,参与公司战略。CFO一般同时管辖CIO(Chief Information Officer,首席信息官)、主计长(Controller)和司库(Treasurer)等。CFO的重要职责就是通过资源配置实现企业的战略目标和长期发展,因此,CFO应该是企业战略的管理者,代表出资方实施企业外部资本控制,并向股东和董事会负责。

在我国,较早采用CFO这一称谓主要是一些网络公司和高新技术企业,目前越来越多的国内公司采用CFO这一称谓。

2. 总会计师(Chief Accountant)

总会计师的提法源自苏联的计划经济体制,当时是一个既对国家负责,又对厂长(经理)负责的职位。进入市场经济之后,我国企业一般都是在"对总经理负责"这一含义上定位总会计师的职责。我国《会计法》明确规定,国有独资和国有资产占控股地位或主导地位的大、中型企业必须设置总会计师。总会计师代表企业管理当局,是经理级财务管理人员,由总经理任命,对总经理负责。总会计师侧重于财务管理和会计核算。

3. 财务总监(Financial Controller)

财务总监制度起源于西方国家。第二次世界大战后,西方国家对国有企业的管理一般是授权总经理组成经理层,负责管理生产经营。由于所有权与经营权的分离,为避免所有者的利益受到损害,国家通过建立财务总监制,监督总经理及经理层,以有效避免"内部人控制",满足所有者对企业经营监控的要求。

在我国,财务总监的提法是在总会计师之后。它吸收和集中了总会计师和内部审计中的部分财务管理与监督职能,弥补了总会计师在企业组织中地位和职责权限上的不足。但是其定位在不同企业中的差异较大:有的企业财务总监相当于国有企业对总经理负责的总会计师;有的财务总监则是指"财务部门负责人";也有个别企业的财务总监相当于CFO。

目前,我国总会计师制度和财务总监制度存在着一些弊端,相当一部分企业要么没有按照《会计法》设置总会计师职位,要么设置了也不能进入高管层面,而且绝大多数企业的总会计师和财务总监在经理班子中排在末位。另外,也有一些设置总会计师或财务总监职位的企业,不是将总会计师或财务总监设在董事决策层,而是设在经理执行层,只对总经理负责,不对董事会负责。

任务二
财务管理的目标认知

经过一年的经营，羽裳服装公司不仅在国内的市场份额不断扩大，而且开拓了海外市场，取得了良好的经营业绩。在年终的董事会会议上，在对待如何回馈股东的问题上，财务总监李先生表示："我们要继续将企业做大做强，首先要真诚对待每一位股东，用好每一分钱，让股东得到良好回报。"董事长郭先生和其他与会股东都同意李先生的观点。羽裳服装公司将为股东谋求投资利益最大化作为经营宗旨。同时，还要权衡除股东以外的利益相关者，包括企业管理层、员工、债权人、顾客、供应商、政府机构等的利益，实现出资者权益与其他利益相关者权益的共同发展，不断吸收新的资本投入，实现资源的有效配置，创造新的财富。

请思考：通过本案例学习，请说出羽裳服装公司的财务管理目标是哪一种观点？

■ 任务处理

一、财务管理目标

从根本上说，财务管理的目标取决于企业的目标，所以财务管理的目标和企业的目标是一致的。企业目标也称为企业的财务目标。因此，我们可以将财务管理目标、财务目标和企业目标作为同义语使用。

关于财务管理的目标，最具代表性的主要有以下几种观点：

（一）利润最大化

利润最大化是假定企业财务管理以实现利润最大化为目标。利润代表了企业新创造的财富，利润越多则说明企业的财富增加得越多，越接近企业的目标。

在财务上，用利润最大化来定位企业财务管理目标，简明实用，便于理解。利润最大化目标的主要优点：企业追求利润最大化，必须进行经济核算，加强管理，改进技术，提高效率，降低成本，实现企业资源的有效配置，从而提高企业经济效益。

但是，这里的"利润"如果被定义为会计上的利润，利润最大化目标存在以下缺陷：

（1）没有考虑利润的取得时间，不能体现资金的时间价值。例如，今年获利 200 万元和明年获利 200 万元，哪一个利润价值更大呢？如果只从金额上来判断，两者的经济效益是相同的。但是，由于货币的时间价值是客观存在的，今年的 200 万元的价值要大于明年的 200 万元的价值。所以，如果不考虑货币的时间价值，就难以做出正确判断。

（2）没有反映创造的利润与投入的资本之间的关系，不利于不同资本规模的企业或同一企业不同时期之间的比较。例如，同样获得 200 万元的利润，一个企业投入资本 1 000 万元，另一个企业投入资本 2 000 万元，哪一个企业更好地实现了财务管理目标？如果不与投入的资本额联系起来，就难以做出正确判断。

（3）没有考虑风险因素，可能会使企业不顾风险的大小，片面追求利润最大化。例如，同样投入 1 000 万元，获利 200 万元，一个企业获利已全部转化为现金，另一个企业获利则全部是应收账款，并可能发生坏账损失，哪一个更符合企业的财务管理目标？若不考虑风险，就难以做出正确判断。

（4）片面追求利润最大化，可能导致企业短期行为，如忽视人才开发、产品开发、生产安全、技术装备水平、生活福利设施和履行社会责任等。

另外，利润最大化目标中的利润额很容易采用多计收入、少计费用等违背会计准则的方法人为操纵。

如果投入的资本相同、利润取得的时间相同、相关的风险也相同，利润最大化是一个可以接受的观念。事实上，许多财务经理人将提高利润作为公司的短期目标。

利润最大化的另一种表现形式是每股收益最大化。每股收益又叫每股利润、每股盈余，是利润与普通股股数的比值。这里的利润是净利润。所有者作为企业的投资者，其投资目标是取得资本收益，具体表现为净利润与出资额或股份数（普通股）的对比关系。这个目标的优点是把企业实现的利润额同投入的资本或股本数进行对比，能够说明企业的盈利水平，可以在不同资本规模的企业或同一企业不同时期之间进行比较，揭示其盈利水平的差异。但是，该指标仍然没有考虑资金的时间价值和风险因素，也不能避免企业的短期行为。

如果每股收益的时间、风险相同，则每股收益最大化也是一个可以接受的观念。事实上，许多投资人将每股收益最大化作为评价公司业绩的关键指标。

（二）股东财富最大化

股东财富最大化是指企业财务管理以实现股东财富最大为目标。股东创办企业的目的是增加财富。如果企业不能为股东创造价值，他们就不会为企业提供资金。没有了权益资金，企业也就不存在了。因此，企业要为股东创造价值。

在上市公司，股东财富是由其所拥有的股票数量和股票市场价格两方面来决定的。在股票数量一定时，股票价格达到最高，股东财富也就达到最大。

以股东财富最大化作为财务管理的目标，其优点主要表现如下。

（1）考虑了风险因素。因为通常股价会对风险作出较敏感的反应。

（2）在一定程度上克服企业在追求利润上的短期行为。因为不仅过去和目前的利润会影响企业的价值，而且预期未来的收益对企业价值的影响更大。

（3）对上市公司而言，股东财富最大化目标比较容易量化，便于考核和奖惩。

以股东财富最大化作为财务管理的目标，也存在一些不可避免的缺陷。

（1）通常只适用于上市公司，非上市公司难以应用。因为非上市公司无法像上市公司一样能够随时准确获得公司股价。

（2）股价是受多种因素影响的结果，特别是企业外部的因素，有些还可能是非正常因素。股价不能准确反映财务管理状况，如有的上市公司处于破产的边缘；也可能由于存在某些机会，其股票市价会走高。

（3）它强调更多的是股东利益，而对其他相关者的利益重视不够。

> 在已上市的股份公司中，股东财富由其所拥有的股票数量和股票市场价格两方面来决定。在股票数量一定时，股票价格达到最高，股东财富也达到最大。

小提示

（三）企业价值最大化

企业价值最大化，是指企业财务管理以实现企业的价值最大为目标。企业价值可以理解为企业所有者权益和债权人权益的市场价值，或者是企业所能创造的预计未来现金流量的现值。未来现金流量这一概念，包含了资金的时间价值和风险价值两个因素，它是以资金的时间价值为基础对现金流量折现计算得出的。

企业价值最大化目标要求企业通过财务上的合理经营，采用最优的财务政策，充分考虑资金的时间价值和风险与报酬的关系，在保证企业长期稳定发展的基础上，使企业总价值达到最大。

以企业价值最大化作为财务管理目标，具有以下优点：

（1）考虑了取得报酬的时间，并用时间价值的原理进行了计量。

（2）考虑了风险与报酬的关系。

（3）将企业长期稳定的发展和持续的获利能力放在首位，克服了企业在只求利润上的短期行为。因为不仅目前的利润会影响企业的价值，预期未来的利润对企业价值增加也会产生重大影响。

（4）用价值代替价格，避免了过多外界因素的干扰，有效地避免了企业的短期行为。

但是，以企业价值最大化作为财务管理目标过于理论化，不易操作。再者对于非上市公司而言，只有对企业进行专门的评估才能确定其价值，而在评估企业的资产时，由于受评估标准和评估方式的影响，很难做到客观和准确。

> 企业价值可以理解为企业所有者权益和债权人权益的市场价值，或者是企业所能创造的预计未来现金流量的现值。

小提示

（四）相关者利益最大化

在市场经济中，企业的理财主体更加细化和多元化。股东作为企业所有者，在企业中承担着最大的权利、义务、风险和报酬，但是债权人、员工、企业经营者、客户、供应商和政府也为企业承担者风险。企业的利益相关者包括股东，然后是债权人、企业经营者、客户、供应商、员工、政府等。因此，在确定企业的财务管理目标时，不能忽视这些利益相关者的利益。

相关者利益最大化目标的具体内容包括以下几个方面：

（1）强调风险与报酬的均衡，将风险限制在企业可以承受的范围内。

（2）强调股东的首要地位，并强调企业与股东之间的协调关系。

（3）强调对代理人即企业经营者的监督和控制，建立有效的激励机制以便企业战略目标的顺利实施。

（4）关心本企业普通职工的利益，创造优美和谐的工作环境和提供合理恰当的福利待遇，培养员工长期努力为企业工作。

（5）不断加强与债权人的关系，培养可靠的资金供应者。

（6）关心客户的长期利益，以便保持销售收入的长期稳定增长。

（7）加强与供应商的协作，共同面对市场竞争，并注重企业形象宣传，遵守承诺，讲究信誉。

（8）保持与政府部门的良好关系。

以相关者利益最大化作为财务管理目标，具有以下优点：

（1）有利于企业长期稳定发展。这一目标注重企业在发展过程中考虑并满足各利益相关者的利益关系。

（2）体现了合作共赢的价值理念，有利于实现企业经济效益和社会效益的统一。由于兼顾了企业、股东、政府、客户等的利益，企业就不仅仅是一个单纯牟利的组织，还承担了一定的社会责任。

（3）这一目标本身是一个多元化、多层次的目标体系，较好地兼顾了各利益主体的利益。这一目标可使企业各利益主体相互作用、相互协调，并在使企业利益、股东利益达到最大的同时，也使其他利益相关者利益达到最大。也就是将企业财富这块"蛋糕"做到最大的同时，保证每个利益主体所得的"蛋糕"最多。

（4）体现了前瞻性和现实性的统一。比如，企业作为利益相关者之一，有其一套评价指标，如企业未来报酬贴现值；股东的评价指标可以使用股票市价；债权人可以寻求风险最小、利息最大；员工可以确保工资福利；政府可以考虑社会效益等。不同的利益相关者有各自的指标，只要合理合法、互利互惠、相互协调，就可以实现所有相关者利益最大化。

相关者利益最大化是企业财务管理最理想的目标。但是，鉴于该目标过于理想化而无法操作，因此，我们主张将股东财富最大化作为财务管理的目标。

主张股东财富最大化，并非不考虑利益相关者的利益。各国公司法都规定，股东权益是剩余权益，只有满足了其他方面的利益之后才会有股东的利益。企业必须交税、给职工发工资、给顾客提供他们满意的产品和服务，然后才能获得税后收益。其他利益相关者的要求先于股东被满足。因此，必须是有限度的。如果对其他利益相关者的要求不加限制，股东就不会有"剩余"了。除非股东确信投资会带来满意的回报，否则股东不会出资，利益相关者的要求也无法实现。

利润最大化、股东财富最大化、企业价值最大化以及相关者利益最大化等各种财务管理目标都是以股东财富最大化为基础。

二、不同主体的利益冲突与协调

将股东财富最大化作为企业财务管理目标，不同利益主体会产生冲突和矛盾，因此，需要协调不同利益主体的关系，化解他们之间的矛盾和冲突，力求不同利益主体利益分配均衡，减少各相关利益群体之间的冲突所导致的企业总体收益和价值的下降，使利益分配在数量上和时间上达到动态的协调平衡。

（一）所有者与经营者的利益冲突与协调

现代企业的所有权和经营权是分离的。企业价值最大化的财务目标把企业所有者的利益放在首位，其直接受益人是企业所有者，与企业经营者没有直接的利益关系。经营者只是所有者的代理人，代理所有者对企业进行经营。对所有者来说，他所放弃的利益就是经营者所得的利益，这种被放弃的利益也称为所有者支付给经营者的享受成本。所有者期望经营者代表他们的利益工作，以较少的享受成本实现企业价值最大化；而经营者则期望在实现企业价值最大化的同时，获得较多的享受成本。对所有者来说，问题的关键不是享受成本的多少，而是在增加享受成本的同时，是否更多地增加了企业价值。两者之间的矛盾只有协调一致，才能实现企业的财务管理目标。协调的方法通常有以下方式：

1. 约束措施

（1）解聘。解聘是通过所有者约束经营者的办法。所有者对经营者进行监督，如果经营者未能使企业价值达到最大，所有者就会按约定解聘经营者，另行聘请他人做经理，经营者为避免被解聘而采取有效措施，实现企业财务管理目标。

（2）接收。接收是通过市场约束经营者的办法。如果经营者决策失误、经营不力，不能采取有效措施使企业价值提高，该公司很可能被其他公司强行接收或吞并，相应经营者也会被解聘。为此，经营者为了避免被接收，必须采取一切措施提高股东财富和企业价值。

2. 激励措施

激励是所有者利用经济手段约束经营者的办法，就是将经营者的报酬与其绩效挂钩，使经营者自觉采取能提高股东财富和企业价值的措施。激励使经营者能够分享企业增加的财富，鼓励他们采取符合所有者最大利益的行动。激励的方式主要有股票期权奖励和绩效股奖励两种方式。这是当前最有效的一种协调方式，可以实现所有者和经营者的"双赢"。

（1）股票期权。股票期权，又称"经理股票期权"、"认股权"，即公司给予经营者在未来一定时间内以一定价格购买一定数量公司股票的选择权。如果经营者在奖励规定的期限内持续服务于公司或达到约定的业绩目标，那么届时便可获得行权当日股票市场价格与行权价之间的差价收益。由于股价与公司业绩和未来成长性高度相关，借此激励经营者努力提高公司经营效率与长期利润，从而实现经营者的个人利益与所有者长期利益的结合。

（2）绩效股。绩效股是企业运用每股收益、资产收益率等指标来评价经营者绩效，并视其绩效大小给予经营者数量不等的股票作为报酬。如果经营者绩效未能达到规定目标，经营者将丧失原先持有的部分绩效股。这种方式使经营者不仅为了多得绩效股而不断采取措施提高经营绩效，而且为了使每股市价最大化，也会采取各种措施使股票市价稳定上升，从而增加所有者财富。即使由于客观原因股价并未提高，经营者也会因为获取绩效股而获利。

（二）所有者与债权人的利益冲突与协调

所有者的财务目标可能与债权人期望实现的目标发生矛盾。首先，所有者可能要求经营者改变举债资金的原定用途，将其用于高风险的项目，这会增大偿债的风险，损害债权人的利益。因为高风险的项目一旦成功，额外的利润就会被所有者独享；但若失败，债权人却要与所有者共同负担因此而造成的损失。这对债权人来说，风险和收益是不对称的。其次，所有者可能未征得享有债权人同意，要求经营者发行新债券或举借新债，致使旧债券或老债券的价值降低（因为相应的偿债风险增加）。

为协调所有者和债权人的矛盾，通常采用以下方式：

1. 限制性借款

债权人与企业签订借款合同时，加入某些限制性条款，如规定借款的用途、借款担保条款和借款的信用条件等，以保护自身的利益。

2. 收回借款或停止借款

当债权人发现公司有侵蚀其债权价值的意图时，采取提前收回原借款和不给予公司新的借款，从而保护自身利益。

（三）企业财务目标与社会责任的冲突与协调

企业的财务目标与社会的目标在许多方面是一致的。企业在追求自己的目标时，自然会使社会受益。例如，企业为了生存，必须要生产出符合顾客需要的产品，满足社会的需求；企业为了发展，要扩大规模，自然会增加职工人数，解决社会的就业问题；企业为了获利，必须提高劳动生产率，改进产品质量，改善服务，从而提高社会生产效率和公众的生活质量。

企业的财务目标与社会的目标也有不一致的地方。例如，企业为了获利，可能生产伪劣产品，可能危及工人的健康和利益，可能造成环境污染，可能损害其他企业的利益等。

企业的所有者在谋求自身利益的时候，不应当损害他人的利益。为此，国家颁布了一系列保护公众利益的法律，通过这些法律调节所有者和社会公众的利益。

但是，法律不可能解决所有问题，况且目前我国的法制尚不健全，企业有可能在合法的情况下从事不利于社会的事情。因此，企业还要受到商业道德的约束，要接受政府有关部门的行政监督以及社会公众的舆论监督，进一步协调企业和社会的矛盾，促进构建和谐社会。

小提示

（1）对于利润超常的公司来说，适当地从事一些社会公益活动，有助于提高公司的知名度，进而使股价升高。

（2）任何企业都无法长期单独地负担因承担社会责任而增加的成本。过分地强调社会责任而使企业价值减少，就可能导致整个社会资金运用的次优化，从而使社会经济发展步伐减缓。

知识拓展

什么是内部银行

企业内部银行，是引进商业银行的信贷与结算职能和方式于企业内部，来充实和完善企业内部经济核算的办法。在运用和发展责任会计基本功能上，将企业（基础）管理、金融信贷（银行机制）、财务管理（会计核算）三者融为一体。一般是将企业的自有资金和商业银行的信贷资金统筹运作，在内部银行统一调剂、融通运用，通过吸纳企业下属各单位闲散资金，调剂余缺，减少资金占用，活化与加速资金周转速度，提高资金使用效率、效益，与目标成本管理、企业内部经济责任制有机结合，并监督、考核、控制和管理办法。一般而言，企业内部银行适用于具有较多责任中心的企事业单位。一般不推荐给小企业或责任实体少的企事业单位使用。

任务三
财务管理的环境认知

引导案例

2015年以来，受消费者通胀预期的上升、商品价格上涨、就业形势严峻，股市低迷不振、房价高企、利率上升等多重因素的影响，中国消费者信心指数有所下降，对服装行业有一定影响，消费者对高端女装的消费需求有所下降，而对中低端女装的消费需求相应提高。羽裳服装公司董事会多次召开会议，研判当前形势，决定进行结构性调整，促进产业升级和市场转型，扩大市场份额。外部环境因素对企业的财务管理工作造成了影响。

请思考：你认为哪些因素会对企业财务管理工作产生影响？

任务处理

财务管理环境又称理财环境,是指对企业组织财务活动和处理财务关系产生影响的企业内外部各种条件的统称。企业财务管理在很大程度上受理财环境的制约,如生产、技术、供销、市场、物价、金融、税收等因素,对企业组织财务活动和处理财务关系都有重大影响。财务管理人员只有研究企业财务管理所处的环境,掌握企业组织财务活动和处理财务关系的各种有利条件和不利条件,才能为企业财务决策提供可靠的依据,更好地实现企业财务管理的目标。

理财环境包括内部环境和外部环境两个方面。内部环境是指企业的内部条件,如企业组织形式、公司治理结构、生产技术水平、企业人员素质等。外部环境是指企业的外部条件、因素和状况,如经济环境、法律环境、政治环境、社会文化环境等。

以下主要介绍对财务管理影响比较大的经济环境、法律环境和金融环境等因素。

一、经济环境

影响财务管理的各种外部环境中,经济环境是最为重要的。

经济环境的内容十分广泛,包括经济周期、经济发展水平、宏观经济政策及通货膨胀水平等。

(一)经济周期

经济周期也称商业周期,是指经济运行中周期性出现的经济扩张与经济紧缩交替更迭、循环往复的一种现象。市场经济的发展呈现明显的周期性,通常经历繁荣、衰退、萧条、复苏四个阶段,这对企业财务管理有重大影响。一般来说,在经济繁荣时期,市场需求旺盛,销售大幅度上升,企业为了扩大市场,就要增加投资,以增加机器设备、存货和劳动力,这就要求财务人员迅速筹集所需资金。在经济衰退时,由于整个经济环境不景气,企业极有可能处于紧缩状态之中,产量和销量下降,投资锐减,有时资金紧缺,有时又出现资金闲置。总之,针对经济周期的不同阶段,财务管理人员必须预测经济的变化情况,适当调整财务政策(如表1-1所示)。

表1-1　　　　　　　经济周期中不同阶段的财务管理战略

复苏	繁荣	衰退	萧条
1. 增加厂方设备	1. 扩充厂房设备	1. 停止扩张	1. 建立投资标准
2. 实行长期租赁	2. 继续建立存货	2. 出售多余设备	2. 保持市场份额
3. 建立存货储备	3. 提高产品价格	3. 停产不利产品	3. 压缩管理费用
4. 开发新产品	4. 开展营销规划	4. 停止长期采购	4. 放弃次要利益
5. 增加劳动力	5. 增加劳动力	5. 削减存货	5. 削减存货
		6. 停止扩招雇员	6. 裁减雇员

（二）经济发展水平

经济发展水平主要是指投入水平、产出水平、人均收入水平等。财务管理的发展水平是和经济发展水平密切相关的，经济发展水平越高，财务管理水平也越高。财务管理水平的提高，将推动企业降低成本、改进效率、提高效益，从而促进经济发展水平的提高；而经济发展水平的提高，将改变企业的财务战略、财务理念、财务管理模式和财务管理的方法手段，从而促进企业财务管理水平的提高。财务管理应以经济发展水平为基础，以宏观经济发展为导向，从业务工作角度保证企业经营目标和经营战略的实现。

（三）经济政策

经济政策是政府指导和影响经济活动所规定并付诸实施的准则和措施。宏观调控的重要手段包括财税政策、金融政策、外汇政策、外贸政策、价格政策、投资政策、社会保障制度等。所有这些政策，深刻影响着我国企业的发展和财务活动的运行。如金融政策中货币的发行量、信贷规模都能影响企业投资的资金来源和投资的预期收益；财税政策会影响企业的资金结构和投资项目的选择等；价格政策能影响决定资金的投向和投资的回收期及预期收益等。可见，经济政策对企业财务的影响是非常大的。

（四）通货膨胀

通货膨胀是指投入流通中的货币过多，大大超过流通实际需要的数量，因而引起物价上涨，货币贬值的现象。通货膨胀不仅对消费者不利，也给企业理财带来很大困难。主要表现在：①引起资金占用的大量增加，增加企业资金需要量；②引起利润虚增，造成企业资金由于利润分配而流失；③引起利率上升，企业筹资成本升高；④引起有价证券价格下降，企业筹资难度加大；⑤引起资金供应紧张，增加企业筹资困难。

为了减轻通货膨胀对企业造成的不利影响，企业应当采取措施予以防范。在通货膨胀初期，货币面临着贬值的风险，这时企业进行投资可以避免风险，实现资本保值；与客户应签订长期购货合同，以减少物价上涨造成的损失；取得长期负债，保持资本成本的稳定。在通货膨胀持续期，企业可以采用比较严格的信用条件，减少企业债权；调整财务政策，防止和减少企业资本流失等。

二、法律环境

企业财务管理的法律环境，是指企业与外部发生经济关系时所应遵守的各种法律、法规和规章。企业在生产经营过程中，必然要与国家、投资者、受资者、债权人、债务人、客户以及内部各单位和职工之间发生经济关系。在市场经济条件下，企业必须在相关法律法规的约束下从事各项业务活动；而法律法规也为企业守法从事各项业务活动提供了保护。因此，法律是一把双刃剑。影响财务管理的主要法律环境因素有企业组织形式的法律规定、财务会计法规和税收法律规定。

（一）企业组织法律规范

企业是市场经济的主体，不同类型的企业在所使用的法律方面有所不同。涉及企业组织形式方面的法律规范包括《中华人民共和国公司法》《中华人民共和国外资企业法》《中华人民共和国中外合资经营企业法》《中华人民共和国中外合作企业法》《中华人民共和国个人独资企业法》《中华人民共和国合伙企业法》等。这些法律规范既是企业的组织法，又是企业的行为法。

例如，《公司法》对公司企业的设立条件、设立程序、组织机构、组织变更和终止的条件和程序等都做了规定，包括股东人数、法定资本和最低限额、资本的筹集方式等。《公司法》还对公司生产经营的主要方面做出了规定。《公司法》是公司制企业财务管理最重要的强制性规范。而其他企业也要按照相应的企业法来进行其理财活动。

从财务管理来看，非公司制企业和公司制企业有很大的不同。非公司制企业的所有者，包括独资企业的业主和合伙企业的普通合伙人，他们享有企业的盈利（或承担损失），但要承担无限责任，一旦经营失败必须抵押其个人的财产，以满足债权人的要求。公司制企业的股东承担有限责任，经营失败时其经济责任以出资额为限，无论股份有限公司还是有限责任公司都是如此。

（二）财务会计法规

财务会计法规主要包括《企业财务通则》、《企业会计准则》、《企业会计制度》。

《企业财务通则》是各类企业进行财务活动、实施财务管理的基本规范。我国第一个《企业财务通则》于1994年7月1日起施行。随着经济环境的不断发展，2005年我国重新修订了财务通则，新的《企业财务通则》于2007年1月1日开始实施。新通则围绕企业财务管理环节，明确了资金筹集、资产营运、成本控制、收益分配、信息管理、财务监督等六大财务管理要素，并结合不同财务管理要素，对财务管理方法和政策要求做出了规范。

《企业会计准则》是针对所有企业制定的会计核算规则，分为基本准则和具体准则，实施范围是大中型企业，自2007年1月1日起在上市公司实施，2008年1月1日起在国有大中型企业实施。为规范小企业的会计行为，财政部颁布了《小企业会计制度》，自2005年1月1日起在全国小企业范围内实施。

近年来，财政部针对会计准则在执行中的重点、难点问题，陆续出台了多项规定和解释，不断补充和完善我国的会计准则体系。随着多项修订后的会计准则陆续发布，中国会计准则已有95%以上实现了与国际财务报告准则（IFRS）趋同。

2014年10月27日，财政部根据《会计改革与发展"十二五"规划纲要》，制定发布了《关于全面推进管理会计体系建设的指导意见》（财会［2014］27号），明确了管理会计体系建设的指导思想和基本原则，提出了管理会计体系建设的总目标，并围绕该目标部署了相应的任务、具体措施和工作要求，全面推进管理会计体系建设，推动经济转型升级。

随后，财政部出台了《财政部关于全面推进管理会计体系建设的指导意见系列解读（1-7）》。管理会计指引陆续发布，管理会计指引体系包括基本指引、应用指引和案例库，用以指导单位管理会计实践。2016年6月22日，财政部发布《管理会计基本指引》（财会［2016］10号）。2017年9月29日，财政部发布《关于印发〈管理会计应用指引第100号——战略管理〉等22项管理会计应用指引的通知》（财会［2017］

24 号），制定了《管理会计应用指引第 100 号——战略管理》等首批 22 项管理会计应用指引。

（三）税收法律规范

任何企业都有法定的纳税义务。有关税收的立法包括：所得税的法规、流转税的法规和其他地方税的法规。

纳税会使企业发生现金流出，对企业理财有重要影响。企业无不希望在不违反税法的前提下减少税务负担。但税负的减少，只能靠精心安排和筹划投资、筹资和利润分配等财务决策，而不允许在纳税行为已经发生时去偷税漏税。因此，财务管理人员必须熟悉国家法律法规的规定。

除上述法律规范外，与企业财务管理有关的其他法律规范还有很多，包括各种证券法律规范、结算法律规范和合同法律规范等。财务人员要熟悉这些法律规范，在守法的前提下完成财务管理的职能，实现企业的财务目标。

三、金融环境

企业总是需要资金从事投资和经营活动。而资金的取得，除了自有资金外，主要从金融机构和金融市场取得。金融政策的变化必然影响企业的筹资、投资和资金运营活动。

（一）金融机构

社会资金从资金供应者手中转移到资金需求者手中，大多要通过金融机构。金融机构包括银行业金融机构和非银行金融机构。

1. 银行业金融机构

银行业金融机构是指经营存款、放款、汇兑、储蓄等金融业务，承担信用中介的金融机构。银行的主要职能是充当信用中介、充当企业之间的支付中介、提供信用工具、充当投资手段和充当国民经济的宏观调控手段。我国的银行主要包括：①中央银行，即中国人民银行；②商业银行，包括国有商业银行（如中国工商银行、中国农业银行、中国银行、中国建设银行）和其他商业银行（如交通银行、招商银行、光大银行等）；③政策性银行，我国目前有三家，即国家开发银行、中国进出口银行和中国农业发展银行。

2. 非银行金融机构

目前，我国的非银行金融机构有：保险公司、信托投资公司、证券机构、财务公司、金融资产管理公司和金融租赁公司等。

（二）金融市场的种类

金融市场是资金供应者与资金需求者通过金融工具融通资金的场所。金融市场可按不同的标准进行分类：

1. 货币市场和资本市场

按交易期限进行分类，金融市场可以分为货币市场和资本市场。货币市场又称为短期金融市场，是指以期限不超过一年的金融工具为媒介，进行短期资金融通的市场。货币市场满足了借款者的短期资金需求，同时为暂时闲置性资金找到出路。货币市场工具通常包括银行同业短期资本的拆借、国库券、商业票据、可转让存单等。

资本市场又称为长期金融市场，是指以期限在一年以上的金融工具为媒介，进行长期资金交易活动的市场。资本市场的主要功能是满足长期资金的融通。资本市场的工具包括股票、公司债券、长期政府债券和银行长期贷款。

2. 资本市场、外汇市场和黄金市场

按交易对象进行分类，金融市场可分为资本市场、外汇市场和黄金市场。资本市场以货币、各种票据和有价证券等为交易对象；外汇市场以各种外汇金融工具为交易对象；黄金市场则是集中进行黄金买卖和金币兑换的交易市场。从筹资与投资的角度来看，资本市场与财务管理关系最为密切，企业的理财活动是仅仅围绕着资本市场进行的。

3. 初级市场和次级市场

按证券交易的方式和次数分类，金融市场可以分为初级市场和次级市场。初级市场，又称为一级市场或发行市场，是指资金需求者将证券首次出售给公众时形成的市场。次级市场，又称为二级市场或流通市场，是指在证券发行后，各种证券在不同投资者之间买卖流通所形成的市场。初级市场我们可以理解为"新货市场"，次级市场我们可以理解为"旧货市场"。

（三）金融市场的构成要素

金融市场是一个庞大的系统，它由金融市场主体、金融市场工具、金融交易场所和交易价格四要素构成。

1. 市场主体

金融市场主体即参与金融市场交易活动而形成买卖双方的各经济单位，包括个人、企业、政府和金融机构，它是金融市场交易的主体。一般来说，就个人、企业、政府在金融市场的地位而言，可能是资金供应者，也可能是资金需求者。金融机构包括银行业金融机构和非银行业金融机构。金融机构是从事金融资产买卖的机构，它是金融市场最重要的参与者。

2. 金融工具

金融工具，又称为金融资产，是能够证明债权债务关系或所有权关系并据以进行货币资金交易的合法凭证，它对于交易双方所承担的义务或享有的权利均具有法律效力。

如果不考虑外汇，根据金融工具的用途，可以将金融工具分为两大类：一类是为筹资和投资而设计的金融工具，如各种股票、债券、票据、借款合同、大额定期可转让存单等；另一类是为保值和投机而设计的金融工具，如期货合同和期权合同等。

金融工具一般具有流动性、风险性和收益性三个基本特征：

（1）流动性，指金融工具在必要时迅速转变为现金而不致遭受损失的能力。流动性高的金融资产具备容易变现、市场价格波动小的特点。

（2）风险性，指某种金融资产不能恢复其原投资价格的可能性。金融资产的风险主要有违约风险和市场风险。违约风险是指由于证券的发行人破产而导致永远不能偿还的风险；市场风险是指由于投资的金融性资产的市场价格波动而产生的风险。

（3）收益性，是指持有金融工具所能够带来的一定收益。

金融资产的三种属性互相联系、互相制约。流动性和收益性成反比，收益性和风险性成正比。一般来说，现金的流动性高，但持有现金不能获得收益。股票的收益性好，但风险大；政府债券的收益性不如股票，但其风险小。

3. 交易场所

金融交易场所是进行金融工具交易的地方。金融交易场所可以是有形的，也可以是无形的。有形的金融交易场所通常有固定的地方和设施，如证券交易所、银行等；无形的金融交易场所通常没有固定的场所，形式灵活，如利用电脑、电传、电话等设施通过经纪人进行的资金融通活动，这种形式可以跨越不同的城市和国家。

4. 交易价格

交易价格反映在一定时期内转让货币资金使用权的报酬，即利息率。

从企业财务管理的角度来看，金融市场是企业投资和筹资的场所，是企业实现长短期资金相互转化必不可少的条件，也是企业获得有益于理财的信息的重要渠道。财务管理人员必须熟悉金融市场的各种类型和管理规则，有效地利用金融市场来组织资金的筹措和进行资本投资等活动。

（四）利息率

利息率简称利率，是利息占本金的百分比指标。从资金的借贷关系看，利率是一定时期运用资金资源的交易价格。资金作为一种特殊商品，以利率为价格标准的融通，实际上是资源通过利率实行的再分配。因此，利率在资金分配及企业财务决策中起着重要作用。

1. 利率的构成

利率，是资金这种特殊商品的价格，它也主要是由供给和需求来决定的。当资金供不应求时，利率上升；当资金供过于求时，利率下降。同时，经济周期、通货膨胀、国家货币政策和财政政策等，对利率的变动均有不同程度的影响。

利率通常由纯利率、通货膨胀补偿率和风险报酬率三部分构成，其计算公式如下：

$$利率 = 纯利率 + 通货膨胀补偿率 + 风险报酬率$$

（1）纯利率。纯利率是指无通货膨胀、无风险情况下的社会平均资金利润率。例如，在没有通货膨胀时，国库券的利率可以视为纯利率。纯利率的高低，受平均利润率、资金供求关系和国家调节的影响。

（2）通货膨胀补偿率。通货膨胀使货币贬值，投资者的真实报酬下降。因此，投资者把资金交给借款人时，会在纯利率的水平上再加上通货膨胀补偿率，以弥补通货膨胀造成的购买力损失。因此，每次发行国库券的利息率随预期的通货膨胀率变化，它近似等于纯利息率加预期通货膨胀率。

（3）风险收益率。投资者除了关心通货膨胀以外，还关心资金使用者能否保证他们收回本金并取得一定的报酬。这种风险越大，投资人要求的报酬率越高。实证研究表明，公司长期债券的风险大于国库券，要求的报酬率也大于国库券；普通股票的风险大于公司债券，要求的报酬率也高于公司债券；小公司普通股票的风险大于大公司普通股票，要求的报酬率也大于大公司普通股票。风险越大，要求的报酬率越高，风险和报酬之间存在对应关系。风险报酬率是投资者要求的除纯利率和通货膨胀之外的风险补偿。

2. 利率的类型

利率可按不同的标准进行分类：

（1）按利率之间的关系，可分为基准利率和套算利率。基准利率又称基本利率，是指在多种利率并存的条件下起决定作用的利率。所谓起决定作用意思是这种利率变动，其他利率也相应变动。因此，了解基准利率水平的变化趋势，就可了解全部利率的变化趋势。基准利率在西方通常是中央银行的再贴现率，在我国是中国人民银行对商业银行贷款的利率。

套算利率是指在基准利率确定后，各金融机构根据基准利率和借贷款项的特点而换算出的利率。例如，某金融机构规定，贷款AAA级、AA级、A级企业的利率，应分别在基准利率的基础上加0.5%、1%、1.5%，加总计算所得的利率便是套算利率。

（2）按利率与市场资金供求情况的关系，分为固定利率和浮动利率。固定利率是指在借贷期内固定不变的利率。受通货膨胀的影响，实行固定利率会使债权人的利益受到损害。浮动利率是指在借贷期内可以调整的利率。在通货膨胀条件下采用浮动利率，可使债权人减少损失。

（3）按利率形成机制不同，可分为市场利率和法定利率。市场利率是根据资金市场上的供求关系，随着市场而自由变动的利率。法定利率是指由政府金融管理部门或中央银行确定的利率。

小提示

金融市场和普通商品市场类似，也是一种交换商品的场所。金融市场交易的对象是银行存款单、债券、股票、期货等证券。与普通商品交易的不同之处在于，金融交易大多只是货币资金使用权的转移，而普通商品交易是所有权和使用权的同时转移。

知识拓展

什么是存款准备金

存款准备金，是限制金融机构信贷扩张和保证客户提取存款和资金清算需要而准备的资金。法定存款准备金率，是金融机构按规定向中央银行缴纳的存款准备金占其存款的总额的比率。

换句话说，存款准备金是指中央银行强制要求商业银行，将其存款按照一定比率作为准备金，不得随意动用。打比方说，存款准备金率达到10%，相当于老百姓在商业银行每存一百元，就有10元被放进了央行，商业银行不得动用这10元去放贷。

存款准备金率变动对商业银行的作用过程如下：当中央银行提高法定准备金率时，商业银行可提供放款及创造信用的能力就下降。因为准备金率提高，货币乘数就变小，从而降低了整个商业银行体系创造信用、扩大信用规模的能力，其结果是社会的银根偏紧，货币供应量减少，利息率提高，投资及社会支出都相应缩减。反之，亦然。

存款准备金制度是在中央银行体制下建立起来的，在世界上，美国最早以法律形式规定商业银行向中央银行缴存存款准备金。存款准备金制度的初始作用是保证存款的支付和清算，之后才逐渐演变成为货币政策工具，通常被认为是货币政策中最猛烈的工具之一，并且具有强制性。中央银行通过调整存款准备金率，影响金融机构的信贷资金供应能力，从而间接调控货币供应量。

项目小结

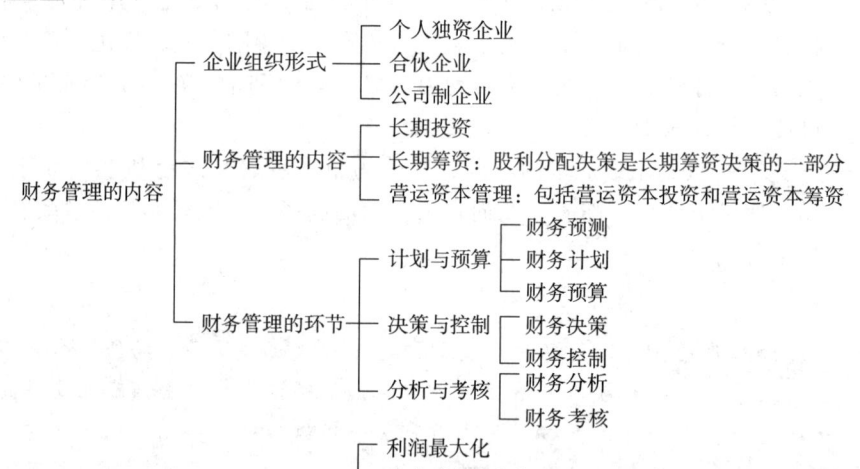

项目二 财务管理的价值观念认知

知识学习目标

1. 能理解货币时间价值观念
2. 能够理解风险的概念

技能训练目标

1. 能够计算复利终值与复利现值
2. 能够计算年金终值与现值
3. 能够对风险与报酬进行衡量
4. 能进行债券和股票的估价

任务一 货币时间价值计算

> **引导案例**
>
> 羽裳服装公司的生产效益不断提高，销售市场不断扩大，2018年，为了实现产品升级换代，公司决策层决定购置一台新设备。设备供应商提出两种付款方案：一是从现在起，每年年初支付20万元，连续支付10次，共200万元；二是从第五年开始，每年年初支付25万元，连续支付10次，共250万元。该公司的资本成本率为10%。财务总监李先生让会计小于计算一下哪种付款方式对公司更为有利。以上决策应该考虑货币时间价值。
>
> 请思考：你认为货币有时间价值吗？试举例说明。

知识准备

货币时间价值是指货币在周转使用中产生的价值增值,也称为资金的时间价值。

在商品经济中,有这样一种现象:即现在的1元钱和1年后的1元钱其经济价值不相等,或者说其经济效用不同。现在的1元钱与1年后的1元钱相比,其经济价值要大一些,即使不存在通货膨胀也是如此。例如,将现在的1元钱存入银行,1年后可得到1.10元(假设存款利率为10%)。这1元钱经过1年增加了0.10元,这就是货币的时间价值。

货币使用者把货币投入生产经营以后,企业用它来购买所需的资源,然后生产出新的产品,产品出售时得到的货币量大于最初投入的货币量,从而带来价值增值。货币周转使用的时间越长,所获得的利润或价值增值越多。因此,可以认为货币时间价值是货币周转使用中由于时间因素而形成的差额价值。它包括两部分:一是由于时间延长从而周转次数增加而带来的差额价值;二是由于上一次周转带来的利润又被重新投入周转而带来的差额价值,又称复利,货币使用时间越长,周转次数越多,由此而带来的复利越多。

在实务中,人们习惯使用相对数字表示货币的时间价值,即用增加价值占投入资金的百分数来表示。货币的时间价值相当于没有风险也没有通货膨胀情况下的社会平均资金利润率。

货币时间价值与财务活动密切相关,在有关资金筹集、资金投放和使用以及资金分配的财务决策中,都要考虑货币的时间价值。在实务中,通常以利率、报酬率等来替代货币的时间价值。

任务处理

对任何一种投资活动进行分析时,都应考虑货币的时间价值,但不同时点上的货币具有不同的价值,所以不宜直接进行比较,必须换算到相同的时间基础上,才能进行比较。因此,掌握货币时间价值的计算就显得尤为重要。

货币的时间价值,主要有终值与现值两种表达形式,货币时间价值的计算包括一次性收付款项和年金的终值与现值的计算。终值,又称本利和,是现在一定量的资金折算到未来某一时点所对应的金额,通常记作 F(Future Value)。现值,又称本金,是指未来某一时点上的一定量的资金折算到现在所对应的金额,通常记作 P(Present Value)。现值和终值是一定量资金在前后两个不同时点上对应的价值,其差额即为货币的时间价值。

一、一次性收付款项的终值与现值的计算

一次性收付款项是指在某一特定时点上一次性支出或收入,经过一段时间后再一次

性收回或支出的款项。例如，现将 100 元现金存入银行，3 年后一次取出本利和。由于终值与现值的计算同利息的计息方法有关，而利息有单利和复利两种计算方法，因此，终值与现值的计算也有单利和复利之分。

（一）单利终值与现值的计算

所谓单利，就是每期都按初始本金计算利息，利息必须在提出以后再以本金形式投入才能生利，否则不能生利。通常银行储蓄存款采取这种计息方法。单利利息的计算公式为：

$$I = P \cdot i \cdot n$$

式中：I 表示利息额；P 表示现值（初始本金）；i 表示利息率；n 表示计息期数。

1. 单利终值的计算

$$F = P + I = P(1 + i \cdot n)$$

式中：F 表示终值，其他符号含义同上。式中，$(1 + i \cdot n)$ 为单利终值系数。

【例 2-1】假设羽裳公司将 1 000 元现金存入银行，期限为 5 年，年利率为 10%，单利计息，则存款到期时的本利和（终值）为：

到期时的利息为：$I = 1\,000 \times 10\% \times 5 = 500$（元）

终值为：$F = 1\,000 + 500 = 1\,500$（元）

2. 单利现值的计算

如果已知一笔资金在一定时期后的终值，则可倒求出其现值。由终值求现值的过程叫做折现，在折现时所用的利率叫折现率。

$$P = F - I = \frac{F}{1 + i \cdot n}$$

式中，$\dfrac{1}{1 + i \cdot n}$ 为单利现值系数。

【例 2-2】假设羽裳公司希望 5 年后获得 10 000 元，银行利率为 5%，单利计息，问现在应该存入银行多少钱？

$$P = \frac{10\,000}{1 + 5\% \times 5} = 8\,000 \text{（元）}$$

（二）复利终值与现值的计算

复利计算方法是指每经过一个计息期，要将该期所派生的利息加入本金再计算利息，逐期滚动计算，俗称"利滚利"。这里所说的计息期，是指相邻两次计息的时间间隔，如年、月、日等。除非特别指明，计息期一般为 1 年。现代财务管理中一般用复利方式计算终值和现值。

1. 复利终值的计算

复利终值，是指一定量本金按复利计算的若干期后的本利和。复利终值的计算公式为：

$$F = P(1 + i)^n$$

式中，$(1 + i)^n$ 称为复利终值系数，记作 $(F/P, i, n)$，其数值可查阅 1 元复利终值系数表（见附录 1）。则复利终值的计算公式也可如下：

$$F = P \cdot (F/P, i, n)$$

【例 2-3】 假设羽裳公司将 1 000 元现金存入银行，期限为 5 年，年利率为 10%，复利计息，则存款到期时的终值为：

$$F = 1\,000 \times (1 + 10\%)^5 = 1\,000 \times (F/P, 10\%, 5) = 1\,000 \times 1.6105 = 1\,610.50 （元）$$

2. 复利现值的计算

复利现值是复利终值的对称概念，是指未来一定时间的特定资金按复利计算的现在价值。复利现值的计算公式为：

$$P = \frac{F}{(1+i)^n}$$

式中的 $\frac{1}{(1+i)^n}$ 称为复利现值系数，记作 $(P/F, i, n)$，其数值可查阅 1 元复利现值系数表（见附录 2）。则复利现值的计算公式也可写成：

$$P = F \cdot (P/F, i, n)$$

【例 2-4】 假设羽裳公司计划在 10 年后获得 50 000 元，若银行利率为 8%，复利计息，问现在应该存入银行多少钱？

$$P = \frac{50\,000}{(1+8\%)^{10}} = 50\,000 \times (P/F, 8\%, 10) = 50\,000 \times 0.4632 = 23\,160 （元）$$

3. 实际利率计算

（1）一年多次计息的实际利率。以上有关时间价值的计算，利率均假设为年利率，且每年复利一次。但复利的计息期不一定总是以年为单位，有可能以半年、季、月为计息单位。在复利计算中，如按年复利计息，一年就是一个计息期；如按季复利计息，一季就是一个计息期，一年就有四个计息期。计息期越短，一年中按复利计息的次数就越多，利息额就会越大。如果以"年"作为基本计息期，每年计算一次复利，这种情况下的年利率是名义利率。如果按照短于一年的计息期计算复利，并将全年利息额除以年初的本金，此时得到的利率是实际利率。名义利率与实际利率的关系可表示如下：

$$i = \left(1 + \frac{r}{m}\right)^m - 1$$

式中：i 表示实际利率；r 表示名义利率；m 表示一年内复利次数。

【例 2-5】 若将 10 000 元存入银行，年利率为 6%，每半年复利一次，则实际利率为：

$$i = \left(1 + \frac{6\%}{2}\right)^2 - 1 = 6.09\%$$

可以看出，在一年多次计息时，实际利率高于名义利率，并且在名义利率相同的情况下，一年计息次数越多，实际利率越大。

当一年内复利计息多次时，计算终值和现值的基本公式不变，只不过年数变成期数，年利率调为期利率即可。

(2) 通货膨胀情况下的实际利率。在通货膨胀情况下，央行或其他提供资金借贷机构所公布的利率是未调整通货膨胀因素的名义利率，即名义利率中包含通货膨胀率。实际利率是指剔除通货膨胀率后储户或投资者得到利息回报的真实利率。

假设本金为 100 元，实际利率为 5%，通货膨胀率为 2%，则：

假设不考虑通货膨胀因素，一年后的本利和 = 100 × (1 + 5%) = 105 (元)

如果考虑通货膨胀因素，由于通货膨胀导致货币贬值，一年后的本利和 = 105 × (1 + 2%)

年利息 = 105 × (1 + 2%) − 100
 = 100 × (1 + 5%) × (1 + 2%) − 100
 = 100 × [(1 + 5%) × (1 + 2%) − 1]

即名义利率 = (1 + 5%) × (1 + 2%) − 1

1 + 名义利率 = (1 + 5%) × (1 + 2%)

用公式表示名义利率与实际利率之间的关系为：

$$1 + 名义利率 = (1 + 实际利率) \times (1 + 通货膨胀率)$$

所以，实际利率的计算公式为：

$$实际利率 = \frac{1 + 名义利率}{1 + 通货膨胀率} - 1$$

公式表明，如果通货膨胀率大于名义利率，则实际利率为负数。

【例 2 - 6】2018 年，我国商业银行一年期存款年利率为 3%，假设通货膨胀率为 2%，则实际利率为多少？

$$实际利率 = \frac{1 + 3\%}{1 + 2\%} - 1 = 0.98\%$$

如果上例中通货膨胀率为 4%，则：

$$实际利率 = \frac{1 + 3\%}{1 + 4\%} - 1 = -0.96\%$$

二、年金终值与现值的计算

年金是指在一定时期内，每隔相同时间收付相等金额的系列款项，通常用 A (Annuity) 表示。如长期存款的利息收入、长期借款的利息支出、按直线法计提的年折旧额、定期支付的保险金等，都属于年金收付的形式。年金按收付款方式不同可分为普通年金（或称后付年金）、即付年金（或称先付年金、预付年金）、递延年金和永续年金。

在年金中，系列等额收付的间隔期只需要满足"相等"的条件即可，间隔期间不一定是一年，例如每季末等额支付的债券利息也是年金。

(一) 普通年金终值和现值的计算

普通年金是指每期期末有等额收付的款项，又称为后付年金。在现实经济生活中这是最为常见的年金形式。

1. 普通年金终值的计算

普通年金终值是指一定时期内每期期末等额收付款项的复利终值之和，用 F 表示。

例如零存整取的银行储蓄，每期相同的存款额为年金，到期取出的本利和即为年金终值。普通年金终值的计算可用图 2-1 来说明：

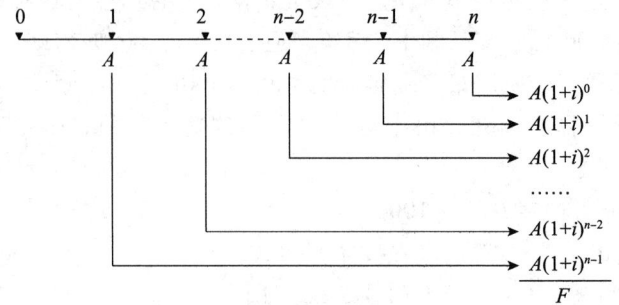

图 2-1　普通年金终值的计算示意图

图 2-1 中：A 表示年金；i 表示利息率；n 表示计息期数；F 表示年金终值。
则普通年金终值的计算公式为：

$$F = A(1+i)^0 + A(1+i)^1 + A(1+i)^2 + \cdots + A(1+i)^{n-2} + A(1+i)^{n-1} \quad ①$$

将上式两边同时乘上 $(1+i)$，得：

$$F(1+i) = A(1+i)^1 + A(1+i)^2 + \cdots + A(1+i)^{n-2} + A(1+i)^{n-1} + A(1+i)^n \quad ②$$

将②减去①，整理得：

$$F = A \cdot \frac{(1+i)^n - 1}{i}$$

式中，$\frac{(1+i)^n - 1}{i}$ 称为年金终值系数，记作 $(F/A, i, n)$，其数值可查阅年金终值系数表（见附录 3），则年金终值的计算公式也可写成：

$$F = A \cdot (F/A, i, n)$$

【例 2-7】某人每年年末存入保险公司 2 000 元，连续存 10 年，假设保险公司回报率为 6%，每年复利计息一次，10 年后他可获得的总额为多少？
$F = 2\,000 \times (F/A, 6\%, 10) = 2\,000 \times 13.180\,8 = 26\,316.60$（元）

2. 偿债基金的计算

偿债基金是指为使年金终值达到既定金额每年年末应支付的年金数额。即在已知年金终值 F，求年金 A。在普通年金终值公式中解出 A，这个 A 就是偿债基金。

根据普通年金终值计算公式，可得出偿债基金为：

$$A = F \times \frac{i}{(1+i)^n - 1}$$

式中，$\frac{i}{(1+i)^n - 1}$ 是普通年金终值系数的倒数，称为"偿债基金系数"，记作 $(A/F, i, n)$。

【例 2-8】假设羽裳公司拟在 5 年后还清 10 000 元债务，从现在起每年年末等额存入银行一笔款项。假设银行存款利率为 10%，每年需要存入多少元？
偿债基金系数可根据普通年金终值系数求倒数确定：

$$A = 10\,000 \times \frac{1}{(F/A,\ 10\%,\ 5)} = 10\,000 \times \frac{1}{6.1051} = 1\,637.97\ （元）$$

因此，在银行利率为 10% 时，每年存入 1 637.97 元，5 年后可得 10 000 元，用来偿还债务。

普通年金终值的计算与偿债基金的计算互为逆运算；普通年金终值系数与偿债基金系数互为倒数。

小提示

3. 普通年金现值的计算

普通年金现值是指一定时期内每期期末等额收付款项的复利现值之和，用 P 表示。普通年金现值的计算可用图 2-2 来说明：

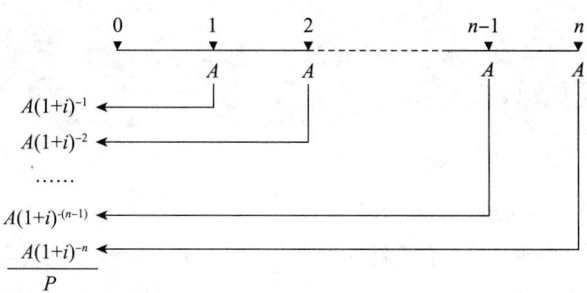

图 2-2　普通年金现值的计算示意图

由图 2-2 得普通年金现值的计算公式为：

$$P = A(1+i)^{-1} + A(1+i)^{-2} + \cdots + A(1+i)^{n-1} + A(1+i)^{-n} \quad ①$$

将上式两边同时乘上 $(1+i)$，得：

$$P(1+i) = A + A(1+i)^{-1} + A(1+i)^{-2} + \cdots + A(1+i)^{n-1} \quad ②$$

将②减去①，整理得：

$$P = A \cdot \frac{1-(1+i)^{-n}}{i}$$

式中，$\frac{1-(1+i)^{-n}}{i}$ 称为年金终值系数，记作 $(P/A,\ i,\ n)$，其数值可查阅年金现值系数表（见附录4），则普通年金现值的计算公式也可写成：

$$P = A \cdot (P/A,\ i,\ n)$$

【例 2-9】假设羽裳公司有一个投资项目，2005 年年初动工，当年建成投产，从投产之日起每年可得收益 40 000 元。按年利率 6% 计算，计算预期 10 年收益的现值。

$P = A \cdot (P/A,\ i,\ n) = 40\,000 \times (P/A,\ 6\%,\ 10) = 40\,000 \times 7.3601 = 294\,404\ （元）$

4. 年资本回收额的计算

年资本回收额是指为了收回现在的投资，在今后的一段时间内，每年收回相等数额的资金。年资本回收额的计算实际上是已知普通年金现值 P，求年金 A。

根据普通年金现值的计算公式可知如下。

$$P = A \cdot (P/A, i, n) = A \cdot \frac{1-(1+i)^{-n}}{i}$$

$$A = P \cdot \frac{i}{1-(1+i)^{-n}}$$

式中，$\frac{i}{1-(1+i)^{-n}}$ 称为"资本回收系数"，记作 $(A/P, i, n)$。资本回收系数与普通年金现值系数互为倒数。

【例 2-10】假设羽裳公司以 10% 的利率借款 20 000 元，投资于某个寿命为 10 年的项目，每年至少要收回多少现金才是有利的？

$$A = 20\,000 \times \frac{10\%}{1-(1+10\%)^{-10}} = 20\,000 \times \frac{1}{(P/A, 10\%, 10)}$$

$$= 20\,000 \times 0.1627 = 3\,254 \text{（元）}$$

普通年金现值的计算与年资本回收额的计算互为逆运算；普通年金现值系数与资本回收系数互为倒数。

（二）即付年金终值和现值的计算

即付年金是指每期期初有等额收付款项的年金，又称为先付年金或预付年金。即付年金与普通年金的区别仅在于付款时间的不同，普通年金在每期期末付，即付年金在每期期初付，两者的区别可用图 2-3 来说明：

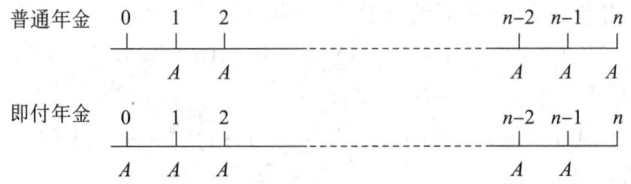

图 2-3　普通年金和即付年金的区别

由图 2-3 可见，n 期即付年金与 n 期普通年金的付款次数相同，只是收付款时间点不同。如果计算年金终值，即付年金要比普通年金多计一年的利息；如果计算年金现值，即付年金要比普通年金少折现一年，所以，即付年金的终值和现值都是在普通年金终值和现值的基础上乘上 $(1+i)$。

即付年金终值计算公式为：

$$F = A \cdot (F/A, i, n)(1+i)$$

或：$F = A[(F/A, i, n+1) - 1]$（推导过程略）

即付年金现值计算公式为：

$$P = A \cdot (P/A, i, n)(1+i)$$

或：$P = A[(P/A, i, n-1) + 1]$（推导过程略）

【例 2-11】假设羽裳公司准备投资于某个项目，有两种付款方式：一种是一次性支付 50 万元；另一种是每年年初支付 20 万元，付 3 年。假设年利率为 5%。哪一种付款方式更合算？

如果分次支付，则其 3 年的终值为：

$F = 20 \times (F/A, 5\%, 3) \times (1 + 5\%) = 20 \times 3.1525 \times 1.05 = 66.2025$（万元）

如果一次支付，则其 3 年终值为：

$F = 50 \times (F/P, 5\%, 3) = 50 \times 1.1576 = 57.88$（万元）

相比之下，一次支付更为合算。

【例 2 - 12】假设羽裳公司准备在今后的 3 年内租用一台设备，按合同规定，每年年初需支付租金 6 000 元，若折现率为 10%，那么相当于期初一次性支付多少租金？

$P = 6\,000 \cdot (P/A, 10\%, 3) \cdot (1 + 10\%)$

$\quad = 6\,000 \times 2.4869 \times (1 + 10\%) = 16\,413.54$（元）

（三）递延年金终值和现值的计算

递延年金是指第一次收付款项发生时间不在第一期期末，而是间隔若干期后才发生的系列等额收付款项，是普通年金的特殊形式。这可以用图 2 - 4 说明：

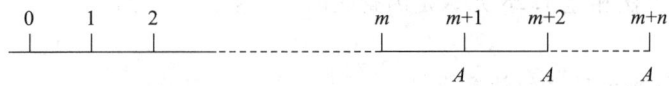

图 2 - 4　递延年金示意图

由图 2 - 4 可以看出，前 m 期没有收付款项，这 m 期称为递延期，从第 m + 1 期开始每期有等额的收付款项。

递延年金终值的计算方法与普通年金的计算方法相同，其终值大小与前面的递延期无关，只要计算到最后一期期末即可。其计算公式为：

$$F = A \cdot (F/A, i, n)$$

"n" 表示 A 的个数，与递延期无关。

【例 2 - 13】假设羽裳公司拟购买一处房产，开发商提出了三个付款方案：方案一是现在起 15 年内每年年末支付 10 万元；方案二是现在起 15 年内每年年初支付 9.5 万元；方案三是前 5 年不支付，第 6 年起到第 15 年每年年末支付 18 万元。假设按银行贷款利率 10% 复利计息，若采用终值方式比较，问那一种付款方式对公司有利？

方案一：

$F = 10 \times (F/A, 10\%, 15) = 10 \times 31.7725 = 317.73$（万元）

方案二：

$F = 9.5 \times [(F/A, 10\%, 16) - 1] = 9.5 \times (35.9497 - 1) = 332.02$（万元）

方案三：

$F = 18 \times (F/A, 10\%, 10) = 18 \times 15.9374 = 286.87$（万元）

由以上计算可知，第三种付款方案对公司有利。

递延年金现值的计算有两种方法：

第一种方法：把递延年金视为 n 期的普通年金，先求出递延年金在 n 期期末（m 期期初）的现值，再将它作为终值折现到 m 期期初，其计算公式为：

$$P = A \cdot (P/A, i, n) \cdot (P/F, i, m)$$

第二种方法：先假设递延期也发生收支，即变成一个 $(m+n)$ 期的普通年金，求出 $(m+n)$ 期的普通年金现值，再扣除没有发生收支的 m 期递延期的普通年金现值，其计算公式为：

$$P = A \cdot [(P/A, i, m+n) - (P/A, i, m)]$$

【例 2-14】假设羽裳公司向银行借入一笔款项，银行贷款的年利率为 10%，每年复利一次。银行规定前 10 年不用还本付息，但从第 11 年至第 20 年每年年末偿还本息 5 000 元。用两种方法计算该笔款项的现值。

方法一：

$P = A \cdot (P/A, 10\%, 10) \times (P/F, 10\%, 10)$
$ = 5\,000 \times 6.1446 \times 0.3855 = 11\,843.72$（元）

方法二：

$P = A \cdot [(P/A, 10\%, 20) - (P/A, 10\%, 10)]$
$ = 5\,000 \times (8.5136 - 6.1446) = 11\,845$（元）

两种计算方法相差 1.28 元，是因查表时小数点的位数造成的。

（四）永续年金现值的计算

永续年金是一种无限期等额支付的年金，现实中的存本取息，可视为永续年金的一个例子。

由于永续年金没有终止时间，因此没有终值，只有现值。永续年金也是一种普通年金的特殊形式，通过对普通年金现值计算可推导出永续年金现值的计算公式。普通年金现值计算公式为：

$$P = A \cdot \frac{1 - (1+i)^{-n}}{i}$$

因为永续年金的持续期是无限的，故当 $n \to \infty$ 时，$(1+i)^{-n} \to 0$，由此可以得到永续年金现值的计算公式：

$$P = \frac{A}{i}$$

【例 2-15】假设羽裳公司拟设立一项永久性科技进步基金，奖励当年为企业发展做出特殊贡献的员工。计划每年颁发科技进步奖 20 000 元，如银行利率为 5%，公司应于期初一次性存入多少钱？

$$P = \frac{20\,000}{5\%} = 400\,000 \text{（元）}$$

小提示

在年金和不等额现金流量混合的情况下，能用年金计算公式计算现值的用年金计算公式计算，不能用年金计算的部分用复利计算，然后将它们加总，便得出年金和不等额现金流量混合情况下的现值。

三、利率的计算

在前面计算现值和终值时，都假定利率是给定的。如果已知计息期数、终值和现值，就要求出利率。步骤如下：

（1）根据复利终值、复利现值、年金终值和年金现值的计算公式，可以得出各换算系数：

$$F = P(F/P, i, n) \rightarrow (F/P, i, n) = F/P$$
$$P = F(P/F, i, n) \rightarrow (P/F, i, n) = P/F$$
$$F = A(F/A, i, n) \rightarrow (F/A, i, n) = F/A$$
$$P = A(P/A, i, n) \rightarrow (P/A, i, n) = P/A$$

（2）根据换算系数和有关系数表求利率。以年金现值系数为例。假设 $P/A = \alpha$，需要查年金现值系数表。沿着已知 n 所在的行横向查找，若恰好能找到某一系数值等于 α，则该系数值所在的列相对应的利率便是所求的 i 值。若无法找到恰好等于 α 的系数值，就应在表中 n 行上找出与 α 最接近的两个上下临界系数值，设为 β_1、β_2（$\beta_1 > \alpha > \beta_2$，或 $\beta_1 < \alpha < \beta_2$）。读出 β_1、β_2 所对应的临界利率，然后进一步运用内插法。

（3）在内插法下，假定利率 i 与相关的系数在较小范围内线性相关，可根据临界系数 β_1、β_2 和临界利率 $i_1 i_2$，计算出 i，公式为：

$$i = i_1 + \frac{\beta_1 - \alpha}{\beta_1 - \beta_2} \cdot (i_2 - i_1)$$

【例 2-16】把 100 元存入银行，按复利计算，10 年后可获本利和为 259.4 元，问银行存款的利率应为多少？

$$(F/P, i, 10) = \frac{259.4}{100} = 2.594$$

查复利终值系数表：$i = 10\%$

【例 2-17】现在向银行存入 5 000 元，在利率为多少时，才能保证在以后的 10 年中每年年末得到 750 元？

$$(P/A, i, 10\%) = \frac{5\,000}{750} = 6.667$$

查年金现值系数表：

(P/A, 8%, 10) = 6.710
(P/A, 9%, 10) = 6.418

运用内插法：

利率	年金现值系数
8%	6.710
i	6.667
9%	6.418

$$\frac{i - 8\%}{9\% - 8\%} = \frac{6.667 - 6.710}{6.418 - 6.710}$$

$$i = 8.147\%$$

或直接利用以上公式：

$$i = 8\% + \frac{6.710 - 6.667}{6.710 - 6.418} \times (9\% - 8\%) = 8.417\%$$

什么是年化收益率

年化收益率是把当前收益率（日收益率、周收益率、月收益率）换算成年收益率来计算的一种理论收益率，并不是真正已取得的收益率。比如某银行卖的一款理财产品，91天的年化收益率为3.1%，如果购买了10万元，实际上能收到的利息是 10万×3.1%×91/365＝772.88元，而不是3 100元。

任务二 风险与报酬衡量

羽裳公司现在有1 200万元的闲置资金，财务部提出了三个投资方案：

方案一：将四分厂（已出租，年租金50万元）收回拆迁，进行房地产投资，投资期限2年。预计投资报酬率为30%，预计标准离差率为80%。

方案二：投资股票，设定投资期限为2年，预计投资报酬率为50%，预计标准离差率为250%。

方案三：将二分厂进行技术改造，增加服装品种，提高服装档次，预计投资报酬率为15%（二分厂原投资报酬率为10%），预计标准离差率为30%。

羽裳公司召开了投资方案分析会，大家对以上三个方案提出了不同的见解。

请思考：通过本任务内容的学习，你是否可以判断哪种投资方式对公司更有利？

知识准备

一、风险的概念

风险是一个非常重要的财务概念。任何决策都有风险，这使得风险观念在理财中具有普遍意义。因此，有人说"时间价值和风险价值是财务管理中最重要的两个基本原则"，也有人说"时间价值是理财的第一原则，风险价值是理财的第二原则。"

在日常用语中,"风险"一词的含义,是指"可能发生的危险",即"遭受损失或失败的可能性"。在财务管理中,风险有不同的含义。最简单的定义是:"风险是发生财务损失的可能性"。发生损失的可能性越大,风险越大。它可以用不同结果出现的概率来描述。结果可能是好的,也可能是坏的,坏结果出现的概率大,就认为风险越大。这个定义非常接近于日常用语中风险的概念,与危险的含义类似。

在对风险进行深入研究后,人们发现,风险不仅可以带来超出预期的损失,也可能带来超出预期的收益。于是,出现了一个更正式的定义:"风险是预期结果的不确定性"。风险不仅包括负面效应的不确定性,还包括正面效应的不确定性。新的定义要求区分风险和危险。危险专指负面效应,是损失发生及其程度的不确定性。人们对于危险,需要识别、衡量、防范和控制,即对风险进行管理。风险的概念比危险广泛,包括了危险,危险只是风险的一部分。风险的另一部分即正面效应,可以称为"机会"。人们对于机会,需要识别、衡量、选择和获取。理财活动不仅要管理危险,还要识别、衡量、选择和获取增加企业价值的机会。风险的新概念,反映了人们对财务现象更深刻的认识,也就是危险与机会并存。

要注意理解财务管理中风险的含义与日常用语中的不同。

小提示

二、风险的种类

企业面临的风险主要有两种:非系统风险和系统风险。

1. 非系统风险

非系统风险是指个别事件和因素对某个行业或某个公司产生影响的风险。这种个别事件和因素的变化只对某个行业或某个公司产生影响。例如,一家公司的员工罢工、新产品开发失败、诉讼失败、取得或失去重要合同等。

由于非系统风险是个别公司或个别资产所特有的,因此也称"特殊风险"或"特有风险"。由于这种风险可通过分散投资来抵消,又称可分散风险。

值得注意的是,在风险分散的过程中,不应过分夸大资产多样性和资产个数的作用。实际上,在资产组合中资产数目较少时,增加资产的个数,分散风险的效应会比较明显,但资产增加到一定程度时,分散风险的效应会逐渐减弱。经验数据表明,组合中不同行业的资产个数达到20个时,绝大多数非系统风险已经被消除掉。此时继续增加资产数目,对分散风险已经没有多大的实际意义,只能增加管理成本。不要指望通过资产多样化达到完全消除风险的目的,因为系统风险是不能够通过持有资产的多样化来消除的。

2. 系统风险

系统风险是指由于某些因素给所有企业都带来影响的风险。例如,战争、经济衰退、通货膨胀、利率变动、国家税收政策的变化、世界能源状况的改变等。由于系统风险是影响整个资本市场的风险,所以也称"市场风险"。由于系统风险没有有效的方法消除,因此,又称不可分散风险。

不可分散风险的程度,通常用 β 系数来计量。某资产的 β 系数表达的含义是该资产的系统风险相当于市场组合系统风险的倍数。即用 β 系数对系统风险进行量化时,以市场自核的系统风险为基准,认为市场组合的 β 系数等于 1。

市场组合是指市场上所有资产组成的组合。市场组合的收益率指的是市场平均收益率,实务中通常用股票价格指数收益率的平均值来代替。由于包含了所有的资产,因此,市场组合中的非系统风险已经被消除,这样市场组合的风险就是市场风险或系统风险了。

小提示

可以通过增加组合中资产的数目而最终消除的风险被称为非系统风险,而那些反映资产之间相互关系,共同运动,无法最终消除的风险被称为非系统风险。

任务处理

一、单项资产的风险与报酬衡量

风险的衡量,需要借助于概率和数理统计的方法。

(一) 概率

在经济活动中,某一事件在相同的条件下可能发生也可能不发生,这类事件称为随机事件。概率就是用来表示随机事件发生可能性大小的数值。通常把必然发生的事件的概率定为 1,把不可能发生的事件的概率定为 0,而一般随机事件的概率是介于 0 与 1 之间的某个数值。概率越大就表示该事件发生的可能性就越大。概率分布必须满足以下两个要求:

(1) 所有的概率即 P_i 都在 0~1 之间,即 $0 \leq P_i \leq 1$。

(2) 所有结果的概率之和应等于 1,即 $\sum_{i=1}^{n} P_i = 1$。

【例 2-18】假设羽裳公司有两个投资机会:购买 A 公司或 B 公司的股票。A 公司和 B 公司股票的概率分布和预期报酬率如表 2-1 所示:

表 2-1　　　　　　A、B 公司股票的概率分布和预期报酬率

经济情况	发生概率	A 股票预期报酬率	B 股票预期报酬率
繁荣	0.2	40%	70%
正常	0.6	20%	20%
衰退	0.2	0%	-30%

在这里,概率表示每一种经济情况出现的可能性,同时也就是各种不同预期报酬率出现的可能性。例如,未来经济情况出现繁荣的可能性有 0.2。假如这种情况真的出现,B 公司的股票可获高达 70% 的报酬率,也就是说,购买 B 公司的股票获利 70% 的可能性是 0.2。当然,报酬率作为一种随机变量,受多种因素的影响。我们这里为了简化,假设其他因素都相同,只有经济情况一个因素影响报酬率。

如果随机变量(如报酬率)只取有限个值,并且对应于这些值都有确定的概率,则称随机变量是离散型分布。上例即是离散型分布,如图 2-5 所示。

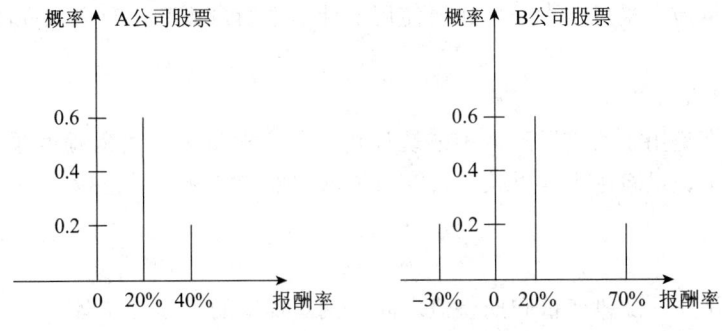

图 2-5 离散型概率分布

但在实际中,出现的经济情况远不止三种,有无数可能的情况会出现。即随机变量的取值为无数个,也对应着无数个相应的概率,则称随机变量为连续型分布。正态分布就是连续型分布的一种常见的形态,如图 2-6 所示。

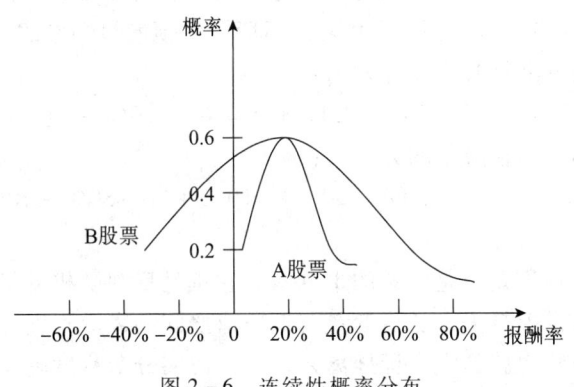

图 2-6 连续性概率分布

(二)期望报酬率

随机变量的各个取值,以相应的概率为权数的加权平均数,叫做随机变量的期望报酬率(又叫预期值或期望值),它反映随机变量取值的平均化。期望报酬率是反映集中趋势的一种度量,表示最有可能出现的结果值,通常用符号 $\overline{R}$ 表示。其计算公式为:

$$\overline{R} = \sum_{i=1}^{n} R_i P_i$$

式中:R_i 表示第 i 个可能结果的出现后的报酬率;P_i 表示第 i 个可能结果的概率;

n 表示可能结果的总数。

根据【例 2-18】，A、B 两公司的股票的期望报酬率分别为：
$$\overline{R}_A = 0.2 \times 40\% + 0.6 \times 20\% + 0.2 \times 0\% = 20\%$$
$$\overline{R}_B = 0.2 \times 70\% + 0.6 \times 20\% + 0.2 \times (-30\%) = 20\%$$

从计算结果可以看出，两者的期望报酬率都是 20%，但是其概率分布不同（图 2-6）。A 公司股票的报酬率离散程度小，变动范围在 0~40% 之间；B 公司股票的报酬率离散程度大，变动范围在 -30%~70% 之间。这说明两个项目的报酬率相同，但风险不同。为了定量地衡量风险大小，还要使用统计学中衡量概率分布离散程度的指标。

（三）离散程度

离散程度是用于衡量风险大小的统计指标。一般说来，离散程度越大，风险越大；离散程度越小，风险越小。反映随机变量离散程度的指标主要包括方差、标准离差和标准离差率。

1. 方差

方差是用反映随机变量和期望值之间的偏离程度的指标。在概率已知的情况下，方差的计算公式为：
$$\delta^2 = \sum_{i=1}^{n}(R_i - \overline{R})^2 \cdot P_i$$

$(R_i - \overline{R})$ 表示的是第 i 种情况可能出现的结果与期望值的离差，P_i 表示第 i 种情况可能出现的概率。方差的计算公式可以表述为：离差的平方的加权平均数。

根据【例 2-18】，可得到 A、B 两公司股票的预期报酬率的方差为：

A 公司股票的预期报酬率的方差为：

$(40\% - 20\%)^2 \times 0.2 + (20\% - 20\%)^2 \times 0.6 + (0\% - 20\%)^2 \times 0.2 = 0.016$

A 公司股票的预期报酬率的方差为：

$(70\% - 20\%)^2 \times 0.2 + (20\% - 20\%)^2 \times 0.6 + (-30\% - 20\%)^2 \times 0.2 = 0.1$

2. 标准离差

标准离差又叫标准差，是方差的平方根。它也是反映随机变量与期望值之间的离散程度的指标。标准离差越大，随机变量与期望值之间的离散程度越大，说明随机变量的波动幅度越大，风险也就越大；标准离差越小，说明分散程度越小，其风险也越小。标准离差一般用符号 δ 表示，其计算公式为：
$$\delta = \sqrt{\sum_{i=1}^{n}(R_i - \overline{R})^2 \cdot P_i}$$

根据【例 2-18】，可得到 A、B 两公司股票预期报酬率的标准离差：

A 公司股票的预期报酬率标准离差为：

$$\delta = \sqrt{(40\% - 20\%)^2 \times 0.2 + (20\% - 20\%)^2 \times 0.6 + (0\% - 20\%)^2 \times 0.2}$$
$$= \sqrt{0.016}$$
$$= 12.65\%$$

B 公司股票的预期报酬率标准离差为：

$$\delta = \sqrt{(70\% - 20\%)^2 \times 0.2 + (20\% - 20\%)^2 \times 0.6 + (-30\% - 20\%)^2 \times 0.2}$$
$$= \sqrt{0.1}$$
$$= 31.62\%$$

以上计算结果表明，B公司股票的风险要高于A公司股票的风险。

2. 标准离差率

标准离差是反映随机变量离散程度的重要指标，但它是一个绝对数，所以只能用来比较期望值相同的各项投资的风险程度。对于期望值不同的投资项目的风险程度的比较，应该采用标准离差率，即标准离差与期望值的比值。标准离差率一般用符号V表示，其计算公式为：

$$V = \frac{\delta}{R} \times 100\%$$

标准离差率以相对数衡量资产的全部风险的大小，它表示每单位预期报酬所包含的风险，即每1元预期报酬所承担的风险的大小。一般情况下，标准离差率越大，资产的相对风险越大；相反，标准离差率越小，相对风险越小。标准离差率可以用来比较具有不同预期报酬率的资产的风险。

根据【例2-18】的资料，A公司股票的标准离差率为：
$$V = 12.65\% / 20\% \times 100\% = 63.25\%$$
B公司股票的标准离差率为：
$$V = 31.62\% / 20\% \times 100\% = 158.1\%$$

从标准离差率来看，B公司股票的风险仍然是高于A公司股票的风险。当然，在此例中A、B两公司股票的期望报酬率是相等的，可以直接根据标准离差来比较风险水平。但如果期望报酬率不同，则一定要计算标准离差率才能进行比较。

【例2-19】假设项目甲和项目乙的期望投资报酬率分别为10%和12%，投资报酬率的标准离差分别为6%和7%，比较项目甲和项目乙的风险的大小。

由于项目甲和乙投资报酬率的期望值不同，所以，不能根据标准离差比较风险大小，应计算各自的标准离差率，然后进行比较。

项目甲的期望报酬率的标准离差率 = 6%/10% × 100% = 60%
项目乙的期望报酬率的标准离差率 = 7%/12% × 100% = 58.33%

计算结果表明项目甲的风险高于乙。

小提示

期望报酬率反映预期报酬的平均化，不能直接用来衡量风险。标准离差和标准离差率可以用来衡量风险：预期报酬率相同的情况下，标准离差越大，风险越大；预期报酬率不同的情况下，标准离差率越大，风险越大。

（四）风险与报酬的关系

一般而言，人们都力求回避风险，那为什么人们还要进行风险性投资呢？这是因为冒风险投资可以得到额外的收益。投资者由于冒风险进行投资而要求获得的超过货币时间价值的那部分报酬,通常被称为风险报酬,用风险报酬率表示。风险报酬的大小与所冒风险的大小成正比,风险越大,要求的风险报酬率越高。这样投资者冒风险投资的期望报酬率就包括无风险报酬率和风险报酬率两部分,即:

$$期望报酬率 = 无风险报酬率 + 风险报酬率$$

其中,无风险报酬率 = 纯利率(货币的时间价值) + 通货膨胀补偿率

无风险报酬率就是到期一定能获得的报酬率。比如银行存款、购买国债等,基本上不存在风险,到期都能收回本息。如果不考虑通货膨胀,无风险报酬率就是货币的时间价值,是最低的社会平均报酬率,一般会把投资于国库券的报酬率视为无风险报酬率。

风险报酬率是投资者冒风险进行投资而要求的超过无风险报酬率的额外报酬率,与风险大小有关,风险越大,要求的报酬率越高。风险报酬率的大小取决于两个因素:风险的大小和投资者对风险的偏好。

以上通过对投资风险程度的衡量,决策者可以据此作出决策。如果有多个投资方案可供选择,进行投资决策的原则是:投资报酬率越高越好,风险程度越低越好。具体来说:①如果两个投资方案的期望报酬率基本相同,应该选择标准离差率比较低的方案;②如果两个投资方案的标准离差率基本相同,应该选择期望报酬率比较高的方案;③如果甲方案期望报酬率高于乙方案,而其标准离差率低于乙方案,则应该选择甲方案;④如果甲方案期望报酬率高于乙方案,而其标准离差率也高于乙方案,则不能一概而论,而要取决于投资者对待风险的态度。有的投资者愿意冒较大的风险,以追求较高的报酬率,可能选择甲方案;有的投资者不愿意冒较大的风险,宁肯接受较低的报酬率,可能选择乙方案。

小提示

一般的投资者和企业管理者都对风险比较反感,在期望报酬率相同的情况下,选择风险小的方案。

二、投资组合的风险与报酬衡量

投资者在进行投资时,一般并不是将所有的资金投资于一种证券,而是同时持有多种证券。这种投资于多种证券的方式,称为证券的投资组合,又称证券组合或投资组合。投资组合理论认为,若干种证券组成的投资组合,其报酬是这些证券报酬的加权平均数,但是其风险不是这些证券风险的加权平均风险,投资组合能降低风险。

这里的"证券"是"资产"的代名词,它可以是任何产生现金流的东西,例如一项生物性实物资产、一条生产线或者是一个企业。

(一) 证券投资组合的期望报酬率

证券投资组合的期望报酬率,是指组合中单项证券的期望报酬率的加权平均值,权数为整个组合中投入各项证券的资金占总投资额的比重。其计算公式为:

$$\overline{R}_p = \sum_{i=1}^{n} W_i \overline{R}_i$$

式中：$\overline{R}_p$ 表示投资组合的期望报酬率；$\overline{R}_i$ 表示单只证券的期望报酬率；W_i 表示第 i 只证券所占的比重。

【例 2 – 20】假设某证券分析师预测 A、B、C、D 四只股票的期望报酬率分别为 24%、18%、12% 和 6%，现在对每只股票投入 5 万元，组成一个价值 20 万元的证券组合，那么该证券组合的期望报酬率为：

$$\overline{R}_p = 24\% \times 25\% + 18\% \times 25\% + 12\% \times 25\% + 6\% \times 25\% = 15\%$$

一年以后，各股票的实际报酬率很可能与期望值不相等，也就是说，投资组合的实际报酬率很可能不等于 15%。这说明，证券组合同样存在风险。

小提示

证券投资组合的期望报酬率的影响因素为投资比重和个别资产报酬率，将资金 100% 投资于最高期望报酬率的资产，可获得最高组合报酬率。

（二）证券投资组合的风险

与投资组合的报酬率不同，投资组合的风险并非组合内部单项资产的标准离差的加权平均数。对于可分散风险，我们可以通过持有证券的多样化将其有效地分散掉；对于市场风险，则无法通过分散化投资将其消除。

单项证券或证券组合受市场风险影响的程度可以通过系统风险系数（β 系数）来衡量。

1. 单项资产的 β 系数

β 系数是反映单项资产报酬率与市场平均报酬率之间变动关系的一个量化指标，它表示单项资产报酬率的变动受市场平均报酬率变动的影响程度。或者说，相对于市场组合的平均风险而言，单项资产所含的系统风险的大小。

一般假设市场组合的平均风险 $\beta = 1$。

（1）当 $\beta = 1$ 时，表示该资产的报酬率与市场平均报酬率呈相同比例的变化，其风险情况与市场组合的风险情况一致；

（2）如果 $\beta > 1$，说明该资产报酬率的变动幅度大于市场组合报酬率的变动幅度，该资产的风险大于整个市场组合的风险；

（3）如果 $\beta < 1$，说明该资产报酬率的变动幅度小于市场组合报酬率的变动幅度，该资产的风险程度小于整个市场投资组合的风险。

单项资产的 β 系数不需要计算，证券机构会定期公布。

小提示

绝大多数资产的 β 系数一般都在 0.50～1.50 之间。这说明资产报酬率的变化方向与市场平均报酬率的变化方向是一致的，只是变化幅度不同而导致系数的不同。如果 β 系数是负数，表明这类资产报酬与市场平均报酬的变化方向相反。

2. 证券投资组合的 β 系数

证券投资组合的 β 系数是所有单项资产 β 系数的加权平均数，权数为各种资产在投资组合中所占的比重。

$$\beta_p = \sum_{i=1}^{n}(W_i \times \beta_i)$$

式中：β_p 表示证券投资组合的 β 系数；W_i 表示证券投资组合中第 i 种证券所占的比重；β_i 表示第 i 种证券的 β 系数；n 表示证券投资组合中包含的股票数量。

小提示

(1) 资产组合不能抵消风险，所以，资产组合的 β 系数是单项资产 β 系数的加权平均数。

(2) 由于单项资产的 β 系数不尽相同，因此，通过替换资产组合中的资产，或者改变不同资产在组合中的价值比重，可以改变组合的风险大小。

(三) 证券投资组合的风险报酬率

投资者进行证券组合投资与进行单项投资一样，都要求对所承担的风险进行补偿。证券的风险越大，要求的报酬越高。但是，与单项投资不同，证券组合投资要补偿的是指市场风险，而不要求对可分散风险进行补偿。因此，证券组合的风险报酬率是投资者因承担不可分散风险而要求的，超过时间价值的那部分额外报酬率。用公式表示为：

$$R_p = \beta_p \times (R_m - R_f)$$

式中：R_p 表示证券组合的风险报酬率；β_p 表示证券组合的 β 系数；R_m 表示所有证券的平均报酬率，简称市场报酬率；R_f 表示无风险报酬率，一般用政府公债的利息率来表示。

在其他因素不变的情况下，风险报酬率取决于证券组合的 β 系数，β 系数越大，风险报酬率越大，反之亦然。即 β 系数反映了证券报酬对系统风险的反应程度。

【例 2-21】假设羽裳公司持有甲乙丙三种股票构成的证券组合，它们的 β 系数分别为 2.0、1.0 和 0.5，它们在证券组合中所占的比重分别为 60%、30% 和 10%，股票市场的平均报酬率为 14%，无风险报酬率为 10%，请确定该证券组合的风险报酬率。

(1) 确定证券组合的 β 系数。

$$\beta_p = 60\% \times 2.0 + 30\% \times 1.0 + 10\% \times 0.5 = 1.55$$

(2) 计算该证券组合的风险报酬率

$$R_p = 1.55 \times (14\% - 10\%) = 6.2\%$$

三、资本资产定价模型

在风险与报酬的关系中，有一个很重要的模型，即资本资产定价模型（Capital Asset Pricing Model，简称 CAPM）。该模型是诺贝尔经济学奖获得者威廉·夏普于 1970 年在他的著作《投资组合理论与资本市场》中提出的。他指出在这个模型中，投资者面临着两种风险：系统性风险，即市场中无法通过分散投资来消除的风险。比如说，利率、经济衰退、战争，这些都属于不可通过分散投资来消除的风险。非系统性风险，也被称做为特殊风险,这是属于个别股票的自有风险,投资者可以通过变更证券投资组合来消除的。

资本资产定价模型的目的是在协助投资人决定资本资产的价格,即在市场均衡时,证券要求报酬率与证券的市场风险(系统性风险)间的线性关系。市场风险系数是用β值来衡量。资本资产指股票、债券等有价证券。CAPM所考虑的是不可分散的风险(市场风险)对证券要求报酬率之影响,其已假定投资人可作完全多角化的投资来分散可分散的风险(公司特有风险),故此时只有无法分散的风险,才是投资人所关心的风险,因此也只有这些风险,可以获得风险报酬。

CAPM用公式表示为:

$$R_i = R_f + \beta_i (R_m - R_f)$$

式中:R_i 表示某证券组合的必要报酬率;β_i 表示某证券组合的 β 系数;R_m 表示所有证券的平均报酬率;R_f 表示无风险报酬率。

其中:$(R_m - R_f)$ 称为市场风险溢酬,反映市场整体对风险的平均容忍程度(或厌恶程度)。

可以看出,有三个因素影响投资人要求的必要报酬率:

(1) 无风险报酬率 (R_f)。无风险报酬率越高,投资人要求的必要报酬率越高;

(2) 整个市场的平均报酬率 (R_m)。整个市场的平均报酬率越高,投资人要求的必要报酬率越高。

(3) β 系数。β 系数越大,投资人要求的必要报酬率越高。

小提示

资本资产定价模型认为,只有系统风险才需要补偿,非系统风险可以通过资产组合分散掉。

【例2-22】某股票的 β 系数为1.2,无风险报酬率为5%,市场上所有股票的平均报酬率为10%,那么该证券的必要报酬率为:

$$R_i = R_f + \beta_i (R_m - R_f) = 5\% + 1.2 \times (10\% - 5\%) = 11\%$$

【例2-23】某投资人的投资组合中包括三种证券,股票甲、乙、丙分别占40%、30%、30%,其 β 系数分别为1.0、1.5、2.0,市场全部股票的平均报酬率为12%,无风险报酬率为5%。求:该组合的必要报酬率。

$$\beta_p = \sum_{i=1}^{n} (W_i \times \beta_i) = 1 \times 40\% + 1.5 \times 30\% + 2 \times 30\% = 1.45$$

$$R_i = 5\% + 1.45 (12\% - 5\%) = 15.15\%$$

知识拓展 **证券市场线**

资本资产定价模型(CAPM)的图示形式称为证券市场线(SML)。它主要用来说明投资组合报酬率与系统风险程度 β 系数之间的关系。SML揭示了市场上所有风险资产的平均期望报酬率与风险之间的关系。

证券市场线方程：$R_i = R_f + \beta_i (R_m - R_f)$

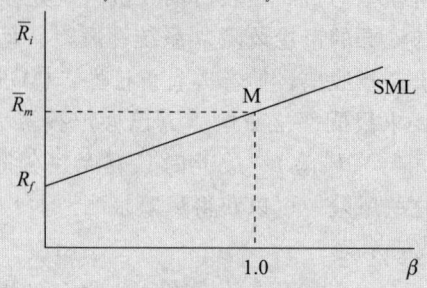

图 2-7 证券市场线：β 值与要求的收益率

证券市场线的主要含义如下：
（1）纵轴为要求的收益率，横轴是以 β 值表示的风险。
（2）无风险证券的 $\beta = 0$，故无风险收益率成为 SML 在纵轴上的截距。
（3）证券市场线的斜率（$\Delta Y / \Delta X$）表示投资者对风险的厌恶程度。一般来说，投资者对风险的厌恶感越强，证券市场线的斜率越大，直线越陡峭，对风险资产所要求的风险补偿越大，对风险资产的要求收益率越高。
（4）β 值越大，要求的收益率越高。

任务三　债券与股票估价

引导案例　北京时间 2018 年 9 月 27 日凌晨，美联储宣布加息 25 个息点，将联邦基金利率目标区间上调至 2%～2.25%。受此影响，截至 10 月 3 日收盘，美股道琼斯工业平均指数跌 831.83 点或 3.15%，报 25598.74 点；标普 500 指数跌 94.66 点或 3.29%，报 2785.68 点；两者均创下了自 2018 年 2 月初以来的最大单日跌幅。纳斯达克综合指数跌 315.97 点或 4.08%，报 7422.05 点，创 2016 年 6 月 24 日以来最大单日跌幅。精略估计，2018 年 10 月 3 日当天，美股市值缩水就超过 1.2 万亿美元，折合超过 8 万亿人民币。
请思考一下，为什么央行加息，会导致债券、股票价格下跌？

一、债券估价

知识准备

债券是依照法定程序发行的约定在一定期限内还本付息的有价证券,它反映证券发行者与持有者之间的债权债务关系。企业进行债券投资的目的是为了获得利息收入,或为了配合企业对资金的需求,调剂现金的余缺,使现金余额达到合理的水平。债券一般包含以下几个要素:

1. 债券的面值

债券面值包括两个基本内容,即币种和票面金额。币种可以是本国货币,也可以是外国货币,这取决于债券发行的地区及对象。票面金额是债券到期时偿还本金的金额,票面金额印在债券上,固定不变,到期必须足额偿还。

2. 债券的期限

债券从发行之日起至到期之日止之间的时间称为债券的期限。

3. 债券的利率

债券上一般都注明年利率,利率有固定的也有浮动的。面值与利率相乘即为年利息。

4. 债券的到期日

债券的到期日是指偿还本金的日期。债券一般都规定到期日,以便到期时偿还本金。

5. 债券的发行价格

债券的发行价格有三种:一是按债券面值等价发行;二是按低于债券面值折价发行;三是按高于债券面值溢价发行。

债券之所以会偏离面值发行,是因为债券票面利率与金融市场平均利率不一致。如果债券利率大于市场利率,则由于未来利息多计,导致债券内在价值大而应采用溢价发行。如果债券利率小于市场利率,则由于未来利息少计,导致债券内在价值小而应采用折价发行。债券溢价、折价可依据资金时间价值原理计算出的内在价值确定。

小提示

债券折价发行是为了对投资者为了少获利息而给予的必要补偿;等价发行是因为票面利率与市场利率相等,此时票面价值与债券价值是一致的,所以不存在补偿问题;溢价发行是为了对债券发行者未来多付利息而给予的必要补偿。

■ 任务处理

企业进行债券投资，必须正确估算债券的价值，根据债券在市场上的价格与价值的比较确定是否进行债券投资。一般情况下，只有当债券价值大于债券价格时，进行投资才是有利的选择，因此，债券估价是进行债券投资一项重要方法。债券的价值是指债券未来现金流入量的现值，债券给投资者带来的现金流入量包括债券的利息收入和到期归还的本金。下面是几个常见的估价模型。

（一）债券估价

1. 债券估价的基本模型

一般情况下，债券每期计算并支付利息、到期归还本金。按照这种模式，债券价值估算的基本模型是：

$$V = \frac{I_1}{(1+R)^1} + \frac{I_2}{(1+R)^2} + \cdots + \frac{I_n}{(1+R)^n} + \frac{M}{(1+R)^n} = \sum_{t=1}^{n} \frac{I_t}{(1+R)^t} + \frac{M}{(1+R)^n}$$

式中：

V 为债券价值；I_t 为第 t 期的利息；M 为到期的本金；R 为贴现率，投资者要求的必要报酬率，一般采用当时的市场利率；n 为债券到期前的年数。

2. 债券估价的扩展模型

进行债券估价时应根据具体情况分析债券投资的现金流量，灵活运用债券估价的基本模型。

（1）典型债券估价模型。典型债券通常是固定利率债券，每期计算并支付利息、到期归还本金，这种债券价值的计算公式为：

$$V = I \times (P/A, R, n) + M \times (P/F, R, n)$$

【例 2 – 24】假设某债券面值为 100 元，票面利率为 6%，期限 3 年，羽裳公司要对这种债券进行投资，当前的市场利率为 5%，问债券价格为多少时才能进行投资？

$V = I \times (P/A, R, n) + M \times (P/F, R, n)$

$= 100 \times 6\% \times (P/A, 5\%, 3) + 100 \times (P/F, 5\%, 3)$

$= 6 \times 2.7232 + 100 \times 0.8638$

$= 102.72$（元）

即该种债券的价格必须低于 102.72 元才值得购买。

（2）一次还本付息且不计算复利的债券估价模型。我国很多债券属于一次还本付息且不计复利的债券，其估价计算公式为：

$$V = (M + I \times n) \times (P/F, R, n)$$

【例 2 – 25】假设羽裳公司拟购买一份面值为 100 元，期限为 5 年，票面利率为 6%，不计复利的债券，当前市场利率为 8%，该债券发行价为多少时，公司才能购买？

$V = (M + I \times n) \times (P/F, R, n)$

$= (100 + 100 \times 6\% \times 5) \times (P/F, 8\%, 5)$

$= 130 \times 0.6806$

$= 88.48$（元）

即该种债券的价格必须低于 88.48 元才值得购买。

（3）零息债券的估价模型。有些债券以贴现方式发行，到期按面值偿还，这种债券被称为"零息债券"，其估价模型为：

$$V = M \times (P/F, R, n)$$

【例 2-26】假设羽裳公司准备购买某债券，该债券面值为 100 元，10 年期，以贴现方式发行，到期按面值偿还，当时市场利率为 10%，其价值为：

$V = M \times (P/F, R, n)$

$= 100 \times (P/F, 10\%, 10)$

$= 100 \times 0.3855$

$= 38.55$（元）

即该种债券的价格必须低于 38.55 元才值得购买。

（4）永久债券的估价模型。永久债券是指没有到期日，永不停止支付利息的债券。英国和美国都发行过这种公债。对于永久公债，通常政府都保留了回购债券的权力。优先股实际上也是一种永久债券，如果公司的股利支付没有问题，将会持续地支付固定的优先股息。永久债券的价值计算公式如下：

$$V = \frac{I}{R}$$

【例 2-27】假设羽裳公司拟购买一优先股，该优先股承诺每年支付优先股息 40 元。假设折现率为 10%，该优先股的价值为多少？

$V = \dfrac{40}{10\%} = 400$（元）

该优先股的价值为 400 元。

小提示

（1）债券的价值＝未来各期利息收入的现值＋未来到期本金或售价的现值。

（2）折现率（i）应选市场利率或投资人要求的必要报酬率。

（3）决策原则：当债券价值高于购买价格时，可以购买。

（二）债券投资收益的衡量

债券的收益水平通常用到期收益率来衡量。债券到期收益率是指自企业债券购买日至到期日可获得的收益率。它是考虑资金时间价值，按复利计算的投资收益率，是指使债券投资未来现金流入的现值等于债券买入价格时的折现率，是净现值为零的折现率，计算公式如下：

$$P = \frac{I_1}{(1+i)^1} + \frac{I_2}{(1+i)^2} + \cdots + \frac{I_n}{(1+i)^n} + \frac{M}{(1+i)^n}$$

式中：P 为债券价格；I 为每期利息；M 为债券面值；n 为到期的年数；i 为折现率、债券到期收益率。

在上式中将折现率 i 求解出来，即为债券到期收益率。

【例 2 – 28】 假设羽裳公司拟 2019 年 4 月 1 日按平价购入 100 万元债券，票面利率为 6%，期限为 5 年，每年 4 月 1 日计算并支付一次利息，计算其到期收益率。

根据上述资料，无法直接计算到期收益率，可采用试误法计算：

$$100 = 100 \times 6\% \times (P/A, i, 5) + 100 \times (P/F, i, 5)$$

用 $i = 6\%$ 测算：

$$100 \times 6\% \times (P/A, 6\%, 5) + 100 \times (P/F, 6\%, 5) = 6 \times 4.2124 + 100 \times 0.7473$$
$$= 100 \text{（万元）}$$

上述计算可知平价认购的每年支付一次利息的债券，其到期收益率正好等于票面利率。

如果债券的市场价格高于或低于债券面值，情况就会有所变化。

如上例如果该债券的买价为 105 万元，则：

$$105 = 100 \times 6\% \times (P/A, i, 5) + 100 \times (P/F, i, 5)$$

根据上面的试算已知，$i = 6\%$ 时等式右边等于 100 万元，由于结果小于 105 万元，还应降低折现率进一步测算。

用 $i = 4\%$ 测算：

$$100 \times 6\% \times (P/A, 4\%, 5) + 100 \times (P/F, 4\%, 5) = 6 \times 4.4518 + 100 \times 0.8219$$
$$= 108.9 \text{（万元）}$$

其折现结果大于 105 万元，说明债券到期收益率介于 6% 至 4% 之间，用插值法得：

$$\text{到期收益率} = 4\% + 2\% \times \frac{108.9 - 105}{108.9 - 100} = 4.88\%$$

逐步测试法计算比较繁琐，我们可以通过简便计算法求得近似值：

$$\text{到期收益率} = \frac{i + (M - P)/N}{(M + P)/2}$$

式中：i 为每年的利息；M 为债券本金；P 为债券的市场价格；N 为年数。

将以上有关数据代入得：

$$\text{到期收益率} = \frac{6 + (100 - 105)/5}{(100 + 105)/2} = 4.88\%$$

由上述计算可以看出，如果债券的市场价格和债券面值不等，则债券的到期收益率和债券的票面利率就不同。

如果债券采取的不是定期支付利息，而是到期一次还本付息或采取其他方式付息，即使是平价发行，到期收益率与票面利率也可能不同。

假设羽裳公司 2019 年 7 月 1 日平价购买一份面值为 1 000 元的债券，其票面利率为 5%，期限为 3 年，按单利计息，一次还本付息，则到期收益率为：

$$1\,000 = 100 \times (1 + 3 \times 5\%) \times (P/F, i, 3)$$

则：$(P/F, i, 3) = 0.8696$

查复利现值表，当复利 $n = 3$ 现值系数贴近 0.8696 的折现率为 5%。

债券到期收益率是企业是否进行债券投资的一个评价标准，它反映企业债券投资的真实收益率，当到期收益率高于投资者要求的投资报酬率时，就可以进行该债券的投资，否则就应放弃这种投资。

二、股票估计

■ 知识准备

（一）股票投资的目的

股票投资是指企业购买其他企业发行的股票以获取股利或股票买卖的价差收益并持有股票的一种投资活动。

企业进行股票投资主要基于两种目的，一是一般意义的证券投资，其目的是为了获取股利收入及股票买卖价差，或为了配合企业对资金的需求，调剂现金的余缺，使现金余额达到合理的水平；二是购买某一公司的大量股票达到控制该公司的目的。由于目的不同，投资策略也不相同，第一种情况下企业不应把大量资金投资于某一种股票上，应采用证券组合投资以分散风险；在第二种情况下企业应将资金集中投放在被投资公司股票上以实现控股的目的。

（二）股票的类别

股票有两种基本类型：普通股和优先股，两者的主要区别如下：

（1）在收益的分配上，普通股股东可按其持有的股份或出资比例获得企业分配的利润，获利水平随企业盈利水平的变动而变动；优先股股东优先于普通股股东获得股息，享有固定的股息。

（2）在剩余财产的分配上，优先股对企业剩余财产的求偿权优先于普通股。

（3）在对公司控制权的影响上，普通股股东可参与企业经营管理，有表决权，有优先认股权；优先股股东无这些权利。

（4）在应承担的义务上，当公司出现亏损或发生破产清算时，普通股股东要按出资额或所占股份承担公司的经营损失和经营责任；优先股股东一般无此义务。

■ 任务处理

进行股票估价是为了确定股票的内在价值，投资时将股票价值与股票市价进行比较以确定如何操作。一般情况下，只有当股票价值大于股票价格时，进行投资才是有利的选择。

股票价值是指股票为投资者带来的未来现金流入的现值。股票给投资者带来的现金流入量包括两部分：股利收入和未来出售时的售价。下面几种是最常见的股票估价模型。

(一) 普通股估价

1. 股票估价的基本模型

如果投资者永远持有某股票，该投资者只获得股利，一个永续的现金流入，这些股利的现值就是股票价值：

$$P_0 = \frac{D_1}{(1+R_s)^1} + \frac{D_2}{(1+R_s)^2} + \cdots + \frac{D_n}{(1+R_s)^n} + \cdots = \sum_{t=1}^{\infty} \frac{D_t}{(1+R_s)^t}$$

式中：P_0 表示股票价值；D_t 表示第 t 期的股利；R_s 表示折现率，资本成本率或投资者的必要报酬率；t 表示期数。

如果投资者不打算永久持有该股票，而是持有一段时间后出售，则投资该股票取得的未来现金流量是持有期间获得的股利收入和出售时的售价。但是，股票的未来售价又取决于股票未来可产生的预期股利，因而不论投资者是否永久持有股票，普通股的预期现金流量只包括未来的预期股利，其基本估价模型为：

$$P_0 = \sum_{t=1}^{\infty} \frac{D_t}{(1+R_s)^t}$$

进行股票估价需要对预期股利进行预测。股利的多少取决于股份公司的盈利及股利政策，可以根据历史资料的统计分析进行预测，例如回归分析法、时间序列的趋势分析等。在上述股票估价模型中要求无限期地预计普通股的每期股利（D_t），实际上是不可能做到的。因此，运用的模型都是各种简化办法，如每年股利相等或固定比率增长等。

2. 长期持有、股利零成长股票的估价模式

假设每年股利固定不变，即预期股利增长为零，则所获取的股利收入是一个永续年金，这种情况下，股票价值为：

$$P_0 = \frac{D}{R_s}$$

【例 2-29】假设羽裳公司购买 A 股票，每年分配股利 2 元，该公司要求的最低报酬率为 16%，则 A 股票的价值为：

$$P_0 = \frac{2}{16\%} = 12.50 \text{（元）}$$

这就是说，A 股票每年带来 2 元的收益，在市场利率为 16% 的条件下，它相当于 12.50 元资本的收益，所以其价值是 12.50 元。

3. 长期持有、股利固定成长股票的估价模型

实际上股份公司股票的股利不应当是固定不变的，而应当是逐年递增的。固定成长股票是指股份公司每年向股东支付的股利是稳定增长的。固定成长股票的计算公式为：

假设股份公司今年的股利为 D_0，预期未来股利增长率为 g，则 t 年的股利应为：

$$D_t = D_0 \times (1+g)^t$$

根据股票估价的基本模型，固定成长股票的价值为：

$$P_0 = \sum_{t=1}^{\infty} \frac{D_0 \times (1+g)^t}{(1+R_s)^t}$$

通常情况下 $R_s > g$，则上式可简化为：

$$P_0 = \frac{D_1}{R_s - g}$$

注意区分 D_0 与 D_1。D_0 是当前的股利,它与 P_0 在同一会计期,D_1 是固定增长第一期的股利。 小提示

【例 2-30】假设羽裳公司拟投资购买 A 股票,该股票上年每股股利为 2 元,预计以后每年以 12% 的增长率增长。该公司要求的最低报酬率为 16%,A 股票的价格为多少时,该公司才能购买?

$$P_0 = \frac{2 \times (1 + 12\%)}{16\% - 12\%} = 56（元）$$

只有当证券市场上 A 股票在 56 元以下时,该公司才能投资购买,否则,就无法获得 16% 的报酬率。

4. 非固定成长股票估价模型

在实际中,有些公司股利是不固定的。例如,在一段时期内高速增长,在另一段时期内正常增长或固定不变。在这种情况下,要分段计算才能确定股票价值,其步骤为:

(1) 计算出非固定增长期间的股利现值。

(2) 根据固定增长股票估价模型,计算非固定增长期结束时股票价值,并求其现值。

(3) 将上述两个步骤求得的现值加在一起,所得的就是阶段性增长股票的价值。

【例 2-31】假设羽裳公司准备购买某公司的股票,预期该公司未来 5 年高速增长,年增长率为 20%,在此之后转为正常增长,年增长率为 6%。普通股投资的必要收益率为 15%,最近支付股利 2 元。当前该股票的价格为 20 元。

(1) 计算高速增长期的股利现值,见表 2-2。

表 2-2　　　　　　　　　　股利现值表　　　　　　　　　　金额单位:元

年份	股利 (D)	复利现值系数 R = 15%	现值
第 1 年	2 (1 + 20%) = 2.4	0.870	2.088
第 2 年	2 (1 + 20%)^2 = 2.88	0.756	2.177
第 3 年	2 (1 + 20%)^3 = 3.456	0.658	2.274
第 4 年	2 (1 + 20%)^4 = 4.147	0.572	2.372
第 5 年	2 (1 + 20%)^5 = 4.977	0.497	2.474
合计	—	—	11.385

(2) 计算第 5 年底的股票价值并折算成现值。

$$P_5 = \frac{D_6}{R_s - g} = \frac{4.977 \times (1 + 6\%)}{15\% - 6\%} = 58.62（元）$$

$$PV = \frac{58.62}{(1+15\%)^5} = 29.133 \text{ （元）}$$

（3）计算股票价值。

$P_0 = 11.385 + 29.133 \approx 40.52$ （元）

（4）判断是否值得购买该股票

因为当前的股票的价格（20元）低于其价值（40.52）元，所以值得购买。

（二）普通股期望报酬率的衡量

以上我们通过计算普通股的价值，来判断某种股票是否被市场高估或低估。假设股票价格是公平的市场价格，证券市场处于均衡状态；在任一时点证券价格都能完全反映有关该公司的任何可获得的公开信息，而且证券价格对新信息能迅速做出反应。在这种假设条件下，股票的期望报酬率等于其必要报酬率。

根据固定股利增长模型：

$$P_0 = \frac{D_1}{R_s - g}$$

可得：

$$R_s = \frac{D_1}{P_0} + g$$

由此，股票的总报酬率可以分为两个部分：第一部分是 $\frac{D_1}{P_0}$，叫做股利收益率，它是根据预期现金股利除以当前股价计算出来的。第二部分是增长率 g，叫做股利增长率。由于股利的增长速度也就是股价的增长速度，因此，g 可以理解为股价增长率或资本利得收益率。这样，股票总报酬率 = 预期股利收益率 + 预期资本利得收益率。g 的数值可以根据公司的可持续增长率估计。P_0 是股票市场形成的价格，只要能预计出下一期的股利，就可以估计出股东预期报酬率，在有效市场中它就是与该股票风险相适应的必要报酬率。

【例2-32】假设某普通股价格为20元，预计下一期股利为1元，该股票将以10%的速度持续增长。该股票的期望报酬率为：

$$R_s = 1/20 + 10\% = 15\%$$

如果股东要求的必要报酬率也为15%，则一年后的估价为：

$$\begin{aligned} P_1 &= D_1 \times (1+g)/(R_s - g) \\ &= 1 \times (1+10\%)/(15\% - 10\%) \\ &= 22 \text{ （元）} \end{aligned}$$

如果现在用20元购买该股票，年末将收到1元股利，并且得到2元（22元 - 20元）的资本利得。

$$\begin{aligned} \text{股票总报酬率} &= \text{预期股利收益率} + \text{预期资本利得收益率} \\ &= 1/20 + 2/20 \\ &= 5\% + 10\% \\ &= 15\% \end{aligned}$$

只有股票的期望报酬率高于股东要求的必要报酬率,他才会进行投资;反之,如果期望报酬率低于股东要求的必要报酬率,他将不会投资该股票。

资产报酬率的类型

种类		含义
实际报酬率		已经实现或确定可以实现的资产报酬率 提示:当存在通货膨胀时,还应当扣除通货膨胀率的影响,剩余的才是真实的报酬率
期望报酬率 (预期报酬率)		在不确定的条件下,预测的某资产未来可能实现的报酬率 $$\bar{R} = \sum_{i=1}^{n} R_i P_i$$ 式中:R_i 表示第 i 个可能结果的出现后的报酬率;P_i 表示第 i 个可能结果的概率;n 表示可能结果的总数
必要报酬率 (最低报酬率)		表示投资者对某资产合理要求的最低报酬率 必要报酬率 = 无风险报酬率 + 风险报酬率 = 纯利率(货币时间价值) + 通货膨胀补偿率 + 风险报酬率
	无风险报酬率	无风险报酬率 = 纯利率(货币时间价值) + 通货膨胀补偿率 提示:通常用短期国债的利率近似地代替无风险报酬率
	风险报酬率	指资产持有者因承担该资产的风险而要求的超过无风险报酬率的额外报酬,它的大小取决于以下两个因素:一是风险的大小;二是投资者对风险的偏好

三、优先股估价

优先股按照约定的票面股息率支付股利,当优先股存续期内采用相同的固定股息率时,每股股息就形成了无限期定额支付的年金,即永续年金,优先股则相当于永久债券。其估价公式如下:

$$P_0 = \frac{D}{R_s}$$

P_0 表示优先股的价值;D 表示优先股每期股息;R_s 表示折现率,一般采用资本成本率或投资者的必要报酬率。

【例2-33】某上市公司对外流通的优先股每季度支付股息0.6元,年必要报酬率为12%,则该公司优先股的价值是:

$$P_0 = 0.6 / (12\% \div 4) = 20(元)$$

四、优先股的期望报酬率的衡量

优先股的股息通常是固定的,优先股的期望报酬率估计如下。

$$R = \frac{D}{P}$$

式中：R 表示优先股期望报酬率；D 表示优先股每年股利；P 表示优先股当前股价。

【例2-34】某上市公司对外流通的优先股每年支付股息2元，优先股当前股价20元，该优先股的期望报酬率为：

$$R = 2/20 = 10\%$$

财政部发布《关于加强会计人员诚信建设的指导意见》

为加强会计诚信建设，建立健全会计人员守信联合激励和失信联合惩戒机制，推动会计行业进一步提高诚信水平，2018年4月19日，财政部根据《中华人民共和国会计法》规定和《国务院关于印发社会信用体系建设规划纲要（2014-2020年）的通知》（国发〔2014〕21号）、《国务院办公厅关于加强个人诚信体系建设的指导意见》（国办发〔2016〕98号）、《国务院关于建立完善守信联合激励和失信联合惩戒制度 加快推进社会诚信建设的指导意见》（国发〔2016〕33号）等精神，发布《关于加强会计人员诚信建设的指导意见》（财会〔2018〕9号）。

指导意见包括总体要求、增强会计人员诚信意识、加强会计人员信用档案建设、健全会计人员守信联合激励和失信联合惩戒机制、强化组织实施等共五个方面的内容，这是我国第一个关于会计人员诚信建设的纲领性文件。

 项目小结

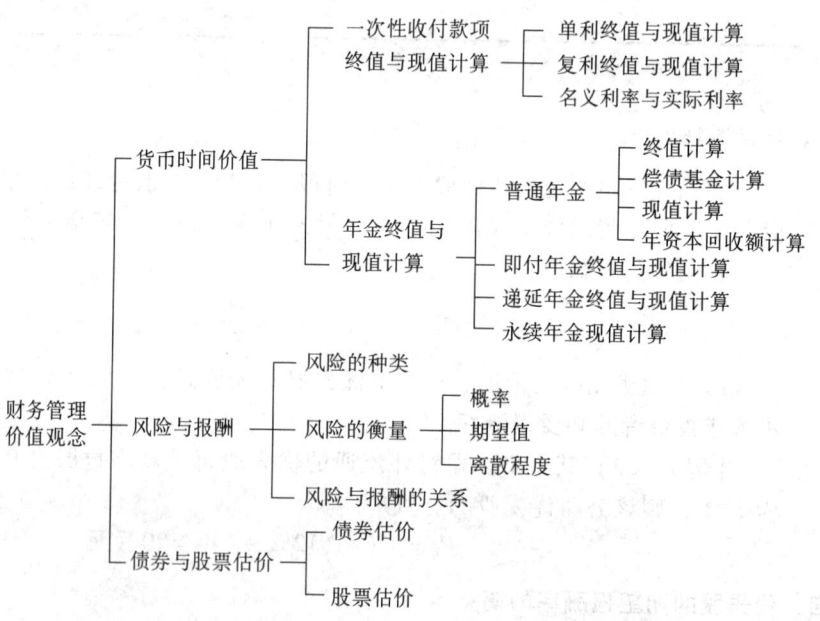

项目三
项目投资管理

 知识学习目标

1. 会计项目投资静态评价指标与动态评价指标
2. 能运用项目投资决策评价指标进行决策
3. 掌握项目决策方法：净现值法、共同年限法和等额年金法
5. 能够进行固定资产更新改造决策

 技能训练目标

1. 会与企业内外相关部门沟通投资决策信息
2. 能比较敏锐地判断内外各种因素变化对投资活动产生的影响
3. 会通过现代媒体等手段收集企业投资决策所需资料
4. 会运用数理统计等方法加工整理选取资料
5. 能系统清晰又重点突出地撰写投资决策分析报告

任务一 项目投资管理认知

引导案例

羽裳服装公司准备购入一项设备以扩充公司的生产能力。现有甲、乙两个方案可供选择，甲方案需投资10 000元，使用寿命为5年，采用直线法计提折旧，5年后设备无残值。5年中每年销售收入为6 000元，每年的付现成本为2 000元。乙方案需投资12 000元，采用直线法计提折旧，使用寿命也为5年，5年后有残值收入2 000元。5年中每年的销售收入为8 000元，付现成本第一年为3 000元，以后随着设备陈旧，逐年将增加修理费400元，另需垫支营运资金3 000元，该公司所得税税率为25%，资本成本率为10%。

请思考：甲乙两个方案是独立投资还是互斥投资？

一、企业投资的意义

投资一般是指经济主体为了获取经济效益而投入资金或资源用以转化为实物资产或金融资产的行为和过程。从特定企业角度看,投资就是企业为获取收益而向一定对象投放资金的经济行为。

企业通过投资配置资产,才能形成生产能力,取得未来的经济利益。

(一) 投资是企业生存与发展的基本前提

投资是一种资本支出行为,企业无论是维持简单再生产还是实现扩大再生产,如新建一个企业、建造一条生产线、开发一种新产品等,都要通过购建流动资产和长期资产,形成生产条件和生产能力,确立企业经营方向,配置企业各类资产,形成企业综合生产经营能力。投资决策的正确与否,直接关系企业的兴衰成败。

(二) 投资是实现财务管理目标的基本前提

企业财务管理的目标是不断提高企业价值,为股东创造财富,因此要采取各项措施增加利润,降低风险。企业要想获得利润,必须进行投资,在投资中获得效益。

(三) 投资是企业控制风险的重要手段

通过投资,企业将资金投向生产经营的关键环节或薄弱环节,可以使各种市场经营能力配套、平衡、协调。通过投资,可以实现多元化经营,将资金投放于经营相关程度较低的不同产品或不同行业,分散风险,稳定收益来源,降低资产风险。

二、投资的分类

投资是一项很复杂的经济活动,为了加强管理和提高投资收益,有必要对投资进行科学的分类。

(一) 直接投资和间接投资

按照投资活动与企业本身的生产经营活动的关系,投资分为直接投资和间接投资。

直接投资是指将资金直接投放于形成生产经营能力的实体性资产,直接谋取经营利润的企业投资。通过直接投资,购买并配置劳动力、劳动资料和劳动对象等具体生产要素,开展生产经营活动。

间接投资是指将资金投放于股票、债券等权益性资产上的企业投资。之所以称为间接投资,是因为股票、债券的发行方,在筹集到资金后,再将资金投放于形成生产经营能力的实体性资产,获取经营利润。间接投资方并不直接介入具体生产经营过程,通过股票、债券上所约定的收益分配权利,获取股利或利息收入,分享直接投资的经营利润。

(二) 对内投资和对外投资

按照投资的方向不同,分为对内投资和对外投资。从企业的角度看,对内投资就是项目投资，是指企业将资金投放于为取得供本企业生产经营使用的固定资产、无形资产、其他资产和垫支流动资金而形成的一种投资。对外投资是指企业为购买国家及其他企业发行的有价证券或其他金融产品，或以货币资金、实物资产、无形资产向其他企业（如联营公司、子公司等）注入资金而发生的投资。

项目投资以特定项目为对象，可分为新建项目和更新改造项目两大类型。新建项目投资以新增生产能力为目的，属于外延式扩大再生产；更新改造项目投资以恢复和改善生产能力为目的，属于内涵式扩大再生产。

（三）项目投资与证券投资

证券投资是指投资者购买股票、债券、基金等有价证券以及这些有价证券的衍生品，以获取红利、利息及资本利得的投资行为和证券投资过程，是间接投资的重要形式。

项目投资是一种以特定项目为对象，直接与新建项目或更新改造项目有关的长期投资行为。项目投资的目的在于改善生产条件、扩大生产能力，以获取更多的利润。

小提示

（1）直接投资与间接投资、项目投资与证券投资，两种投资分类方式的内涵和范围是一致的，只是分类角度不同。直接投资与间接投资强调的是投资的方式性，项目投资与证券投资强调的是投资的对象性。

（2）对内投资都是直接投资，对外投资主要是间接投资，也可能是直接投资，特别是企业间的横向经济联合中的联营投资。

（四）独立投资与互斥投资

按照投资项目之间的相互关联关系，企业投资可以划分为独立投资和互斥投资。

独立投资是相容性投资，各个投资项目之间互不关联、互不影响，可以同时并存。独立投资项目决策考虑的是方案本身是否满足某种决策标准。例如，建造一个饮料厂和建造一个纺织厂，它们并不冲突，可以同时进行，只要两个项目的预期投资报酬率达到20%，即可采纳。这里20%的预期投资报酬率就是一种预期的决策标准。

互斥投资是非相容性投资，各个投资项目之间相互关联、相互替代，不能同时并存。因此，互斥投资项目决策考虑的是各方案之间的排斥性，互斥决策需要从每个可行方案中选择最优方案。例如，企业要么对现有设备进行更新，要么购买新设备，两者只能选其一，则对现有设备进行更新和购买设备就是互斥的。互斥投资项目决策考虑的是各方案之间的排斥性，也许每个方案都是可行的，但互斥决策需要从中选择最优方案。

三、项目投资程序

企业项目投资的程序主要包括以下几个步骤：

1. 提出项目投资的领域和对象

这是项目投资程序的起点，是以企业的长远发展战略、中长期投资计划和投资环境的变化为基础，同时把握良好投资机会的前提下，由企业管理当局或企业高层管理人员提出，或者由企业的各级管理部门和相关部门领导提出。

2. 评价投资方案的可行性

在评价投资项目的环境、市场、技术和生产可行性的基础上，通过计算项目的有关现金流量指标以及项目的有关评估指标（如净现值、内含报酬率等），对项目投资的财务可行性作出总体评价。

3. 投资方案的比较与选择

在财务可行性评价的基础上，对可供选择的多个投资方案进行比较和选择。

4. 投资方案的执行

即投资行为的具体实施。

5. 投资方案再评价

在投资项目的执行过程中，应注意评价原来做出的投资决策是否合理，是否正确。一旦出现新的情况，就要随时根据变化的情况做出新的评价。如果情况发生重大变化，原来投资决策变得不合理，那么，就要进行是否终止投资或怎样终止投资的决策，以避免更大的损失。

四、项目经济寿命周期的构成

项目经济寿命周期是指投资项目从投资建设开始到最终清理结束整个过程的全部时间，即该项目的有效持续期间。完整的项目经济寿命周期包括投资期（又叫建设期）和营业期。其中，投资期的第一年年初称为建设起点，投资期的最后一年年末称为投产日，从投产日到终结点之间的时间间隔称为营业期，营业期包括试产期和达产期（完全达到设计生产能力）两个阶段。试产期是指项目投入生产，但生产能力尚未完全达到设计能力时的过渡阶段。达产期，是指生产运营达到设计预期水平后的时间。营业期一般应根据项目主要设备的经济使用寿命期确定。

项目经济寿命周期、投资期和营业期三者之间的关系可用下式表示：

$$项目经济寿命周期 = 投资期 + 营业期$$

项目经济寿命周期如图 3-1 所示。

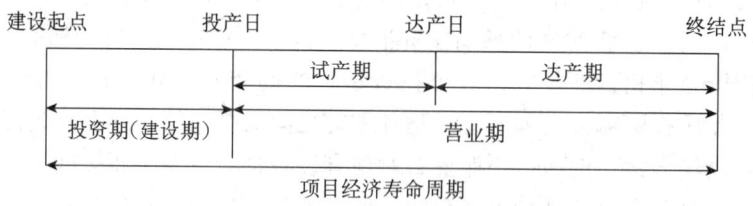

图 3-1　项目经济寿命周期构成

反映项目投资金额的指标主要有原始投资和项目投资总额。原始投资（又称初始投资）等于企业为使该项目完全达到设计生产能力、开展正常经营而投入的全部现实资金，包括建设投资和流动资金投资两项内容。建设投资是在建设期内按一定生产经营规模和建设内容进行的投资。流动资金投资是指项目投产前后分次或一次投放于营运资金项目的投资增加额，又称垫支流动资金或营运资金投资。在财务可行性评价中，原始投资与建设期资本化利息之和为项目总投资,这是一个反映项目投资总体规模的指标。

什么是业财融合

2014年10月,财政部制定发布的《关于全面推进管理会计体系建设的指导意见》(以下简称《指导意见》)指出:单位要建立面向管理会计的信息系统,以信息化手段为支撑,实现会计与业务活动的有机融合,推动管理会计功能的有效发挥。《指导意见》中提出的,单位要"实现会计与业务活动的有机融合",即所谓的"业财融合"。

业财融合要求财务人员充分利用信息化手段,将企业的各项财务活动与业务活动有机融合,跳出会计事后核算与监督的藩篱,将财务活动延展到事前预测与决策、事中计划与控制、事后评价与监督,全程参与企业成本管理、预算管理、投融资管理等,对业务实施即时管控,为业务部门提供即时信息,有效管控风险,有效配置资源,助力企业管理者实现财务目标。财务部门要转换传统后台职能部门的观念,主动嵌入业务前端、服务于业务,加强业财协同,打破业财之间的管理壁垒,实现管理有序衔接,实现适应互联网新时代的财务角色的转型。

任务二 现金流量预测

根据任务一引导案例,对甲、乙两个方案的现金流量进行预测。

■ 知识准备

项目投资决策的主要依据是项目的现金流量。现金流量(Cash Flow)是指一个项目投资引起的企业未来一定期间所发生的现金收支。这时的"现金"是广义的现金,不仅包括各种货币资金,而且还包括项目投资所需要投入的企业现有的非货币资源的变现价值。

新建项目的现金流量包括现金流出量、现金流入量和现金净流量三个具体概念。

1. 现金流出量(Cash Out)

一个项目投资的现金流出量是指该项目投资引起企业的现金支出的增加量，主要包括固定资产投资、无形资产投资、长期待摊费用支出和流动资产投资四个部分。

2. 现金流入量（Cash In）

一个项目投资的现金流入量是指该项目投资引起企业的现金收入的增加量，主要包括营业现金流入、回收固定资产残值和回收流动资金。

3. 现金净流量（Net Cash Flow，NCF）

项目投资的现金净流量是指在项目计算期内每年现金流入量与每年现金流出量之间的差额所形成的序列指标。计算公式为：

某年现金净流量 = 该年现金流入量 − 该年现金流出量

$$= CI_t - CO_t \quad (t = 0, 1, 2, \cdots, n)$$

一般情况下，投资决策中的现金流量通常是指现金净流量（NCF）。现金净流量具有以下两个特征：①无论是在生产经营期内还是在建设期内都存在现金净流量的范畴；②由于项目计算期不同阶段上的现金流入量和现金流出量发生的可能性不同，使得各个阶段上的现金净流量在数值上表现出不同的特点，如建设期内的现金净流量一般小于或等于零；在生产经营期内的现金净流量则多为正值。

> **小提示**
>
> 在理解现金流量的概念时，把握以下要点：
> (1) 这里的"现金"，是广义的现金，不仅包括货币资金，而且包括非货币资源的变现价值。
> (2) 现金流量的内容既包括流入量也包括流出量。
> (3) 财务管理中的现金流量，针对特定投资项目，不是针对特定会计期间。
> (4) 只有增量现金流量才是与项目相关的现金流量。

■ 任务处理

投资项目的现金流量预测，可以按时间分为三个阶段：投资期、营业期和终结期。

一、投资期现金流量的预测

投资阶段的现金流量主要是现金流出量，即在该投资项目上的原始投资，包括长期资产投资和营运资金垫支。

1. 长期资产投资

长期资产投资主要包括固定资产、无形资产等长期资产所需的现金支出，具体包括：

(1) 固定资产投资。即房屋和建筑物、机器设备等的购入或建造、运输、安装成本等。

(2) 无形资产投资。企业用于购买专利使用权、商标使用权、专有技术、土地使用权等的支出。

（3）其他投资费用。与项目投资有关的筹建费用、咨询费、培训费等。如果该项目的筹建费、开办费较高，也可将其计入递延资产。

2. 营运资金垫支

营运资金垫支是指投资项目形成生产能力之后，在流动资产上追加的投资。生产能力的扩大，原材料、在产品、产成品等流动资产的规模随之扩大，因此需追加投入日常营运资金。同时，生产能力的扩大，应付账款等结算性流动负债（又叫自发性负债）也随之增加，自动补充了一部分日常营运资金的需要。因此，投资项目垫支的营运资金是追加的流动资产增加量与结算性流动负债增加量的净差额。

二、营业期现金流量的预测

营业现金流量是指投资项目投入使用后，在其寿命期内由于生产经营所带来的现金流入和流出的数量。

营业现金流入量主要是因项目投资使企业增加的营业收入。营业现金流出量主要包括因项目投资使企业增加的付现成本和所得税。所谓付现成本是指每年需要支付现金的成本。成本中不需要每年支付现金的部分称为非付现成本，包括折旧与摊销。年营业现金净流量可用下列公式计算：

营业现金净流量 = 营业收入 − 付现成本 − 所得税

其中，付现成本 = 营业成本 − 非付现成本

即，营业现金净流量 = 营业收入 −（营业成本 − 非付现成本）− 所得税

= 净利润 + 非付现成本

=（营业收入 − 营业成本）×（1 − 所得税税率）+ 非付现成本

三、终结期现金流量的预测

终结现金流量是指项目经济寿命完结时发生的现金流量。主要包括：

1. 固定资产的变价净收入

项目终结时，原有固定资产将退出生产经营，企业需对固定资产进行清理。固定资产的变价净收入是指固定资产出售或报废时的出售价款或残值收入扣除清理费用后的净额，应当作为项目投资的一项现金流入。

2. 垫支的营运资金的收回

固定资产出售或报废，投资项目的经济寿命终结后，企业将与该项目相关的存货出售，应收账款收回，应付账款也随之偿付。营运资金恢复到原有水平，项目开始垫支的营运资金在项目结束时得到回收，应作为该项目的现金流入。

【例3−1】根据引导案例，预测甲、乙两个方案的现金流量。

1. 计算各方案的年折旧额

甲方案年折旧额 = 10 000 ÷ 5 = 2 000（元）

乙方案年折旧额 =（12 000 − 2 000）÷ 5 = 2 000（元）

2. 预测各方案的营业现金流量

营业现金流量计算可采用列表方式，本案例中两方案的营业现金流量如表3−2。

表 3-2　　　　　　　　　　　现金流量计算表　　　　　　　　　　　　单位：元

方案	项目	1	2	3	4	5
甲方案	销售收入	6 000	6 000	6 000	6 000	6 000
	付现成本	2 000	2 000	2 000	2 000	2 000
	折旧	2 000	2 000	2 000	2 000	2 000
	税前利润	2 000	2 000	2 000	2 000	2 000
	所得税	500	500	500	500	500
	税后净利	1 500	1 500	1 500	1 500	1 500
	营业现金流量	3 500	3 500	3 500	3 500	3 500
乙方案	销售收入	8 000	8 000	8 000	8 000	8 000
	付现成本	3 000	3 400	3 800	4 200	4 600
	折旧	2 000	2 000	2 000	2 000	2 000
	税前利润	3 000	2 600	2 200	1 800	1 400
	所得税	750	650	550	450	350
	税后净利	2 250	1 950	1 650	1 350	1 050
	营业现金流量	4 250	3 950	3 650	3 350	3 050

3. 结合投资期初始现金流量和终结期现金流量确定各备选方案的全部现金流量

本案例两个方案的全部现金流量如表 3-3 所示。

表 3-3　　　　　　　　　　　全部现金流量表　　　　　　　　　　　　单位：元

方案	项目	0	1	2	3	4	5
甲方案	固定资产投资	-10 000					
	营业现金流量		3 500	3 500	3 500	3 500	3 500
	现金流量合计	-10 000	3 500	3 500	3 500	3 500	3 500
乙方案	固定资产投资	-12 000					
	营运资金垫资	-3 000					
	营业现金流量		4 250	3 950	3 650	3 350	3 050
	固定资产残值						2 000
	营运资金回收						3 000
	现金流量合计	-15 000	4 250	3 950	3 650	3 350	8 050

项目投资现金流量表与财务会计现金流量表的区别如表 3-4 所示：

表 3-4　　　项目投资现金流量表与财务会计现金流量表的区别

区别点	财务会计现金流量	项目投资现金流量
项目反映的对象	特定企业	特定投资项目
期间特征	只包括一个会计年度	包括整个项目计算期
信息属性	真实历史数据	预计未来数据

小提示

现金流量的预测也可以用简化法。简化法是指在特定条件下直接利用公式来确定项目净现金流量的方法。

例如：

企业拟构建一项固定资产,需在建设起点一次投入全部资金1 100万元,均为自有资金,建设期为一年。固定资产预计使用寿命10年,期末有100万元净残值,按直线法折旧。预计投产后每年可使企业新增100万元息税前利润。适用的企业所得税税率为25%。

根据上述资料,各项指标计算如下:

项目计算期 = 1 + 10 = 11(年)

投产后第1－10年每年的折旧额 =(1 100 – 100)÷ 10 = 100

建设期净现金流量:

NCF_0 = –1 100 万元

NCF_1 = 0 万元

运营期净现金流量:

NCF_{2-10} = 100 × (1 – 25%) + 100 = 175(万元)

NCF_{11} = 100 × (1 – 25%) + 100 + 100 = 275(万元)

小提示

计算结果的时点化假设:

(1)以第一笔现金流出的时间为"现在"时间即"零"时点。不管它的日历时间是几月几日。在此基础上,一年为一个计息期。

(2)对于原始投资,如果没有特殊指明,均假设现金在每个"计息期初"支付。

(3)对于收入、成本、利润,如果没有特殊指明,均假设在"计息期末"取得。

延伸阅读

2018年4月4日,财政部、国家税务总局联合发布《关于调整增值税税率的通知》(财税〔2018〕32号),主要内容如下:

一、纳税人发生增值税应税销售行为或者进口货物,原适用17%和11%税率的,税率分别调整为16%、10%。

二、纳税人购进农产品,原适用11%扣除率的,扣除率调整为10%。

三、纳税人购进用于生产销售或委托加工16%税率货物的农产品,按照12%的扣除率计算进项税额。

四、原适用17%税率且出口退税率为17%的出口货物,出口退税率调整至16%。原适用11%税率且出口退税率为11%的出口货物、跨境应税行为,出口退税率调整至10%。

五、外贸企业2018年7月31日前出口的第四条所涉货物、销售的第四条所涉跨境应税行为,购进时已按调整前税率征收增值税的,执行调整前的出口退税率;购进时已按调整后税率征收增值税的,执行调整后的出口退税率。生产企业2018年7月31日前出口的第四条所涉货物、销售的第四条所涉跨境应税行为，执行调整前的出口退税率。

调整出口货物退税率的执行时间及出口货物的时间，以出口货物报关单上注明的出口日期为准，调整跨境应税行为退税率的执行时间及销售跨境应税行为的时间，以出口发票的开具日期为准。

六、本通知自 2018 年 5 月 1 日起执行。此前有关规定与本通知规定的增值税税率、扣除率、出口退税率不一致的，以本通知为准。

资料来源：中华人民共和国财政部官网：http://szs.mof.gov.cn/zhengwuxinxi/zhengcefabu/201804/t20180404_2862283.html。

任务三 项目投资财务评价指标的计算

项目投资决策，是对各个可行方案进行分析和评价，并从中选择最优方案的过程。投资项目决策的分析评价，需要专门的评价指标和方法。常用的财务可行性评价指标有净现值、现值指数、内含报酬率和回收期等。这些指标可以用于独立项目的评价。

按照是否考虑资金时间价值，评价投资项目财务可行性的指标可分为静态评价指标和动态评价指标。静态评价指标在计算时不需要考虑资金时间价值；动态评价指标在计算过程中则要充分考虑和利用资金时间价值。

一、静态评价指标的计算

静态评价指标，又叫非折现现金流量指标，在计算时不需要考虑资金时间价值，主要包括静态投资回收期和会计收益率。

根据引导案例，运用静态评价指标对甲乙两个项目进行投资决策。

（一）静态投资回收期的计算

静态投资回收期是指在不考虑资金时间价值的情况下，以投资项目经营净现金流量抵偿原始总投资所需要的全部时间。它代表收回投资所需要的年限。回收年限越短，项目越有利。它有"包括建设期的投资回收期（记作 PP）"和"不包括建设期的投资回收期（记作 PP'）"两种形式。

1. 计算方法

根据投资回收期的定义，投资回收期 T 满足以下关系：$\sum_{t=0}^{T} NCF_t = 0$，具体计算应视实际情况而定。

（1）如果某一项目运营期内前若干年每年的营业净现金流量（NCF）相等，且其合计大于或等于建设期发生的原始投资合计，则投资回收期可按下列公式计算：

不包括建设期的投资回收期（PP'）= $\dfrac{\text{建设期发生的原始投资合计}}{\text{运营期内前若干年每年相等的净现金流量}}$

包括建设期的投资回收期（PP） = 不包括建设期的投资回收期 + 建设期

【例 3-2】羽裳服装公司甲方案的投资回收期可计算如下：

投资回收期 = $\dfrac{10\,000}{3\,500}$ = 2.86（年）

【例 3-3】假设羽裳服装公司某投资项目的现金净流量如下：NCF_0 为 -1 000 万元，NCF_1 为 0 万元，NCF_{2-10} 为 200 万元，NCF_{11} 为 300 万元。

根据以上资料，计算静态投资回收期如下：

建设期为 1 年，投产后 2 年~10 年现金净流量相等，即运营期前 9 年现金净流量均为 200 万元。

不包括建设期的投资回收期（PP'）= $\dfrac{1\,000}{200}$ = 5（年）

包括建设期的投资回收期（PP）= 5 + 1 = 6（年）

（2）如果每年的营业净现金流量（NCF）不相等，计算投资回收期要逐年计算累计现金净流量和各年尚未回收的投资额，来确定包括建设期的投资回收期，再推算出不包括建设期的投资回收期。

包括建设期的投资回收期（PP） = 累计现金净流量最后一次出现负值的年数

$+ \dfrac{\text{当年累计现金净流量绝对值}}{\text{下年现金净流量}}$

不包括建设期的投资回收期（PP'）= 包括建设期的投资回收期 - 建设期

【例 3-4】羽裳服装公司乙方案的累计现金流量的计算如表 3-5 所示。

表 3-5　　　　　乙方案累计现金流量计算表　　　　　单位：元

年度\项目	0	1	2	3	4	5
现金净流量	-15 000	4 250	3 950	3 650	3 350	8 050
累计现金净流量	-15 000	-10 750	-6 800	-3 150	200	8 250

投资回收期 = $3 + \dfrac{|-3\,150|}{3\,350}$ = 3.94（年）

【例 3-5】假设羽裳服装公司某投资项目的累计现金流量如表 3-6 所示。

表 3-6　　　　　某投资项目的累计现金流量计算表　　　　　单位：元

年度\项目	0	1	2	3	4	5	6
现金净流量	-100	-80	40	60	60	60	90
累计现金净流量	-100	-180	-140	-80	-20	40	130

包括建设期的投资回收期 = $4 + \dfrac{|-20|}{60}$ = 4.33（年）

不包括建设期的投资回收期 = 4.33 - 1 = 3.33（年）

2. 决策原则

在以投资回收期进行投资决策时，决策者通常会设定一个标准投资回收期。单项方案决策，如果该项目的投资回收期短于标准回收期，此方案可行，否则方案不可行。多个备选方案的互斥决策中，投资回收期短于标准回收期且最短的方案为优。

3. 指标评价

静态投资回收期指标的优点：计算简便；容易为决策人理解；可以直接利用回收期之前的净现金流量信息，可以大体上衡量项目的流动性和风险。

静态投资回收期指标的缺点：没有考虑货币的时间价值；没有考虑回收期满后的现金流量状况。通常情况下，有战略意义的投资早期的收益较低而中后期收益较高，运用投资回收期进行决策可能导致决策者优先考虑急功近利的项目，因此，仅作为投资项目财务可行性分析的次要指标。

假设有两个方案，其预计现金流量如表 3 - 7 所示。

表 3 - 7   预计现金流量表   单位：元

年度 项目	0	1	2	3	4	5
A 方案现金流量	-10 000	4 000	6 000	4 000	4 000	4 000
B 方案现金流量	-10 000	4 000	6 000	6 000	6 000	6 000

两个方案的回收期相同，都是两年，如果用回收期进行评价，似乎两者不相上下，但实际上 B 方案明显优于 A 方案。

（二）会计报酬率的计算

1. 计算方法

会计报酬率是投资项目年平均净利润占原始投资额的比率，其计算公式为：

$$会计报酬率 = \frac{年平均净利润}{原始投资额} \times 100\%$$

【例 3 - 6】羽裳服装公司甲乙两个投资方案的会计报酬率分别为：

甲方案会计报酬率：$\frac{1\ 500}{10\ 000} \times 100\% = 15\%$

乙方案会计报酬率：$\frac{(2\ 250 + 1\ 950 + 1\ 650 + 1\ 350 + 1\ 050)/5}{15\ 000} \times 100\% = 11\%$

2. 决策原则

在以会计报酬率进行投资决策时，决策者通常会设定一个必要投资报酬率。在单项方案决策中，如果该项目的会计报酬率高于必要投资报酬率，此方案可行，否则方案不可行。在多个备选方案的互斥决策中，选用会计报酬率高于必要投资报酬率且最高的方案。

3. 指标评价

会计报酬率指标的优点：计算简便，易于理解；使用财务报告的数据，容易取得；

考虑了整个项目寿命期的全部利润。

会计报酬率指标的缺点：没有考虑货币的时间价值；没有利用现金流量信息。只能作为投资项目财务可行性分析的辅助指标。

二、动态评价指标的计算

动态评价指标，又叫折现现金流量指标，在计算过程中充分考虑和利用货币时间价值，主要包括净现值、现值指数、内含报酬率和动态投资回收期。

根据引导案例，再运用动态评价指标对甲乙两个项目进行投资决策。

（一）净现值的计算

净现值是指在项目计算期内，按照预定的折现率计算的所有现金净流量的现值之和，记为NPV（Net Present Value）。实际上，净现值就是投资方案未来现金流入量现值与现金流出量现值之间的差额。如果净现值大于零，说明该方案的实际报酬率大于预定的折现率；如果净现值等于零，说明方案的实际报酬率等于预定的折现率；如果净现值小于零，说明方案的实际报酬率小于预定的折现率。

计算净现值折现率的参考标准：
（1）以市场利率为标准；
（2）以投资者希望获得的预期最低投资报酬率为标准；
（3）以企业平均资本成本率为标准。

1. 计算方法

净现值计算公式为：

$$净现值（NPV）= \sum_{t=0}^{n}（第 t 年的现金净流量 \times 第 t 年的复利现值系数）$$

或：净现值（NPV）= 现金流入量现值 - 现金流出量现值

净现值的计算一般按以下步骤进行：
（1）计算出各期的现金净流量；
（2）按设定的折现率，将投资项目各期所对应的复利现值系数通过查表确定下来；
（3）将各期现金净流量与其对应的复利现值系数相乘计算出现值；
（4）最后加总各期现金净流量的现值，即得到该投资项目的净现值。

【例3-7】羽裳服装公司甲乙两个投资方案的净现值分别为：

甲方案：$NPV = -10\,000 + 3\,500 \times (P/A, 10\%, 5)$
$= -10\,000 + 3\,500 \times 3.7908 = 3\,267.80$（元）

乙方案：$NPV = -15\,000 + 4\,250 \times (P/F, 10\%, 1) + 3\,950 \times (P/F, 10\%, 2) + 3\,650$
$\times (P/F, 10\%, 3) + 3\,350 \times (P/F, 10\%, 4) + 8\,050 \times (P/F, 10\%, 5)$
$= -15\,000 + 4\,250 \times 0.9091 + 3\,950 \times 0.8264 + 3\,650 \times 0.7513$
$+ 3\,350 \times 0.6830 + 8\,050 \times 0.6209 = 2\,156.50$（元）

2. 决策原则

如果净现值大于零，方案可行，说明该方案的实际报酬率大于要求的报酬率；如果净现值小于零，方案不可行，说明该方案的实际报酬率小于要求的报酬率；如果净现值等于零，说明该方案的实际报酬率等于要求的报酬率，方案也是可行的。

3. 指标评价

净现值指标的优点如下：考虑了时间价值和风险；利用了项目计算期内的全部现金流量信息；实用性强，能基本满足项目年限相同的互斥投资方案决策。净现值是投资项目财务可行性分析的主要指标。

净现值是一个绝对数指标，有比较明显的缺点，主要表现在：

（1）所采用的折现率不易确定。如果两个方案采用不同的折现率折现，采用净现值法不能得出正确结论。同一方案中，如果要考虑投资风险，要求的风险报酬率不易确定。

（2）不适用于独立方案的比较决策。如果各方案的原始投资额现值不相等，有时无法做出正确决策。在独立方案比较中，尽管某项目净现值大于其他项目，但所需投资额大，获利能力可能低于其他项目，而该项目与其他项目又是非排斥的，因此只凭净现值无法决策。上例中，甲方案和乙方案的净现值都大于零，但两个方案的原始投资额不同，无法利用净现值直接决策。

（3）净现值不能直接对寿命期不同的互斥方案进行决策。如，某项目净现值小，但寿命期短；另一项目净现值大，但寿命期较长。两个项目由于寿命期不同，其净现值是不可比的。如采用净现值法对寿命期不同的投资方案进行决策，需要将各方案转化为相同寿命期再进行比较。

> 净现值是一种经过折现后现金流入量与现金流出量的差额，净现值的经济意义是：净现值实际上就是计算现金净流量，然后折现。之所以折现，是要扣除按设定折现率所期望的基本投资报酬。如果净现值大于零，说明该项目在扣减了基本报酬后尚有余额。因此，净现值的经济意义是：投资方案超过基本报酬后的超额报酬。

（二）现值指数的计算

现值指数又称作获利指数、现值比率，是指投资方案未来现金净流量总现值与原始投资额总现值的比值，记为 PI（Profitability Index）。现值指数能够反映出每一元初始投资给企业增加的现值毛收益。

1. 计算方法

现值指数的计算公式为

$$\text{现值指数（PI）} = \frac{\text{未来现金净流量总现值}}{\text{原始投资额总现值}}$$

【例 3-8】羽裳服装公司甲乙两个投资方案的现值指数分别为：

甲方案：$PI = \dfrac{3\,500 \times (P/A, 10\%, 5)}{10\,000} = 1.33$

$$乙方案：PI = \frac{4\,250 \times (P/F, 10\%, 1) + 3\,950 \times (P/F, 10\%, 2) + 3\,650 \times (P/F, 10\%, 3) + 3\,350 \times (P/F, 10\%, 4) + 8\,050 \times (P/F, 10\%, 5)}{15\,000}$$

$$= 1.14$$

2. 决策原则

现值指数是一个相对数指标。在单项方案决策中，如果该方案的现值指数大于或等于1，此方案可行，说明方案实施后的期望报酬率大于或等于必要报酬率；若现值指数小于1，方案不可行，说明方案实施后的期望报酬率小于必要报酬率。多个备选方案的互斥决策中，采用现值指数超过1最多的投资项目。现值指数越大，方案越好。上例中，甲方案的现值指数大于乙方案，因此，甲方案更好。

3. 指标评价

现值指数指标的优点：考虑了资金的时间价值；由于现值指数是相对数指标，能够反映项目的投资效率，有利于在原始投资额不同的投资方案之间进行对比。

现值指数指标的缺点：无法直接反映投资项目的实际收益率。

（三）内含报酬率的计算

内含报酬率又称为内部收益率，是指能够使未来现金流入量现值等于未来现金流出量现值的折现率，或者说是使得投资项目净现值等于零的折现率，记为 IRR（Internal Rate of Return）。内含报酬率是投资项目本身可达到的报酬率。

1. 计算方法

令 $NPV = \sum_{t=0}^{n} \frac{NCF_t}{(1+i)^t} = 0$，得出的 i 即为内含报酬率。

内含报酬率的计算可以分为两种情况：

（1）如果建设期为零，全部投资于建设起点一次性投入，每年的 NCF 相等，可采用年金计算方法。由内含报酬率的定义可知：

$$NCF \times (P/A, IRR, n) - NCF_0 = 0$$

$$(P/A, IRR, n) = \frac{NCF_0}{NCF}$$

然后查年金现值系数表，求出内含报酬率。具体计算过程如下：

第一步，计算年金现值系数。

$$(P/A, IRR, n) = \frac{NCF_0}{NCF}$$

第二步，查年金现值系数表。若恰好在年金现值系数表中找到对应的期数和系数，则该折现率为内含报酬率。通常会在相同的期数内，找到与计算的年金现值系数相邻近的较大和较小的两个系数及对应的折现率。

第三步，根据上述两个邻近的折现率和已求得的年金现值系数，采用插值法计算出该投资方案的内含报酬率。

【例3–9】 羽裳服装公司甲方案的内含报酬率为：

计算年金现值系数。

$$(P/A, IRR, 5) = \frac{10\,000}{3\,500} = 2.8571$$

查年金现值系数表。

$$(P/A, 22\%, 5) = 2.8636; (P/A, 23\%, 5) = 2.8035$$

内插法计算内含报酬率。

$$\frac{IRR - 22\%}{23\% - 22\%} = \frac{2.8571 - 2.8636}{2.8035 - 2.8636}$$

得出甲方案内含报酬率：$IRR = 22.11\%$

（2）如果每年 NCF 不相等，采用试误法逐次测试。步骤如下：

第一步，先预估一个折现率，并按此折现率计算净现值。如果计算出的净现值为正数，则表明内含报酬率大于预估的折现率，应提高折现率再次测算；如果计算出的净现值为负数，则表明内含报酬率小于预估的折现率，应降低折现率再次测算。经过如此反复的测算，找到使净现值由正到负且比较接近于 0 的两个折现率。

第二步，根据上述两个邻近的折现率再用插值法，计算出方案的实际内含报酬率。

【例 3-10】羽裳服装公司乙方案的内含报酬率如表 3-8 所示。

表 3-8　　　　　　　　　　乙方案内含报酬率计算表　　　　　　　　　　单位：元

年度	每年 NCF	测试 13%		测试 14%		测试 16%	
		复利现值系数	现值	复利现值系数	现值	复利现值系数	现值
0	-15 000	1.000	-15 000	1.000	-15 000	1.000	-15 000
1	4 250	0.8850	3 761.25	0.8772	3 728.10	0.8621	3 663.93
2	3 950	0.7831	3 093.25	0.7695	3 039.53	0.7432	2 935.64
3	3 650	0.6931	2 529.82	0.6750	2 463.75	0.6407	2 338.56
4	3 350	0.6133	2 054.55	0.5921	1 983.54	0.5523	1 850.21
5	8 050	0.5428	4 369.54	0.5194	4 181.17	0.4761	3 832.61
NPV	—	—	808.41	—	396.09	—	-379.05

内插法计算内含报酬率：

$$\frac{IRR - 14\%}{16\% - 14\%} = \frac{0 - 396.09}{-379.05 - 396.09}$$

得出乙方案内含报酬率：$IRR = 15.05\%$

2. 决策原则

单项方案决策，如果计算出的内含报酬率大于或等于企业的资本成本或必要报酬率就采纳；反之，则拒绝。多个备选方案的互斥决策中，应选用内含报酬率超过资本成本或必要报酬率最多的投资项目。羽裳公司甲乙两个方案的内含报酬率皆大于资本成本 10%，但甲方案的内含报酬率更高，则甲方案更优。

3. 指标评价

内含报酬率指标的优点：考虑了货币时间价值；反映了投资项目可能达到的真实报

酬率；有利于对原始投资额不同的项目进行决策。

内含报酬率指标的缺点：

（1）计算过程比较复杂，尤其是每年 NCF 不等的投资项目，一般要经过多次测试才能算出；当经营期大量追加投资时，有可能导致多个内含报酬率出现，或偏高或偏低，缺乏实际意义。

（2）在互斥投资方案决策时，如果各方案的原始投资额不相等，有时无法做出正确的决策。某一方案的原始投资额低，净现值小，但内含报酬率可能较高；而另一方案原始投资额高，但净现值大，但内含报酬率可能较低。

小提示

以上三个动态评价指标的共同点：
(1) 都考虑了时间价值。
(2) 都考虑了项目计算期的全部现金流量。
(3) 在评价单一方案可行与否时，结论一致：
当 $NPV>0$ 时，$PI>1$，$IRR>i$（i 为投资项目的要求的最低报酬率，下同）；
当 $NPV=0$ 时，$PI=1$，$IRR=i$；
当 $NPV<0$ 时，$PI<1$，$IRR<i$。

（四）动态投资回收期的计算

为了克服静态投资回收期没有考虑货币时间价值的缺点，人们提出了动态投资回收期（又叫折现回收期）。动态投资回收期是在考虑货币时间价值的情况下，以项目现金流入量抵偿全部投资所需要的时间。它是使下式成立的 n。

$$\sum_{i=0}^{n} \frac{I_t - O_t}{(1+i)^t} = 0$$

式中：n 表示项目期限；I_t 表示第 t 年的现金流入量；O_t 表示第 t 年的现金流出量；i 表示资本成本。

【例 3-11】羽裳服装公司甲方案的动态投资回收期如表 3-9 所示。

表 3-9　　　　　　甲方案动态投资回收期计算表　　　　　　单位：元

年度 项目	0	1	2	3	4	5
现金净流量	-10 000	3 500	3 500	3 500	3 500	3 500
折现系数	1	0.9091	0.8264	0.7513	0.6830	0.6209
折现后现金流量	-10 000	3 181.85	2 892.40	2 629.55	2 390.50	2 173.15
累计折现后现金流量	-10 000	-6 818.15	-3 925.75	-1 296.20	1 094.30	3 267.45

从上表可以看出，在考虑货币时间价值后，甲方案的动态投资回收期 $= 3 + \dfrac{1\ 296.20}{2\ 390.50}$
$= 3.54$（年）

动态投资回收期和静态投资回收期有共同的局限性：在计算回收期时，两者只考虑了未来现金净流量（或现值）总和中等于原始投资额（或现值）的部分，没有考虑超过原始投资额（或现值）的部分。

小提示

实证研究证明，规模相对较小的公司更多地依赖于非折现现金流量指标，规模较大的公司倾向于使用折现现金流量指标，原因如下：
(1) 非折现指标没有考虑资金的时间价值；
(2) 静态投资回收期高估了投资的回收速度，不能反映净现值的多少；
(3) 非折现指标对使用寿命不同、资金投入时间和提供收益时间不同的投资方案缺乏鉴别能力；
(4) 会计收益率夸大了项目的盈利水平，内含报酬率反映了投资项目的实际收益率；
(5) 净现值和内含报酬率以资本成本率为取舍依据，符合客观实际；
(6) 计算机的应用为折现指标的计算提供了方便。

知识拓展

折现率与贴现率的区别

在财务可行性评价中使用的折现率与票据贴现率不同：①折现率与金融业务中处理未到期票据贴现中所使用的票据贴现率不是一个概念，不能将两者混淆；②在确定折现率时，往往需要考虑投资风险因素，可人为提高折现率水平，而反映时间价值的利息率或贴现率则通常不考虑风险因素；③折现率不应当也不可能根据单个投资项目的资本成本计算出来。因为在财务可行性评价时，不是以筹资决策和筹资行为的实施为前提。筹资的目的是为投资项目筹措资金，只有具备财务可行性的项目才有进行筹资决策的需要，所以投资决策与筹资决策在时间顺序上不能颠倒位置，更不能互为前提。

任务四
项目投资决策方法及应用

引导案例　假设羽裳服装公司有 A 和 B 两个互斥的投资项目。A 项目的年限为 6 年，净现值为 12 441 万元，内含报酬率为 19.73%；B 项目的年限为 3 年，净现值为 8 324 万元，内含报酬率为 32.67%。公司资本成本是 10%。

请思考：哪一个项目更好？

■ 知识准备

如前所述，按照投资项目之间的相互关联关系，企业投资可以划分为独立投资和互斥投资。对于独立投资，各个投资项目之间互不关联、互不影响，可以同时并存。任务三中介绍的净现值、现值指数、内含报酬率和投资回收期等可用于独立投资项目的决策。

互斥投资项目，是指接受一个项目就必须放弃另一个项目。它通常是为解决一个问题设计的两个备选方案。如，为了生产一个新产品，可以选择进口设备，也可以选择国产设备，企业只需购买其中之一即可解决目前问题，不会同时购置。

对于互斥项目，如果一个项目的所有评价指标，包括净现值、内含报酬率、回收期和会计报酬率，均比另一个项目好一些，我们在选择时不会有困扰。但是，有时这些评价指标，尤其是基本评价指标净现值和内含报酬率，会出现矛盾，我们该如何选择？

净现值和内含报酬率出现矛盾的原因有两种：

（1）投资额不同。如果是投资额不同引起的（项目的寿命期相同），对于互斥项目应以净现值法优先，因为它可以给股东代来更多的财富。例如，假设项目 A 的内含报酬率为 30%，净现值为 100 万元，项目 B 的内含报酬率为 20%，净现值为 200 万元，项目 B 的投资规模比项目 A 大（假设资本不受限），两个项目的寿命期相同。在这两个互斥项目之间进行选择，实际上就是在更多的财富和更高的内含报酬率之间进行选择，很显然，决策者将选择财富，而不是报酬的比率。

（2）项目的寿命期不同。如果净现值和内含报酬率的矛盾是由项目有效期不同引起的，一般有两种解决方法：共同年限法和等额年金法。

■ 任务处理

一、互斥项目决策

在项目计算期不同的情况下，能够应用于互斥项目决策的方法有共同年限法和等额年金法。

(一) 共同年限法

如果两个互斥项目不仅投资额不同,而且项目期限不同,则其净现值没有可比性。例如,一个项目 2 年创造了较少的净现值,另一个项目 4 年创造了较多的净现值,后者的盈利性不一定比前者好。

共同年限法的原理是:假设投资项目可以在终止时进行重置,通过重置使两个项目达到相同的年限,然后比较其净现值。该方法也称为重置价值链法、最小公倍寿命法。

通常选择两个项目的最小公倍寿命作为共同年限。

决策原则是:选择调整后净现值最大的方案为优。

【例 3-12】根据引导案例,我们用共同年限法进行分析:假设 B 项目可以重置一次,该项目的期限就延长到了 6 年,与 A 项目相同。两个项目的现金流量分别如表 3-10 所示。

表 3-10   单位:元

项目		A		B		重置 B	
时间	折现系数 (10%)	现金流量	现值	现金流量	现值	现金流量	现值
0	1	-40 000	-40 000	-17 800	-17 800	-17 800	-17 800
1	0.9091	13 000	11 818	7 000	6 364	7 000	6 364
2	0.8264	8 000	6 612	13 000	10 744	13 000	10 744
3	0.7513	14 000	10 518	12 000	9 016	-5 800	-4 358
4	0.6830	12 000	8 196			7 000	4 781
5	0.6209	11 000	6 830			13 000	8 072
6	0.5645	15 000	8 467			12 000	6 774
净现值			12 441		8 324		14 577
内含报酬率		19.73%		32.67%			

重置 B 项目第 3 年年末的现金净流量 -5 800 万元,即重置初始投资 -17 800 万元与第一期项目第 3 年末现金流入 12 000 万元的合计。

我们还可以通过重置净现值计算共同年限法下的调整后净现值,可以更简便(见图 3-2)。

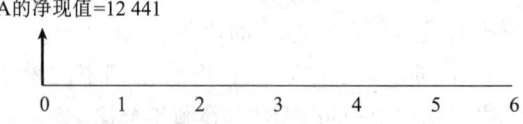

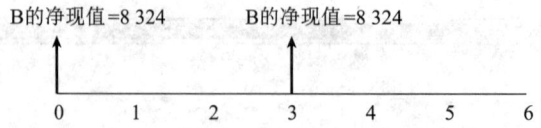

B 重置后的净现值=8 324+8 324×(P/F, 10%, 3)=14 577.82

图 3-2 共同年限法的简便算法

经测算，重置项目 B 的净现值为 14 577 万元，优于 A 项目。

共同年限法的优点是易于理解；缺点是共同比较期的时间可能比较长，未来较长时间的现金流量难以预计。例如，一个项目是 7 年，另一个项目是 9 年，就需要以 63 年作为共同比较期。我们有计算机，可以完成长期限分析的巨大计算量，真正的恐惧是来自预计 60 多年后的现金流量。我们实在难以预计如此遥远的未来数据。

想一想

对于预计项目年限差别不大的项目，是否需要运用重置价值链法？
通常在实务中，只有重置概率很高的项目才适宜采用上述分析方法。对于预计项目年限差别不大的项目，可直接比较净现值，不需要做重置现金流分析。

(二) 等额年金法

若备选方案的原始投资额不同，特别是项目计算期不同，要采用年等额年金法进行决策。即通过比较所有投资方案的等额年金（又称为年均净现值）的大小来选择最优方案。在此法下，等额年金最大的方案为优。

若某方案净现值为 NPV，设定折现率为 i，项目计算期为 n，等额年金为 A，则：

$$NPV = A \times (P/A, i, n)$$

$$A = \frac{NPV}{(P/A, i, n)}$$

【例 3-13】假设羽裳服装公司拟投资兴建一条生产线，有两个方案可供选择：甲方案的原始投资额为 200 万元，项目计算期为 5 年，净现值为 120 万元；乙方案的原始投资额为 150 万元，项目计算期为 6 年，净现值为 130 万元。企业的资本成本为 10%。

根据上述资料，请作出决策。

根据以上资料，甲方案和乙方案的净现值均大于零，这两个方案均具有财务可行性。因原始投资额和项目计算期均不同，故采用等额年金进行决策。

$$甲方案等额年金 = \frac{120}{(P/A, 10\%, 5)} = 31.66（万元）$$

$$乙方案等额年金 = \frac{130}{(P/A, 10\%, 6)} = 29.85（万元）$$

甲方案的等额年金比乙方案高，所以选用甲方案。

想一想

在项目计算期不同的情况下，能够应用于互斥项目决策的方法有哪些？
共同年限法和年均净现值法。

二、固定资产更新改造决策

在财务管理中,如果要确定更新决策的现金流量,通常要计算差量的现金流量。确定差量净现金流量需要注意:旧设备的初始投资应以其变现价值确定;计算期应以其尚可使用时间为标准。

【例3-14】假设羽裳服装公司考虑用一台新的、效率更高的设备来代替旧设备,以减少成本,增加收益。旧设备原购置成本为40 000元,已使用5年,估计还可以使用5年,已提折旧20 000元,假定使用期满后无残值,如果现在销售可得价款20 000元,使用该设备每年可获收入50 000元,每年付现成本为30 000元。该公司现准备用一台新设备来代替旧设备,新设备的购置成本为60 000元,估计可使用5年,期满有残值10 000元,使用新设备后,每年收入可达80 000元,每年付现成本为40 000元。该公司的资金成本为10%,所得税率为25%,新、旧设备均采用直线法计提折旧。做出该公司是继续使用旧设备还是对其进行更新的决策。

在本例中,一个方案是使用旧设备,另一个方案是购置新设备。新设备和旧设备都可以使用5年,即项目计算期都是5年,可以采用差量分析法来计算一个方案比另一个方案增减的现金流量以及净现值。

下面,我们计算两个方案的差量现金流量。

1. 分别计算两个方案的折旧

旧设备:年折旧额 $= \dfrac{20\ 000}{5} = 4\ 000$(元)

新设备:年折旧额 $= \dfrac{60\ 000 - 10\ 000}{5} = 10\ 000$(元)

2. 计算各年营业现金净流量的差量(如表3-11所示)

表3-11　　　　　　　　各年营业现金净流量差量　　　　　　　　单位:元

项目	差量额
△营业收入(1)	30 000
△付现成本(2)	10 000
△折旧额(3)	6 000
△税前利润(4)=(1)-(2)-(3)	14 000
△所得税(5)=(4)×25%	3 500
△税后利润(6)=(4)-(5)	10 500
△营业现金净流量(7)=(6)+(3) =(1)-(2)-(5)	16 500

3. 计算两个方案现金流量的差量(如表3-12所示)。

4. 计算差量净现值

$\triangle NPV = 16\ 500 \times (P/A, 10\%, 4) + 26\ 500 \times (P/F, 10\%, 5) - 40\ 000$
$\quad\quad\ \ = 16\ 500 \times 3.169\ 9 + 26\ 500 \times 0.620\ 9 - 40\ 000 = 28\ 757.20$(元)

设备更新后,可多获得净现值28 757.20元,故应出售旧设备购置新设备。

当然,也可分别计算两个方案的净现值来进行对比,其结果一致。

表 3-12　　　　　两个方案现金流量的差量　　　　　单位：元

项目	0	1	2	3	4	5
初始现金流量	-40 000					
营业现金净流量		16 500	16 500	16 500	16 500	16 500
终结现金流量						10 000
现金流量	-40 000	16 500	16 500	16 500	16 500	26 500

小提示

净现值与内含报酬率的结论可能不一致的情况：

1. 互斥项目

（1）投资规模不同。当互斥项目投资规模不同并且资金满足投资规模时，净现值决策规则优于内含报酬率决策规则。

（2）项目寿命期不同。在无资金限量的情况下，净现值法总是正确的。

2. 非常规项目

可能出现多个内含报酬率

关于企业职工教育经费税前扣除政策的通知

2018年5月7日，财政部 税务总局联合下发《关于企业职工教育经费税前扣除政策的通知》（财税〔2018〕51号），为鼓励企业加大职工教育投入，自2018年1月1日起，企业职工教育经费税前扣除政策如下：企业发生的职工教育经费支出，不超过工资薪金总额8%的部分，准予在计算企业所得税应纳税所得额时扣除；超过部分，准予在以后纳税年度结转扣除。

项目小结

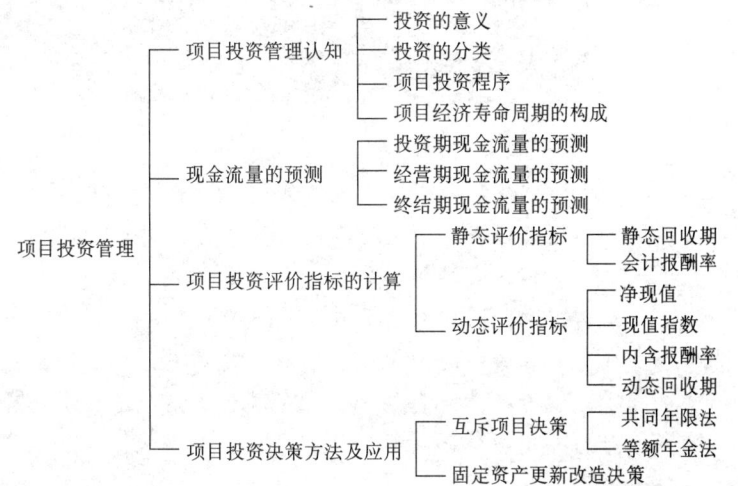

项目四 筹资管理

 知识学习目标

1. 会运用销售百分比法预测资金需要量
2. 理解权益资本和债务资本的筹资方式及特点
3. 能够计算个别资本成本、加权平均资本成本和边际资本成本
4. 会对企业进行杠杆效应分析
5. 能运用合适的方法确定企业目标资本结构

 技能训练目标

1. 培养与银行、证券发行机构等的沟通协调能力
2. 培养主动与企业管理层沟通服务能力
3. 能灵活运用筹资知识、根据不同的企业内外部条件作出正确的筹资决策

任务一 筹资规模管理

羽裳服装公司 2017 年实现税前利润 5 000 万元,完成了 2017 年度的生产和销售任务。经过科学的计算和充分的市场调查和论证之后,公司管理层认为应该向高端服装的生产和销售发展,故决定在 2018 年一方面改善产品结构,增加高端服装品种,追加投资;另一方面进一步释放现有产能,扩大现有服装品种的销量。这些决策的实施,都需要资金支持。

请思考:羽裳服装公司可以从哪些渠道、采用哪些方式筹集资金?需要对外筹集多少资金呢?

知识准备

一、筹资的动机

企业筹资是指企业根据其生产经营、投资活动和调整资本结构的需要,通过筹资渠道,运用筹资方式,筹措所需资金的财务活动。

资金是企业的血液,是企业设立、生存和发展的物质基础。任何一个企业,为了保证生产经营活动的正常运行,必须拥有一定数量的资金。筹集资金是企业资金运动的起点,是决定企业资金规模和生产经营发展速度的重要环节。企业每次具体的筹资行为,往往受特定动机的驱动,归纳起来,表现为四类筹资动机:创立性筹资动机、支付性筹资动机、扩张性筹资动机和调整性筹资动机。

1. 创立性筹资动机

创立性筹资动机,是指企业设立时,为取得资本金并形成开展经营活动的基本条件而产生的筹资动机。资金是企业进行生产经营活动的基本条件,企业要用资金购置厂房、机器设备、原材料等,因此,只有具备一定的资金才能设立企业。企业需要筹措注册资本和资本公积等股权资金,股权资金不足部分需要筹集银行借款等债务资金。

2. 支付性筹资动机

支付性筹资动机,是指为了满足经营业务活动的正常波动所形成的支付需要而产生的筹资动机。企业在生产经营活动中,经常会出现超出维持正常经营活动资金需要的季节性或临时性交易支付需要,如原材料购买的大额支付、员工工资的集中发放、银行借款的提前偿还等。如果出现这些情况,企业需要筹措临时性资金来满足经营活动正常波动的需求,维持企业的支付能力。

3. 扩张性筹资动机

扩张性筹资动机,是指企业因扩大经营规模或对外投资需要而产生的筹资动机。企业维持简单再生产所需要的资金是稳定的,通常不需要或很少追加筹资。如果企业扩大再生产,就需要筹措资金,用于扩大生产经营规模、更新设备和改造技术;企业为了获得更高的对外投资收益,也需要筹集资金,用于扩大对外投资规模。

4. 调整性筹资动机

调整性筹资动机,是指企业因调整资本结构而产生的筹资动机。资本结构调整的目的在于降低资本成本,控制财务风险,提升企业价值。当资本结构不合理时,企业可以通过不同的筹资方式、筹资渠道筹集资金进行调整,使之趋于合理。例如,当企业的债务资金比例较高时,为了降低筹资风险、减少资金成本,可以通过筹集一定量的权益资金来降低债务资金比例。

小提示

企业筹资的目的可能不是单纯和唯一的,通过追加筹资,既满足了经营活动、投资活动的资金需要,又达到了调整资本结构的目的。这类情况很多,可以归纳称之为混合性的筹资动机。

二、筹资的分类

1. 按照资金的来源渠道不同,可将筹资分为权益资本筹资、债务资本筹资和混合筹资

权益资本是企业依法筹集并长期拥有、自主支配的资金,其数额就是资产负债表中的所有者权益总额,即净资产。企业可以通过发行股票、吸收投资、内部积累等方式来筹集。权益资本不需要归还,筹资的风险小,但其期望的报酬率高,因此企业付出的资本成本也相对较高。

债务资本是企业依法筹集并依约使用、按期偿还的资金,其数额就是资产负债表中的负债总额,即债权人权益。企业可以通过发行债券、借款、融资租赁等方式来筹集。债务资金要按期偿还,有一定的风险,但其要求的报酬率比权益资本低,因此,企业付出的资本成本较低。

混合筹资,兼具股权与债务筹资性质。我国上市公司目前最常见的混合筹资方式是发行可转换债券和发行认股权证。

2. 按照所筹资金使用期限的长短,可将筹资分为短期资金筹资和长期资金筹资

短期资金一般是指占用期限在一年以内的资金。短期资金主要投资于现金、应收账款、存货等,一般在短期内可收回。短期资金常采取利用商业信用和取得银行流动资金借款等方式来筹集。

长期资金一般是指占用期限在一年以上的资金。长期资金主要用于购建固定资产、取得无形资产、研发新产品等,一般需几年甚至十几年才能收回。长期资金通常采用吸收投资、发行股票、发行公司债券、取得长期借款、融资租赁和内部积累等方式来筹集。

3. 按照是否通过金融机构,可将筹资分为直接筹资和间接筹资

直接筹资是指筹资者不通过金融中介机构,直接从最终投资者手中筹措资金,双方建立起直接的借贷关系或权益资本关系的筹资方式。直接筹资的工具主要是商业票据、股票、债券。例如,企业直接发行股票和债券就是一种直接筹资。

间接筹资是指资金供求双方通过金融中介机构间接实现资金融通的活动。筹资者从银行等金融中介机构手中筹措资金,与金融机构形成债权债务关系或资本投资关系;而最终投资者则投资于银行等金融机构,与其形成债权债务或其他投资关系。

4. 按照资金的来源范围不同,可将筹资分为内部筹资与外部筹资

内部筹资是指企业通过利润留存而形成的筹资来源。内部筹资数额的大小主要取决于企业可分配利润的多少和利润分配政策,一般无需花费筹资费用,从而降低了资本成本。

外部筹资是指企业向外部筹措资金而形成的资金来源。处于初创期的企业,内部筹资的可能性是有限的;处于成长期的企业,内部筹资往往难以满足需要,这就需要企业从外部筹集资金,如发行股票、债券,取得商业信用、银行借款等。企业向外部筹资需要花费一定的筹资费用,从而提高了筹资成本。

三、筹资的渠道与方式

（一）筹资渠道

筹资渠道是指企业资本来源的方向与通道。不同的国家有不同的资本供应渠道，同一国家不同时期的资本供应渠道也不尽相同，它取决于国家财政体制和金融管理制度。在我国现阶段，企业筹资渠道主要有以下几种：

1. 国家财政资金

国家财政资金，是代表国家投资的政府部门或者机构以国有资金投入企业的资金，形成国家资本金。这是国有企业尤其是国有独资企业的主要筹资渠道。现有国有企业的资本金大部分是过去由国家财政拨款方式投资形成的。国家财政资金具有广阔的源泉和稳固的基础，今后仍然是国有企业筹资的重要渠道。

2. 银行信贷资金

银行信贷资金是我国企业的主要资金来源之一，特别是对于具备良好信誉但又缺乏资金的企业。我国银行一般分为商业性银行和政策性银行，前者为各类企业提供商业性贷款，后者为特定企业提供政策性贷款。银行信贷资金实力雄厚，贷款方式灵活，是企业筹资的重要渠道。

3. 非银行金融机构资金

非银行金融机构包括保险公司、信托投资公司、租赁公司、证券公司、企业集团所属的财务公司等。虽然它们的资金规模比银行较小，但它们的资金供应比较灵活，而且可以提供多种特定服务，因而具有广阔的发展前景。

4. 其他法人单位资金

其他法人单位资金是指其他法人单位以其可以支配的资金在企业之间相互融通而形成的资金。企业在生产经营过程中，往往形成部分暂时闲置的资金，可以在企业之间相互调剂余缺。另外，企业间的购销业务可以通过商业信用方式完成，从而形成债务人对债权人的短期信用资金占用。企业间的相互投资和商业信用的存在，使其他企业资金成为企业资金的重要来源。

5. 民间资金

民间资金是指企业职工和城乡居民暂时不用的结余货币，作为"游离"于银行及非银行金融机构等之外的个人资金，可以通过购买股票、债券等方式对企业进行投资，形成民间资金来源渠道，从而为企业所用。

6. 企业内部形成的资金

企业内部形成的资金，主要是提取盈余公积金和未分配利润而形成的资金，也包括一些经常性的延期支付款项，如应付职工薪酬、应交税费、应付股利等负债形成的资金来源。企业内部形成资金是企业生产经营的补充来源渠道。

（二）筹资方式

筹资方式指企业筹集资本的具体方法和形式，即通过哪些手段取得资金。它受到法律环境、经济体制、融资市场等筹资环境的制约，特别是受国家对金融市场和融资行为方面的法律法规制约。

一般来说，企业最基本的筹资方式有两种：股权筹资和债务筹资。股权筹资形成企业的股权资金，通过吸收直接投资、公开发行股票等方式取得；债务筹资形成企业的债务资金，通过向银行借款、发行公司债券、利用商业信用等方式取得。至于发行可转换债券等筹集资金的方式，属于兼有股权筹资和债务筹资性质的混合筹资方式。

1. 吸收直接投资

吸收直接投资，是指企业以投资合同、协议等形式定向地吸收国家、法人单位、自然人等投资主体资金的筹资方式。这种筹资方式通过签订投资合同或投资协议规定双方的权利和义务，主要适用于非股份制企业，是一种股权筹资方式。

2. 发行股票

发行股票，是指企业以发售股票的方式取得资金的筹资方式。只有股份有限公司才能发行股票，因此这种筹资方式只适用于股份有限公司，而且必须以股票作为载体。发行股票是一种股权筹资方式。

3. 发行债券

发行债券，是指企业以发售公司债券的方式取得资金的筹资方式。按照中国证券监督管理委员会颁布的《公司债券发行与交易管理办法》，除了地方政府融资平台公司以外，所有公司制法人，均可以发行公司债券。发行公司债券，可以向法人单位和自然人筹资，是一种债务筹资方式。

4. 向金融机构借款

向金融机构借款，是指企业根据借款合同从银行或非银行金融机构取得资金的筹资方式。这种筹资方式广泛适用于各类企业，它既可以筹集长期资金，也可以用于短期融通资金，具有灵活方便的特点。这是一种债务筹资方式。

5. 融资租赁

融资租赁，也称为资本租赁或财务租赁，是指企业与租赁公司签订租赁合同，从租赁公司取得租赁物资产，通过对租赁物的占有和使用取得资金的筹资方式。这是一种债务筹资方式。

6. 商业信用

商业信用，是指企业之间在商品或劳务交易中，由于延期付款或延期交货所形成的借贷信用关系。它是由业务供销活动而形成的，是企业短期资金的一种重要和经常性的来源，是一种债务筹资方式。

7. 留存收益

留存收益，是指企业从税后净利润中提取的盈余公积金以及从企业可供分配利润中留存的未分配利润。它是企业将利润转化为股东对企业追加投资的过程，是一种股权筹资方式。

四、筹资的基本原则

采取一定的筹资方式，有效地组织资金供应，是一项重要而复杂的工作。为此，企业筹集资金应遵循以下基本原则。

（一）合法筹措资金

企业的筹资行为和筹资活动必须严格遵循国家的相关法律法规，依法履行法律法规和投资合同约定的责任，合法合规筹资，依法进行信息披露，维护各方的合法权益。

（二）规模适当原则

不论采取什么方式筹资，都必须预先合理确定资金的需要量，以需定筹。既要防止筹资不足，影响生产经营的正常进行，又要防止筹资过多，造成资金闲置。

（三）筹措及时原则

按照资金时间价值的原理，同等数量的资金，在不同时点上具有不同的价值。企业筹集资金应根据资金投放使用时间来合理安排，使筹资和用资在时间上相衔接。既要避免过早筹资使资金过早到位形成资金投放前的闲置，又要避免资金到位滞后丧失资金投放的最佳时机。

（四）方式经济原则

不同资金来源的资本成本各不相同，取得资金的难易程度也有差异。筹集资金应从资金需要的实际情况出发，采用合适的方式操作，降低成本，谋求最大的经济效益。

（五）结构合理原则

所谓结构，即资本结构，主要是指权益资本和借入资金的比例关系。一般来说，完全通过权益资本筹资时不明智的，不能得到负债经营的好处；但负债的比例大，风险也大，企业随时可能陷入财务危机。筹资决策的一个重要内容就是确定最佳资本结构。

▣ 任务处理

资金需要量是筹资的数量依据，企业在筹资之前，必须科学合理地进行预测。只有这样，才能使筹集的资金既能满足生产经营的需要，又不会有太多的闲置。

资金需要量预测方法主要有：销售百分比法和资金习性预测法等。

销售百分比法是指根据资产负债表中各个项目与销售收入总额之间的依存关系，并假定这些关系在未来时期将保持不变，然后根据计划期销售额的增长情况，预测需要相应追加多少资金的方法。

一、销售百分比法基本原理

销售百分比法，是根据销售增长与资产增长之间的关系，预测未来资金需要量的方法。企业的销售规模扩大时，要相应增加流动资产；如果销售规模增加很多，还必须增加长期资产。为取得扩大销售所需增加的资产，企业需要筹措资金。这些资金，一部分来自留存收益，另一部分通过外部筹资取得。通常，销售增长率较高时，仅靠留存收益不能满足资金需要。因此，企业需要预先测算资金需要量，提前安排筹资计划，避免发生资金短缺问题。

销售百分比法，将反映生产经营的销售因素与反映资金占用的资产因素连接起来，根据销售与资产之间的数量比例关系，预计企业的外部筹资数量。销售百分比法首先假设某些资产与销售额存在稳定的百分比关系，根据销售与资产的比例关系预计资产额，根据资产额预计相应的负债和所有者权益，进而确定筹资需要量。

二、销售百分比法的基本步骤

（一）确定随销售额变动而变动的资产和负债项目

1. 资产类项目

库存现金、应收款项和存货等经营性资产项目，一般会随销售收入的增减而相应增减。固定资产项目是否增加，则视预测期的生产经营规模是否在企业原有生产经营能力之内而定。如果在原有的生产经营能力之内，则不需增加固定资产上的投资；如果因销售增长，企业的生产规模超出了原有的生产能力，就需要扩充固定资产，增加长期投资。至于其他长期资产项目，比如无形资产、对外长期投资等项目，则与销售收入增减无关。

2. 负债类项目

应付账款、应付票据、应付职工薪酬、应交税费等经营性负债项目，通常会随销售收入的增长而自动增加。短期借款、长期负债等筹资性负债项目一般与销售收入增减无关。

库存现金、应收账款、存货、应付账款等经营性资产和经营性负债项目，会因销售额的增长而相应地增加，通常称为敏感项目；固定资产、无形资产、短期借款、长期负债等项目，一般不会随销售额的增长而增加，通常称为非敏感项目。

（二）确定经营性资产与经营性负债有关项目与销售额的稳定比例关系

如果企业资金周转的营运效率不变，经营性资产与经营性负债将会随销售额的变动而呈正比例变动，保持稳定的百分比关系。

（三）确定需要增加的筹资数量

预计由于销售增长而需要的资金需求增长额，扣除利润留存后，即为所需要的外部筹资额。

$$\text{外部筹资额} = \frac{A}{S_0} \times \Delta S - \frac{B}{S_0} \times \Delta S - S_1 \times P \times E + M$$

式中：A 为随销售变化的敏感性资产；B 为随销售变化的敏感性负债；S_0 为基期销售额；S_1 为预测期销售额；ΔS 销售变动额；P 为销售额净利率；E 为留存收益比率；M 为预测期内其他方面需要追加的资金数，如增加固定资产投资等。

【例 4-1】假设以下是羽裳服装公司 2017 年简化的资产负债表，如表 4-1 所示。

表 4 – 1　　　　　　　　　资产负债表（2017 年 12 月 31 日）　　　　　　　单位：万元

资　　产		负债及所有者权益	
项　目	金　额	项　目	金　额
货币资金	100	短期借款	40
应收账款	300	应付账款	300
存货	800	其他流动负债	60
长期投资	300	长期负债	600
固定资产净值	1 200	投入资本	600
无形资产	100	留存收益	1 200
合　计	2 800	合　计	2 800

2017 年，该公司销售收入为 1 亿元，税后净利为 500 万元，销售净利率为 5%，已按 70% 的比例发放股利。目前，公司尚有剩余生产能力（即增加收入不需要进行固定资产方面的投资）。假定 2018 年预计销售收入可达 1.2 亿元，销售净利率保持上年水平，董事会讨论决定的股利发放比例提高到 80%，要求根据上述资料，预测 2018 年该公司需要追加的外部筹资额。

1. 根据 2017 年资产负债表编制 2018 年预计资产负债表，分析确定与销售收入成正比例变化的资产负债表项目（如表 4 – 2 所示）

表 4 – 2　　　　　　　　　2018 年预计资产负债表　　　　　　　　　　单位：万元

资　　产			负债及所有者权益		
项　目	占销售收入	预计数	项　目	销售百分比	预计数
货币资金	1%	120	短期借款	—	40
应收账款	3%	360	应付账款	3%	360
存货	8%	960	其他流动负债	0.60%	72
长期投资	—	300	长期负债	—	600
固定资产净值	—	1 200	投入资本	—	600
无形资产	—	100	留存收益	—	1 200
			追加资金	—	168
合计	12%	3 040	合计	3.6%	3 040

2. 确定需要增加的资金

方法一，根据预计资产负债表直接确认需要追加的资金数额。表中预计资产总额为 3 040 万元，而负债及所有者权益为 2 872 万元，资金占用大于资金来源，需要追加资金 168 万元。

方法二，表 4 – 2 中销售收入每增加 100 元，需要增加 12 元的资金占用，但同时也自动产生 3.6 元的资金来源，因此，每增加 100 元销售收入，必须取得 8.4 元的资金来源。在本例中，销售收入从 1 亿元增加到 1.2 亿元，增加了 2 000 万元，按照 8.4% 的比例可以测算出需要 168 万元的资金需求。

3. 确定该公司 2018 年需要从外部筹集的资金

外部筹资额 = 12% × 2 000 – 3.6% × 2 000 – 12 000 × 5% × 20% = 48（万元）

根据预测，该企业 2018 年需要追加资金 48 万元。

> 1. 经营性资产（亦称为敏感资产）与经营性负债（亦称为敏感负债）的差额通常与销售额保持稳定的比例关系。经营性资产项目包括现金、应收账款、存货等项目；而经营性负债项目包括应付票据、应付账款等项目，不包括短期借款、短期融资券、长期负债等筹资性负债。
> 2. 如果企业现有的生产能力已经饱和，销售增长需要追加固定资产的投资，那么固定资产增加的数额，可以直接在对外筹资额的公式中加上。

小提示

资金习性预测法

资金习性是指资金的变动同产品产销量变动之间的依存关系。按照资金习性，可以把资金分为不变资金、变动资金和半变动资金。半变动资金也可以通过一定的方法分解为不变资金和变动资金两部分。

资金习性预测法是在进行资金习性分析的基础上，将企业的总资金划分为变动资金和不变资金两部分。根据资金与产销量的数量关系，建立数学模型，再根据历史资料预测资金需要量。

其预测模型为：

$$y = a + bx$$

式中：y 为资金需要量；a 为不变资金；b 为单位产销量需要的变动资金；x 为产销量。

【例 4-2】假设羽裳公司历年产销量和资金变化情况，如表 4-3 所示。

表 4-3　　　　　　2011 年-2017 年产销量与资金需要量的关系表

年度	销售量 x_i（万件）	资金平均占用量 y_i（万元）
2011	100	40
2012	80	37.5
2013	90	40
2014	95	45
2015	105	50
2016	125	60
2017	150	65

2018 年预计销售量为 200 万件时，试计算 2018 年的资金需要量。

（1）根据表 4-3 资料，计算整理出表 4-4。

表 4-4　　　　　　　　　　回归直线方程数据计算表

n	x	y	xy	x^2
2011	100	40	4 000	10 000
2012	80	37.5	3 000	6 400
2013	90	40	3 600	8 100
2014	95	45	4 275	9 025
2015	105	50	5 250	11 025
2016	125	60	7 500	15 625
2017	150	65	9 750	22 500
n = 7	$\sum x = 745$	$\sum y = 337.5$	$\sum xy = 37\ 375$	$\sum x^2 = 82\ 675$

（2）将表 4-4 数据代入下列方程：

$$a = \frac{\sum x^2 \sum y - \sum x \sum xy}{n \sum x^2 - (\sum x)^2} = \frac{82\ 675 \times 337.5 - 745 \times 37\ 375}{7 \times 82\ 675 - 745^2} = 4.9$$

$$b = \frac{n \sum xy - \sum x \sum y}{n \sum x^2 - (\sum x)^2} = \frac{7 \times 37\ 375 - 745 \times 337.5}{7 \times 82\ 675 - 745^2} = 0.43$$

（3）将 $a = 4.9$，$b = 0.43$，代入 $y = a + bx$ 中：

$y = 4.9 + 0.43x$。

将 2018 年预计销售量 200 万件代入上式，求得资金需要量为：

$y = 4.9 + 0.43 \times 200 = 90.9$（万元）

任务二
股权筹资管理

2017 年，羽裳服装公司的拓展了销售渠道，打开了日本、欧美市场。随着销售的扩大，公司需要扩大生产规模，增加设备和厂房。因此，除了企业内部的资金积累，需要对外筹集资金。经过审慎的计算和讨论，羽裳服装公司预测了 2018 年企业的资金需求量，公司决定对外筹资。在当前的形势下，受内外环境因素的制约，公司的筹资渠道相对固定，难以开拓新的资金来源。羽裳服装公司召开了筹资论证会，就可供选择的筹资的渠道、方式等问题进行了讨论。最后，公司决定，针对不同的筹资渠道，实现筹资方式的有效组合。一方面吸收有实力的投资者对企业注入资金；另一方面可以充分利用留存收益。另外，还可以筹集向金融机构借入资金。

请思考：你认为股权筹资与会计上所学的资产负债表中的所有者权益（股东权益）各项目有什么关系？

◼ 任务处理

企业所能采取的筹资方式，一方面受法律环境和融资市场的制约，另一方面也受企业性质的制约。中小企业和非公司制企业的筹资方式比较受限；股份有限公司和有限责任公司的筹资方式相对多样。吸收直接投资、发行股票和利用留存收益是股权筹资的三种基本形式。

一、吸收直接投资

吸收直接投资是指企业以协议等形式吸收国家、其他企业、个人和外商等主体直接投入的资金，形成企业资本金的一种筹资方式。吸收直接投资是非股份制企业筹集权益资本的基本方式。吸收直接投资实际出资额，注册资本部分形成实收资本；超过注册资本的部分属于资本溢价，形成资本公积。

（一）吸收直接投资的种类

1. 吸收国家投资

国家投资是指有权代表国家进行投资的政府部门或者机构以国有资产投入企业，在这种情况下形成的资本叫国有资本。吸收国家投资是国有企业筹集权益资本的主要方式。吸收国家投资一般具有以下特点：①产权归国家；②资金的运用和处置受国家约束较大；③在国有企业中采用比较广泛。

2. 吸收法人投资

法人投资是指法人单位以其依法可支配的资产投入企业，在这种情况下形成的资本叫法人资本。吸收法人投资一般具有以下特点：①发生在法人单位之间；②以参与企业利润分配为目的；③出资方式灵活多样。

3. 吸收社会公众投资

社会公众投资是指社会个人或本企业内部职工以其个人合法财产投入企业，在这种情况下形成的资本称为个人资本。吸收个人投资一般具有以下特点：①参加投资的人员较多；②每人投资的数额相对较少；③以参与公司利润分配为目的。

（二）吸收直接投资的方式

1. 以货币资金出资

以货币资金出资是吸收直接投资中最重要的出资形式。企业有了货币资金，就可获取所需物资，就可支付各种费用，具有最大的灵活性。

2. 以实物出资

以实物出资是指以房屋、建筑物、设备等固定资产和原材料、商品等流动资产所进行的投资。一般来说，企业吸收的实物应符合以下条件：①适合企业生产经营、科研开发等的需要；②技术性能良好；③作价公平合理；④实物不能涉及抵押、担保、诉讼冻结。

投资实物的作价，除由各方协商确定外，也可聘请各方都同意的专业资产评估机构评估确定。国有及国有控股企业接受其他企业的非货币资产出资，必须委托有资格的资产评估机构进行资产评估。

3. 以无形资产出资

以无形资产出资是指以商标权、专利权、非专利技术、知识产权、土地使用权等所进行的投资。企业在吸收无形资产投资时应持谨慎态度，避免吸收短期内会贬值的无形资产，避免吸收对本企业收益不大及不适宜的无形资产。

此外，《公司法》对无形资产出资方式另有限制，股东或发起人不得以劳务、信用、自然人姓名、商誉、特许经营权或者设定担保的财产等作价出资。

（三）吸收直接投资的优缺点

1. 吸收直接投资的优点

（1）筹资方式简便，筹资速度快。吸收直接投资的双方直接进行接触磋商，没有中间环节，只要双方协商一致，筹资即可成功。

（2）有利于提高企业信誉。吸收直接投资所筹集的资金属于自有资金，与借入资金比较，能提高企业的信誉和借款能力。

（3）有利于尽快形成生产能力。吸收直接投资可直接获得现金、先进设备和先进技术，与通过有价证券间接筹资比较，能尽快地形成生产能力，尽快开拓市场。

（4）有利于降低财务风险。吸收直接投资可以根据企业的经营状况向投资者支付报酬，没有固定的财务负担，比较灵活，所以财务风险较小。

2. 吸收直接投资的缺点

（1）资本成本较高。企业向投资者支付的报酬是根据企业实现的净利润和投资者的出资额计算的，不能减免企业所得税，当企业盈利丰厚时，企业向投资者支付的报酬很大。

（2）容易分散企业控制权。采用吸收直接投资方式筹集资金，投资者一般都要求获得与投资数量相适应的经营管理权，这是接受外来投资的代价之一。如果外部投资者的投资较多，则投资者会有相当大的管理权，甚至会对企业实施完全控制，这是吸收直接投资的不利因素。

（3）不易进行产权交易。吸收直接投资有没有证券为媒介，不利于进行产权交易，难以进行产权转让。

二、发行普通股股票

股票是股份有限公司发行的、表示股东按其持有的股份享有权益和承担义务的可转让凭证。股票是一种所有权凭证，代表了股东对股份公司净资产的所有权。股东凭借股票可以获得公司的股息和红利，参加股东大会并行使自己的权利，同时也承担相应的责任与风险。

（一）股票的分类

1. 按股东享有权利和承担义务的不同，股票可分成普通股票和优先股票普通股票简称普通股，是股份公司依法发行的具有管理权、股利不固定的股票。普通股具备股票的最一般特征，是股份公司资本的最基本部分。股份公司通常情况下只能发行普通股。

优先股票简称优先股，是股份公司依法发行的具有一定优先权的股票。优先股的股息率是固定的，但企业对优先股不承担法定的还本义务，是企业自有资金的一部分。优先股股东在股东大会上无表决权，在参与公司经营管理上受到一定限制，仅对涉及优先股权利的问题有表决权。

2. 按是否记载股东姓名，股票可以分为记名股票和无记名股票

记名股票是在股票上载有股东姓名并将其记入公司股东名册的一种股票。记名股票要同时附有股权手册，只有同时具备股票和股权手册，才能领取股息和红利。记名股票的转让、继承都要办理过户手续。

无记名股票是指在股票上不记载股东姓名的股票。凡持有无记名股票，都可成为公司股东。无记名股票的转让、继承无需办理过户手续，只要将股票交给受让人，就可发生转让效力，移交股权。

我国《公司法》规定，公司向发起人、国家授权投资的机构、法人发行的股票，为记名股票；向社会公众发行的股票，可以为记名股票，也可以为无记名股票。

3. 按发行时间的先后顺序，股票可分为始发股和增发股

始发股是公司设立时发行的股票，增发股是公司增资时发行的股票。始发股和增发股的发行条件、发行目的、发行价格都不尽相同，但是股东的权利和义务却是一样的。

4. 按购买主体的不同，股票可分为国家股、法人股、个人股

国家股是有权代表国家投资的部门和机构以国有资产向公司投资而形成的股份。

法人股是企业法人依法以其可支配的财产向公司投资而形成的股份，或具有法人资格的事业单位和社会团体以国家允许用于经营的资产向公司投资而形成的股份。

个人股是社会个人和公司内部职工以个人合法财产投入公司形成的股份。

5. 按发行对象和上市地区的不同，股票可分为 A 股、B 股、H 股和 N 股等

A 股是供我国大陆地区个人或法人买卖的，以人民币标明票面金额并以人民币认购和交易的股票。这种股票在上海证券交易所和深圳证券交易所上市。

B 股、H 股、N 股和 S 股是专供外国和我国港澳台地区投资者购买的，以人民币标明票面金额但以外币认购和交易的股票。其中，B 股在上海、深圳两个证券交易所上市；H 股在香港联合交易所上市；N 股在纽约上市；S 股在新加坡上市。

（二）普通股的特征

普通股票是最基本、最重要的股票。一般来说，股份公司在设立的时候，最初公开发行的股票多为普通股票，因此，通过发行普通股票所筹集的资金，成为股份公司股本的基础。通常在证券市场上所称的股票，也就是指普通股票。

1. 普通股票是标准股票

普通股票的有效期限与股份公司相联系，其持有者是股份公司的基本股东，他们平等的享有股东的基本权利。由于普通股票在权利和义务上不附加任何条件，因此，它是一种标准股票。通常，人们在阐述股票的一般性质和特征时，都以这种标准的普通股票

为基础来进行归纳。

2. 普通股票是风险最大的股票

持有股票就成为股东，作为股东就有权要求分享公司的盈利。但是，普通股票的股息收益在股票发行时是不确定的，它随股份公司的经营状况和盈利大小而变化。公司经营好，盈利多，普通股票的股息收益就可能大；反之，公司经营差，盈利少，其股息收益就可能小。在分配顺序上，普通股票的股息收益排在最后，在公司偿付了其债务和债息及优先股股息之后才能分得，加之普通股的价格波动幅度较大。因此，对于普通股股东来说，他们的收益具有很大的波动性，普通股票是风险最大的股票。

（三）普通股股东的权利

普通股股东一般具有如下权利：

1. 公司管理权

出席或委托代理人出席股东大会，并依公司章程的规定行使表决权，是普通股股东参与公司经营管理的基本方式。股东大会由股东组成，是股份公司的权力机构，通常定期召开。

2. 股利分配请求权和剩余财产要求权

股东的这一权利直接体现了其在经济利益上的要求，这一要求又可以表现为两个方面：

（1）股东有权要求从股份公司经营的利润中分配股利。公司盈余的分配方案由股东大会决定，每一个会计年度由董事会根据企业的盈利数额和财务状况来决定分发股利的多少，经股东大会批准通过。

（2）在股份公司解散、清算时，股东有权要求取得公司的剩余资产。但是公司破产清算时，财产的变价收入，首先要用来清偿债务，然后支付给优先股股东，最后才能分配给普通股股东。所以，在破产清算时，普通股股东实际上很少能分到剩余财产。

3. 股份转让权

股东有权出售或转让股票，这也是普通股股东的一项基本权利。但是，必须符合《公司法》等相关法律法规规定的条件和程序。

4. 优先认股权

优先认股权是普通股股东拥有的权利，即普通股股东可优先于其他投资者购买公司增发新股票的权利。当公司增发普通股票时，原有股东有权按持有公司股票的比例，在一定期限内以低于市价的认购价格购买新股。

5. 对公司账目和股东大会决议的审查权和对公司事务的质询权

同时，普通股股东也对公司负有义务。如：遵守公司章程；依其所认购的股份和入股方式缴纳股金；除法律、法规规定的情形外，不得退股；法律、行政法规及公司章程规定应当承担的其他义务。

（四）普通股筹资的优缺点

1. 普通股筹资的优点

（1）没有固定利息负担。公司有盈余，并认为适合分配股利就可以分给股东；公司盈余较少，或虽有盈余但资金短缺或有更有利的投资机会，就可少支付或不支付股利。

（2）没有固定到期日，不用偿还。利用普通股筹集的是企业永久性的资金，除非公司清算才需偿还。它对保证企业最低的资金需求有重要意义。

（3）筹资风险小。由于普通股没有固定到期日，不用支付固定的利息，此种筹资实际上不存在不能偿付的风险，因此风险最小。

（4）能增加公司的信誉。普通股本与留存收益构成公司所借入一切债务的基础。有了较多的自有资金，就可为债权人提供较大的损失保障，因而，普通股筹资既可以提高公司的信用价值，同时也为使用更多的债务资金提供了强有力的支持。

（5）促进股权流通与转让。普通股筹资以股票作为媒介，便于股权的流通和转让，便于吸收新的投资者。

2. 普通股筹资的缺点

（1）资本成本较高。一般来说，普通股筹资的成本要大于债务资金。这主要是股利要从净利润中支付，而债务资金的利息可在税前扣除。另外，普通股的发行费用也比较高。

（2）容易分散控制权。利用普通股筹资，出售了新的股票，引进了新的股东，容易导致公司控制权的分散。

（3）信息披露成本高。如果公司股票上市，需要履行严格的信息披露制度，接受公众股东的监督，信息披露成本高，也增加了公司保护商业秘密的难度。

（4）增加公司被收购的风险。如果公司股票上市，其经营状况会受到社会的广泛关注，一旦公司经营或财务方面出现问题，可能面临被收购的风险。

 小知识

什么是股票中的 ST、PT？

上市公司出现财务状况和其他状况异常的，其股票交易将被交易所进行特别处理（英文为 Special Treatment，缩写为"ST"）。所谓"财务状况异常"主要指以下情况：①上市公司经审计两个会计年度的净利润均为负值；②上市公司最近 1 个会计年度经审计的股东权益低于注册资本；③最近 1 个会计年度经审计的股东权益扣除注册会计师、有关部门不予确认的部分，低于注册资本；④注册会计师对最近 1 个会计年度的财产报告出具无法表示意见或否定意见的审计报告；⑤最近 1 份经审计的财务报告对上年度利润进行调整，导致连续两个会计年度亏损；⑥经交易所或中国证监会认定为财务状况异常的。所谓"其他状况异常"，是指自然灾害、重大事故等导致生产经营活动基本中止，公司设计的可能赔偿金额超过公司净资产的诉讼等情况。

> 在上市公司的股票交易被实行特别处理期间,其股票交易应遵循下列规则:①股票报价日涨跌幅限制为5%;②股票名称改为原股票名前加"ST";③上市公司的中期报告必须经过审计。
>
> 当ST上市公司最近一个会计年度财务状况恢复正常或其他ST的原因解除后,交易所即对此股票解除ST,即摘帽。
>
> *ST是指连续3年亏损有退市风险而被特别处理的,俗称戴星。
>
> PT是英文Particular Transfer(特别转让)的缩写。依据《公司法》和《证券法》规定,上市公司出现连续三年亏损等情况,其股票将暂停上市。沪深交易所从1999年7月9日起,对这类暂停上市的股票实施特别转让服务,并在其简称前冠以PT,称之为PT股票。

三、留存收益筹资

(一)留存收益的性质

从性质上看,企业通过合法有效经营所实现的税后净利润,都属于企业的所有者。企业将本年度的利润部分或全部留下来的原因很多,主要包括:①收益的确认和计量是建立在权责发生制基础上的,企业有利润,但不一定有相应的现金净流量增加,因而企业不一定有足够的现金将利润全部或部分分派给所有者;②法律法规从保护债权人利益和要求企业可持续发展等角度出发,限制企业将利润全部分配出去。《公司法》规定,企业每年的税后利润,必须提取10%的法定盈余公积金;③企业基于自身扩大再生产和筹资的需求,也会将一部分利润留存下来。

(二)留存收益的筹资途径

1. 提取盈余公积金

盈余公积金,是指有指定用途的留存净利润。盈余公积金是从当期企业净利润中提取的积累资金,其提取基数是本年度的净利润,而不是税后利润。这是因为税后利润属于纳税申报时计算的利润,包含纳税调整因素。盈余公积金主要用于企业未来的经营发展,经投资者审议后也可以用于转增股本(实收资本)和弥补以前年度经营亏损,但不得用于以后年度的对外利润分配。

2. 未分配利润

未分配利润,是指未指明用途的留存净利润。未分配利润有两层含义:一是这部分净利润没有分配给公司的股东;二是这部分净利润没有指明用途。未分配利润可以用于企业未来的经营发展,转增股本(实收资本)、弥补以前年度经营亏损以及以后年度的利润分配。

(三)利用留存收益筹资的优缺点

1. 利用留存收益筹资的优点

（1）不发生筹资费用。与普通股筹资相比较，留存收益筹资不需要发生筹资费用，资本成本比较低。

（2）维持公司的控制权分布。利用留存收益筹资，不用对外发行新股或吸收新投资者，由此增加的权益资本不会改变公司的股权结构，不会稀释原有股东的控制权。

2. 留存收益筹资的缺点

利用留存收益筹资的数额有限。留存收益的最大数额是企业到期的净利润和以前年度未分配利润之和，不像外部筹资一次性可以筹集大量资金。如果企业发生亏损，当年就没有利润留存。另外，股东和投资者从自身期望出发，往往希望企业每年发放一定的利润，保持一定的利润分配比例。

什么是创业板

创业板 GEM（Growth Enterprises Market Board）是地位次于主板市场的二板证券市场，以 NASDAQ 市场为代表，在中国特指深圳创业板。创业板在上市门槛、监管制度、信息披露、交易者条件、投资风险等方面和主板市场有较大区别。其主要是扶持中小企业，尤其是高成长性企业，为风险投资和创投企业建立正常的退出机制，为自主创新国家战略提供融资平台，为多层次的资本市场体系建设添砖加瓦。

在创业板市场上市的公司大多从事高科技业务，一般成立时间较短、规模较小，业绩也不突出，但有很大的成长空间。创业板市场最大的特点就是低门槛进入，严要求运作，有助于有潜力的中小企业获得融资机会，促进企业的发展壮大。

在中国发展创业板市场是为了给中小企业提供更方便的融资渠道，为风险资本营造一个正常的退出机制。同时，这也是我国调整产业结构、推进经济改革的重要手段。对投资者来说，创业板市场的风险要比主板市场高得多，当然，其回报可能也会大得多。各国政府对二板市场的监管更为严格，其核心就是"信息披露"。除此之外，监管部门还通过"保荐人"制度来帮助投资者选择高素质企业。二板市场和主板市场的投资对象和风险承受能力是不相同的，在通常情况下，两者不会相互影响，且由于它们的内在联系，反而会促进主板市场的进一步发展壮大。

资料来源：http：//zhidao.baidu.com/question/365041798.html。

任务三
债务筹资管理

2018年,羽裳服装公司为满足销售扩大的资金需求,通过召开筹资论证会,决定针对不同的筹资渠道,实现筹资方式的有效组合。一方面吸收有实力的投资者对企业注入资金;另一方面可以充分利用留存收益。此外,公司一直以来具有良好的信誉,与银行也保持着良好的关系,因此,准备从银行借入一部分资金,既可拓宽筹资渠道,又可享有负债经营的益处。

请思考:根据你所学习的会计知识,通过债务形成的资本包括哪些项目?你知道应如何与银行保持良好的关系吗?

■ 任务处理

债务筹资主要是企业通过向银行借款、向社会发行公司债券、融资租赁以及赊购商品或劳务等方式筹集和取得的资金。这里主要介绍利用长期银行借款、发行债券和融资租赁等方式筹集的长期债务资本;利用短期银行借款和商业信用等方式筹集的短期债务资本与企业资本营运有密切关系,我们将在营运资本管理部分进行介绍。

一、长期银行借款

银行借款是指企业向银行或非银行金融机构借入的、需要还本付息的款项,包括偿还期限超过1年的长期借款和不足1年的短期借款,主要用于企业构建固定资产和满足流动资金周转的需要。

(一)银行借款的种类

1. 按借款有无担保,分为信用贷款和担保贷款

信用贷款是指不要求借款企业以实物抵押作担保,仅凭借款企业的信誉或借款担保人的信用为依据而获得的贷款。对银行来说,这种贷款风险较高,通常要收取较高的利息,往往还附加一定的限制条件。

担保贷款是指由借款人或第三方依法提供担保而获得的贷款。担保包括保证责任、财产抵押、财产质押,由此,担保贷款包括保证贷款、抵押贷款和质押贷款。保证贷款是指按《担保法》规定的保证方式,以第三人作为保证人承诺在借款人不能偿还借款时,按约定承担一定保证责任或连带责任而取得的贷款。抵押贷款是指按照《担保法》规定的抵押方式,以借款人或第三人的财产作为抵押物而取得的贷款。质押贷款是指按

照《担保法》规定的质押方式，以借款人或第三人的动产或财产权利作为质押物而取得的贷款。

2. 按提供贷款的机构，可分为政策性银行贷款、商业性银行贷款和其他金融机构贷款

政策性银行贷款是指执行国家政策性贷款业务的银行向企业发放的贷款，通常为长期贷款。

商业性贷款主要是指由各商业银行向企业提供的贷款，用以满足企业生产经营的资金需要，包括短期贷款和长期贷款。

其他金融机构贷款，如从信托投资公司取得实物或货币资金形式的信托投资贷款，从财务公司取得的各种中长期贷款等。其他金融机构的贷款一般较商业银行的贷款期限要长，利率要高，对借款企业的信用要求和担保的选择比较严格。

3. 按照贷款的用途，分为基本建设贷款、专项贷款和流动资金贷款

基本建设贷款是指企业因从事新建、改建、扩建等基本建设项目需要资金而向银行申请借入的款项。

专项贷款是指企业因为专门用途而向银行申请借入的款项，包括更新改造技改贷款、大修理贷款、研发和新产品研制贷款、小型技术措施贷款等。

流动资金贷款是指企业为满足流动资金的需要而向银行申请借入的款项，包括流动资金借款、生产周转借款、临时借款、结算借款和卖方信贷。

（二）银行借款的程序

1. 企业提出借款申请

企业要向银行借入资金，必须向银行提出申请，填写包括借款金额、借款用途、偿还能力、还款方式等内容的《借款申请书》，并提供有关资料。

2. 银行进行审查

银行对企业的借款申请要从企业的信用等级、基本财务情况、投资项目的经济效益、偿债能力等多方面作必要的审查，以决定是否提供贷款。

3. 签订借款合同

借款合同是规定借款单位和银行双方的权利、义务和经济责任的法律文件。借款合同包括基本条款、保证条款、违约条款及其他附属条款等内容。

4. 企业取得借款

双方签订借款合同后，银行应如期向企业发放贷款。

5. 企业归还借款

企业应按借款合同规定按时足额归还借款本息。如因故不能按期归还，应在借款到期之前的 3~5 天内，提出展期申请，由贷款银行审定是否给予展期。

（三）长期借款的保护性条款

由于银行等金融机构提供的长期贷款金额高、期限长、风险大，因此，除借款合同的基本条款之外，债权人通常还在借款合同中附加各种限制性条款，以确保企业按要求使用借款和按时足额偿还借款。归纳起来，保护性条款大致有如下两类。

1. 一般性保护条款

一般保护性条款适用于大多数借款合同，主要包括：①保持企业资产的流动性，要求企业需持有一定最低额度的货币资金以及其他流动资产以保持企业资产的流动性和偿债能力；②限制企业非经营性支出，如限制现金股利的支付、限制职工加薪的数额规模，以减少企业资金的过度外流；③限制企业资本支出的规模，控制企业资产结构中长期性资产的比例，以减少公司日后不得不变卖固定资产以偿还贷款的可能性；④限制企业再举债规模，目的是以防止其他债权人取得对公司资产的优先索偿权；⑤限制公司的长期投资。如规定公司不准投资于短期内不能收回资金的项目，不能未经银行等债权人同意而与其他企业合并等。

2. 特殊性保护条款

特殊性保护条款是针对某些特殊情况而出现在部分借款合同中的，主要包括：①贷款转款专用；②不准企业投资于短期内不能收回资金的项目；③限制企业高级职员的薪金和奖金总额；④要求企业主要领导人在合同有效期内担任领导职务；⑤要求企业主要领导人购买人身保险等。

（四）银行借款筹资的优缺点

1. 银行借款筹资的优点

（1）筹资速度快。与发行证券相比，银行借款不需印刷证券、报请批准等，一般所需时间短，可以较快满足资金的需要。

（2）筹资成本低。与发行债券和融资租赁相比，银行借款利率较低，且不需支付发行费用。

（3）借款灵活性大。企业与银行可以直接接触，商谈借款金额、期限和利率等具体条款，借款后如情况变化可再次协商。到期还款有困难，如能取得银行谅解，也可延期归还。

2. 银行借款筹资的缺点

（1）筹资数额有限。银行借款的数额往往受到贷款机构资本实力的制约，不可能像发行债券、股票那样一次筹集到大笔资金，无法满足公司大规模筹资的需要。

（2）限制条款较多。企业与金融机构签订的借款合同中，一般有比较多的限制性条款，这些条款可能会限制企业的生产经营活动。

二、发行公司债券

公司债券又称企业债券，是发行人以借入资金为目的，依照法律程序发行，承诺按约定的利率和日期支付利息，并在特定日期偿还本金的书面债务凭证。它代表持券人与发债公司之间的债权债务关系。发行债券是企业的主要筹资方式之一。

（一）公司债券的特征

公司债券与股票都属于有价证券。对于发行公司来说，都是一种筹资手段，而对于购买者来说，都是投资手段。但两者有很大区别，主要有以下几点：

（1）债券是债务凭证，是对债权的证明。股票是所有权凭证，是对所有权的证明。

债券持有人是债权人，股票持有人是所有者。债券持有者与发行公司只是一种借贷关系，而股票持有者则是发行公司经营的参与者。

（2）债券的收入为利息，利息的多少一般与发行公司的经营状况无关，是固定的。股票的收入是股息，股息的多少是由公司的盈利水平决定的，一般是不固定的。如果公司经营不善发生亏损或者破产，投资者就得不到任何股息，甚至连本金也保不住。

（3）债券的风险较小，因为其利息收入基本是稳定的。股票的风险则较大。

（4）债券是有期限的，到期必须还本付息；股票除非公司停业，一般不退还股本。

（5）债券属于公司的债务，它在公司剩余财产分配中优先于股票。

（二）公司债券的种类

1. 按债券是否记名分类

按债券上是否记载持券人的姓名或名称，可分为记名债券和无记名债券。这种分类类似于记名股票与无记名股票的划分。在公司债券上记载持券人姓名或名称的为记名公司债券；反之为无记名公司债券。两种债券在转让上的差别也与记名股票和无记名股票类似。

2. 按有无抵押担保分类

债券按有无抵押担保，可分为信用债券、抵押债券和担保债券。

信用债券又称无抵押担保债券，是以债券发行者自身信誉而发行的债券。政府债券属于信用债券，信誉良好的企业也可发行信用债券。企业发行信用债券往往有一些限制条件，如不准企业将其财产抵押给其他债权人，不能随意增发企业债券，未清偿债款之前股利不能分得过多等。

抵押债券是指以一定抵押品作抵押而发行的债券。不能偿还债券时，债权人可将抵押品拍卖以获取债券本息。

担保债券是指由一定保证人作担保而发行的债券。有足够资金偿还债券时，债权人可以要求保证人偿还。

3. 按是否可转换成普通股分类

债券按是否可转换成普通股，可分为可转换债券和不可转换债券。若公司债券能转换为本公司普通股股票，为可转换债券；反之为不可转换债券。一般来讲，可转换债券的利率要低于不可转换债券。

（三）债券评级

公司公开发行债券通常需要由债券评信机构评定等级。债券的信用等级对于发行公司和购买人都有重要影响。这是因为：①债券评级是度量违约风险的一个重要指标，债务的等级对于债务融资的利率以及公司债务成本有着直接影响。一般来说，资信等级高的债券，能够以较低的利率发行；资信等级低的债券，风险较大，只能以较高的利率发行。另外，许多机构投资者将投资范围限制在特定等级的债券之内。②债券评级方便投资者进行债券投资决策。对于广大投资者，尤其是中小投资者，由于受时间、知识和信息的限制，无法对众多债券进行分析和选择，因此需要专业机构对债券还本付息的可靠程度进行客观、公正和权威的评定，为投资者提供决策参考。

国际上流行的债券等级是3等9级。AAA级是最高级，AA为高级，A级为上中级，BBB 为中级，BB 为中下级，B 为投机级，CCC 为完全投机级，CC 为最大投机级，C 为最低级。

我国的债券评级工作正在开展，但尚无统一的债券等级标准和系统评级制度。根据中国人民银行的有关规定，凡是向社会公开发行的企业债券，需要由经中国人民银行认可的资信评级机构进行评信。这些机构对发行债券企业的企业素质、财务质量、项目状况、项目前景和偿债能力进行评分，以此评定信用级别。

（四）债券筹资的优缺点

1. 债券筹资的优点

（1）筹资规模较大。债券属于直接融资，发行对象分布广泛，市场容量相对较大，且不受金融机构自身资产规模及风险管理的约束，可以筹集的资金数量较多，满足公司大规模筹资的需要。

（2）提供公司的社会声誉。公司债券的发行主体，有严格的资格限制。发行公司债券，往往是股份有限公司和有实力的有限责任公司所为。通过发行公司债券，一方面筹集了大量资金，另一方面也扩大了公司的社会影响。

（3）能利用财务杠杆作用。由于债券的利息是固定的、且在所得税前支出。企业如能保证债券所筹集资金的投资收益率高于债券利息率，可以使更多的收益用于分配给股东，或留存企业以扩大经营。

2. 债券筹资的缺点

（1）筹资风险高。债券筹资除了要支付固定的利息，还要在到期日偿还全部本金。债的还本付息增加了企业的财务压力。如果企业经营状况不佳，特别是投资收益率低于债券利息率时，就会背负沉重的负担，此种状况持续一段时间后，企业就会出现无力偿还债务的局面，最终可能导致破产。长期债券的偿还期间很长，未来的种种不确定性使企业面临着较大的偿还风险。

（2）发行资格要求高，手续复杂。发行公司债券的对象是社会公众，因此国家为了保护投资者利益，维护社会经济秩序，对发债公司的资格有严格限制。从申报、审批、承销到取得资金，需要经过众多环节和较长时间。

三、融资租赁

（一）租赁的种类

租赁是指在约定的期间内，出租人将资产使用权出让给承租人以获取租金的一种契约行为。租赁其实质属于借贷，只不过它直接涉及的是物而不是钱。

按照与租赁资产所有权有关的全部风险和报酬是否转移为标准，可以将租赁划分为经营租赁和融资租赁。

1. 经营租赁

经营租赁，是指由租赁公司向承租单位在短期内提供设备，并提供维修、保养、人员培训等的一种服务性业务，又称服务性租赁。经营租赁是未转移与资产所有权有关的全部风险和报酬的租赁。

经营租赁具有如下特点：①出租的设备一般由租赁公司根据市场需要选定，然后再寻找承租企业；②经营租赁的租期通常较短，期限一般远小于资产的寿命周期；③在经营租赁中，出租方负责租赁物的维修和保养，所需费用可在租金中计算，也可以分别单独计算；④出租人和承租人通过订立租约维系租赁业务，租赁合同中通常包括取消条款，承租方可以在合同到期前提前结束与出租方的租赁关系；⑤租赁期满，承租人一般将租赁物退还给出租者。

经营租赁比较适用于租用技术过时较快的生产设备。

2. 融资租赁

融资租赁是由租赁公司按照承租人的要求出资购买设备，在契约或合同规定的较长时期内提供给承租人使用的融资信用业务。融资租赁实质上是转移了与资产所有权相关的全部风险和报酬的租赁，通过融物来达到融资的目的，是现代租赁的主要形式。

一项租赁业务符合下列条件之一的，可视为融资租赁，否则视为经营租赁：①在租赁期满时，资产的所有权转让给承租人；②承租人对租赁资产有廉价购买选择权；③租赁期为资产使用年限的大部分，资产的所有权最终可能转移，也可能不转移；④租赁开始日租赁付款额的现值不小于租赁资产的公允价值的大部分，资产的所有权最终可能转移也可能不转移。

融资租赁具有以下特点：①出租的设备由承租企业提出要求购买，或者由承租企业直接从制造商或销售商那里选定；②融资租赁的租期较长，一般接近于租赁资产的使用寿命。在租赁期间双方无权取消合同；③在租赁期间内，由承租企业负责设备的维修和保养。④租赁期满，按事先约定的方式来处置设备，或退还，或续租，或留购。通常采用留购的办法，即以很少的"名义价格"（相当于设备残值）买下设备。

> 财务管理主要讨论融资租赁，尤其是承租方的租赁分析。  小提示

（二）融资租赁筹资的程序

1. 选择租赁公司

企业决定采用租赁方式获取某项设备后，要谨慎选择一个经有关部门正式批准、有经营业务资格、资信好的租赁公司作为委托对象。

2. 办理租赁委托

企业选定租赁公司后，应与选定的租赁公司联系并初步进行洽谈，填写"租赁委托书"和"租赁申请书"，同时向租赁公司提供企业的财务报表。

3. 签订购货协议

由承租企业与租赁公司中的一方或双方，与选定的设备供应厂商进行购买设备的技术谈判和商务谈判，在此基础上与设备供应厂商签订购货协议。

4. 签订租赁合同

由承租人与租赁公司在租赁谈判的基础上，签订租赁设备的合同。租赁谈判是指出租人与承租人之间的谈判。租赁谈判主要是对租赁物的期限、利息率、租金及其支付方

法等问题达成协议。

5. 办理验货与投保

承租企业收到租赁设备，要进行验收。验收合格签发交货及验收证书并提交租赁公司，租赁公司据此向厂商支付设备价款。同时，承租公司向保险公司办理投保事宜。

6. 支付租金

承租企业按合同规定的租金数额、支付方式等，向租赁公司支付租金。

7. 租赁期满的设备处理

租赁届满后，承租单位应按租赁合同规定的方式处理租赁设备，或退还，或续租，或留购。

（三）融资租赁的基本形式

1. 直接租赁

直接租赁是指承租方提出租赁申请时，出租房按承租方的要求选购设备，然后再出租给承租方。直接租赁是融资租赁的主要形式。

2. 杠杆租赁

杠杆租赁是指涉及承租人、出租人和资金出借人三方的融资租赁业务。一般来说，当所涉及的资产价值昂贵时，出租方只支付部分资金，通常为资产价值的20%～40%，其余资金则通过将该资产抵押担保的方式，向第三方（通常为银行）申请贷款解决。资产租出后，出租人以收取的租金向资金出借人还贷。这样，出租人利用自己少量的资金就推动了大额的租赁业务，故称为杠杆租赁。对承租人来说，杠杆租赁和直接租赁没什么区别，都是向出租人租入资产；而对出租人而言，其身份则有了变化，既是资产的出租者，同时又是资金的借入人。因此，杠杆租赁涉及三方当事人。

3. 售后租回

售后租回是指承租方由于急需资金等原因，先将自己的某资产售给出租方，然后将该资产的使用权租回的一种租赁形式。在这种情况下，承租人一方面通过出售资产获得了现金；另一方面通过租赁满足了对资产的需要，而租金却可以分期支付。

（四）融资租赁租金的计算

1. 租金的构成

融资租赁每期租金的多少，取决于以下几个因素：

（1）设备原价及预计残值，包括设备买价、运输费、安装调试费、保险费等，以及该设备租赁期满后，出售可得的收入。

（2）利息，指租赁公司为承租企业购置设备融资所支付的利息。

（3）租赁手续费，指租赁公司承办租赁设备所发生的业务费用和必要的利润。

2. 租金的支付方式

租金的支付方式有以下几种：①按支付间隔期长短，分为年付、半年付、季付和月付等方式；②按在期初和期末支付，分为先付和后付；③按每次支付额，分为等额支付和不等额支付。在租赁实务中，常采用的方式是后付等额年金。

3. 租金的计算

我国融资租赁实务中，租金的计算大多采用等额年金法。等额年金法下，通常要根据利率和租赁手续费确定一个租费率，作为折现率，利用年资本回收额的计算公式来计算每期支付的租金。

$$每期租金 = \frac{购置成本现值}{年金现值系数} = \frac{P}{(P/A, i, n)}$$

【例 4-3】 假设羽裳服装公司采用融资租赁方式，2017 年 1 月 1 日从租赁公司租入一台先进的缝纫设备，租金总额为 100 万元，租期 5 年，合同规定的折现率为年利率 15%，租金每年末等额支付一次，羽裳公司每年应付租金为多少？

$$每年应付租金 = \frac{100}{(P/A, 15\%, 5)} = \frac{100}{3.352} = 29.83（万元）$$

（五）融资租赁筹资的优缺点

1. 融资租赁筹资的优点

（1）筹资速度快。租赁往往比借款购置速度更快，因为租赁是筹资与设备购置同时进行的，可以缩短设备的购进以及安装时间，使企业尽快形成生产能力，有利于尽快占领市场。

（2）限制条款较少。与发行债券和长期借款筹资相比，融资租赁筹资的限制条件比较少。

（3）减少设备陈旧过时的风险。随着科学技术的不断进步，设备陈旧过时的风险很高，而多数租赁协议规定此种风险由出租人承担，承租企业可免受这种风险。

（4）租金在逐个租期内分摊，可以适当减轻到期还本负担。银行借款和公司债券都需要在期限届满时一次性还本，给财务基础较弱的企业带来了相当大的困难，有时会造成不能偿付的风险。租赁将这种风险在整个租期内分摊，减轻了到期还本的负担。

2. 融资租赁筹资的缺点

（1）资本成本高。其租金通常比举借银行借款或发行债券所负担的利息高得多，租金总额通常要高于设备价值的 30%。尽管与借款和发行债券相比，融资租赁能够避免到期一次性集中偿还的财务压力，但高额的固定租金也给各期的经营带来了分期的负担。

（2）资产处置权有限。由于承租企业在租赁期内无资产所有权，因而不能根据自身的要求自行处置租赁资产。

小提示

利用银行借款筹资，比发行债券和融资租赁的利息负担要低，而且无需支付证券发行费用、租赁手续费等筹资费用，因此资本成本最低。但是，尽管公司债券的利息比银行借款高，但公司债券的期限长、利率相对固定。在预计市场利率持续上升的金融市场环境下，发行公司债券筹资，能够锁定资本成本。利用融资租赁筹资其租金通常比举借银行借款或发行债券所负担的利息高得多，因此资本成本最高。

世界三大评级机构

世界三大评级机构是指国际上最具影响力的三家信用评级机构,它们分别是标准普尔、穆迪投资者服务公司和惠誉国际信用评级公司。

标准普尔(Standard & Poor's)由亨利·瓦纳姆·普尔先生(Mr Henry Varnum Poor)创立于1860年,是普尔出版公司和标准统计公司1941年合并而成世界权威金融分析机构,总部位于美国纽约市。1975年,美国证券交易委员会SEC认可标准普尔为"全国认定的评级组织"或称"NRSRO"。穆迪投资者服务公司(Moody's Investors Service)由约翰·穆迪于1909年创立,对铁路债券进行信用评级。1913年,穆迪开始对公用事业和工业债券进行信用评级。穆迪公司的总部设在美国纽约,其股票在纽约证券交易所上市(代码MCO),穆迪公司是国际权威投资信用评估机构,同时也是著名的金融信息出版公司。惠誉国际(Fitch)是全球三大国际评级机构之一,是唯一的欧资国际评级机构,总部设在纽约和伦敦。在全球设有40多个分支机构,拥有1 100多名分析师。

任务四 混合筹资管理

2018年,羽裳服装公司有一个良好的投资机会,需要筹集资金。财务经理经过测算,为保持良好的资本结构,应该筹集权益资金。但是,由于现在股市比较低迷,股价太低,这导致为筹集同等数额的资金需要发行更多的股票。经董事会研究,公司决定先发行可转换债券筹集资金,在时机成熟时,再转换为股票。

请思考:你了解可转换债券吗?可转换债券具有什么特点?

■ 任务处理

混合筹资筹集的是混合性资金,即兼具股权和债务特征的资金。混合性筹资的主要方式有发行优先股、发行可转换债券和认股权证。我国上市公司目前取得混合性资金的主要方式是发行可转换债券和认股权证。

一、发行优先股筹资

（一）优先股的特点

优先股是一种混合证券，有些方面与债券类似，另一些方面与股票相似，是介于债券和股票之间的一种证券。

优先股具有以下特征：

1. 优先股的股利

与债券类似的特点是：优先股的股利是事先约定的，也是相对固定的，一般不会根据公司经营情况而变化。与普通股类似的是：该盈利达不到支付优先股股利水平时，公司不必支付股利，不会因此导致破产。

优先股的股利支付比普通股优先，未支付优先股股利时普通股不能支付股利。多数优先股是"可累积优先股"，就是尚未支付的优先股的累积股利总额，必须在支付普通股股利之前支付完毕。未支付的优先股股利被称为"拖欠款项"。拖欠款项不产生利息，不会按复利滚存，但均需在普通股股利之前支付。多数累积优先股规定可累积年限，例如3年，如果连续3年盈利均未达到支付优先股股利所需水平，优先股的应得股利不再计入拖欠款项。

2. 优先股的表决权

与债券类似的是：通常优先股在发行时规定没有表决权。但是，有很多优先股规定，如果没有按时支付优先股股利，则其股东可行使有限的表决权。例如，规定优先股规定可以选举一定比例的公司董事等，这一特点又与普通股类似。

3. 优先股的到期期限

有些优先股是永久性的，没有到期期限，与普通股和永久债券类似。多数优先股规定有明确的到期期限，到期时公司按规定价格赎回优先股，与一般的债券类似。

4. 优先股的可转换性

有些优先股规定，可以转换为普通股，称为可转换优先股。有些则是不可转换优先股。

5. 优先股的税务

对于发行公司来说，支付优先股股息不能税前扣除，这一点与普通股类似。由于债券利息可以税前扣除，因此在利率相同的情况下优先股的筹资成本高于债务。

6. 优先股的风险

从投资者的角度来看，优先股投资的风险比债券大。当企业面临破产时，优先股的索偿权低于债权人。在公司财务困难的时候，债务利息会被优先得到支付，优先股股利则是次要的。因此，同一公司的优先股股东要求的预期报酬率比债权人高。

从筹资者的角度来看，优先股筹资的风险比债券小。不支付股利不会导致公司破产，是其风险小的主要原因。不过，公司还是会想办法尽可能支付优先股股利。如果不能按时支付优先股股利，不仅普通股股东得不到股利，而且很难进行新的优先股或普通股融资，甚至债券融资都很困难。

（二）优先股筹资的优点和缺点

1. 优先股筹资的优点

（1）与债券相比，不支付股利不会导致公司破产；

（2）与普通股相比，发行优先股一般不会稀释股东权益；

（3）无期限的优先股没有到期期限，不会减少公司现金流，不需要偿还本金。

2. 优先股筹资的缺点

（1）优先股股利不能税前扣除，其税后成本高于负债筹资。

（2）优先股的股利支付虽然没有法律约束，但是经济上的约束使公司倾向于按时支付其股利。因此，优先股的股利通常被视为固定成本，与负债筹资没有什么差别，会增加公司的财务风险进而增加普通股的成本。

二、发行可转换债券筹资

（一）可转换债券的特征

可转换债券，是一种特殊的债券，它在一定期间内依据约定的条件可以转换成普通股。

可转换债券兼有债券和股票的特征，主要有以下几点：

（1）债权性。与其他债券一样，可转换债券也有规定的利率和期限，投资者可以选择持有债券到期，收取本息。

（2）股权性。可转换债券在转换成股票之前是纯粹的债券，但在转换成股票之后，原债券持有人就由债权人变成了公司的股东，可参与企业的经营决策和红利分配，这也在一定程度上会影响公司的股本结构。

（3）可转换性。可转换性是可转换债券的重要标志，债券持有人可以按约定的条件将债券转换成股票。转股权是投资者享有的、一般债券所没有的选择权。可转换债券在发行时就明确约定，债券持有人可按照发行时约定的价格将债券转换成公司的普通股票。如果债券持有人不想转换，则可以继续持有债券，直到偿还期满时收取本金和利息，或者在流通市场出售变现。如果持有人看好发债公司股票增值潜力，在宽限期之后可以行使转换权，按照预定转换价格将债券转换成为股票，发债公司不得拒绝。正因为具有可转换性，可转换债券利率一般低于普通公司债券利率，企业发行可转换债券可以降低筹资成本。

可转换债券持有人还享有在一定条件下将债券回售给发行人的权利，发行人在一定条件下拥有强制赎回债券的权利。

可转换债券具有双重选择权的特征：一方面，投资者可自行选择是否转股，并为此承担转债利率较低的机会成本；另一方面，转债发行人拥有是否实施赎回条款的选择权，并为此要支付比没有赎回条款的转债更高的利率。双重选择权是可转换公司债券最主要的金融特征，它的存在使投资者和发行人的风险、收益限定在一定的范围以内，并可以利用这一特点对股票进行套期保值，获得更加确定的收益。

（二）可转换债券的要素

可转换债券有若干要素，这些要素基本上决定了可转换债券的转换条件、转换价格、市场价格等总体特征。

1. 有效期限和转换期限

就可转换债券而言，其有效期限与一般债券相同，指债券从发行之日起至偿清本息之日止的存续期间。转换期限是指可转换债券转换为普通股票的起始日至结束日的期间。大多数情况下，发行人都规定一个特定的转换期限，在该期限内，允许可转换债券的持有人按转换比例或转换价格转换成发行人的股票。我国《上市公司证券发行管理办法》规定，可转换公司债券的期限最短为 1 年，最长为 6 年，自发行结束之日起 6 个月方可转换为公司股票。

2. 票面利率

票面利率即可转换债券作为一种债券时的票面利率。发行人根据当前市场利率水平、公司债券资信等级和发行条款确定，一般低于相同条件的不可转换债券的票面利率。

3. 转换比率或转换价格

转换比率是指一定面额可转换债券可转换成普通股股票的股数。用公式表示为：

$$转换比率 = 债券面值 \div 转换价格$$

转换价格是指可转换债券转换为每股普通股股份所支付的价格。用公式表示为：

$$转换价格 = 债券面值 \div 转换比率$$

【例 4-4】 假设羽裳公司 2015 年发行了 5 亿元的可转换债券，其面值为 1 000 元，年利率为 4.75%，2018 年到期。转换可以在此前的任何时候进行，转换比率为 6.41。其转换价格为：

转换价格 = 1 000 ÷ 6.41 = 156.01（元）

这就是说，为了取得 A 公司的股票，需要放弃金额为 156.01 元的债券面值。

4. 赎回条款与回售条款

赎回是指可转换债券的发行企业可以在债券到期日前提前买回债券的规定。

赎回条款是对可转换债券发行公司赎回债券的情况要求，即需要在什么样的情况下才能赎回债券。赎回条款分为无条件赎回和有条件赎回。无条件赎回是在赎回期内发行公司可随时按照赎回价格赎回债券。有条件赎回是对赎回债券有一些条件限制，只有在满足了这些条件之后才能由发行公司赎回债券。

回售条款是在可转换债券发行公司的股票价格达到某种恶劣程度时，债券持有人有权按照约定的价格将可转换债券卖给发行公司的有关规定。设置回售条款是为了保护债券投资人的利益，使他们能够避免遭受过大的投资损失，从而降低投资风险。

5. 强制性转换条款

强制性转换条款是在某些条件具备之后，债券持有人必须将可转换债券转换为股票，无权要求偿还债券本金的规定。设置强制性转换条款，是为了保证可转换债券顺利地转换为股票，实现发行公司扩大权益筹资的目的。

（三）可转换债券的优缺点

1. 可转换债券的优点

（1）与普通债券相比，可转换债券使得公司能够以较低的利率取得资金。债权人同意接受较低利率的原因是有机会分享公司未来发展带来的收益。可转换债券的票面利率低于同一条件下的普通债券的利率，降低了公司前期的筹资成本。与此同时，它向投资人提供了转为股权投资的选择权，使之有机会转为普通股并分享公司更多的收益。值得注意的是，可转换债券转换为普通股后，其原有的低息优势将不复存在，公司要承担普通股的筹资成本。

（2）与普通股相比，可转换债券使得公司取得了以高于当前股价出售普通股的可能性。有些公司本来是想要发行股票而不是债务，但是认为当前其股票价格太低，为筹集同样的资金需发行更多的股票。为避免直接发行新股而遭受损失，才通过发行可转换债券变相发行股票。因此，在发行新股时机不理想时，可以先发行可转换债券，然后通过转换实现较高价格的股权筹资。

2. 可转换债券筹资的缺点

（1）股价上涨风险。虽然可转换债券的转换价格高于其发行时的股票价格，但如果转换时的股票价格大幅上涨，公司只能以较低的固定转换价格换出股票，会降低公司的股权筹资额。

（2）股价低迷风险。发行可转换债券后，如果股市没有达到转股所需要的水平，可转换债券持有者没有如期转换普通股，则公司只能继续承担债务。在订有回售条款的情况下，公司短期内集中偿还债务的压力会更明显。尤其是有些公司发行可转换债券的目的是筹集权益资本，股价低迷使其原定目的无法实现。

（3）筹资成本高于纯债券。尽管可转换债券的票面利率比纯债券低，但是加入转股成本后的总筹资成本比纯债券要高。

三、发行认股权证筹资

（一）认股权证的特征

认股权证是公司向股东发放的一种凭证，授权其持有者在一个特定期间以特定价格购买特定数量的公司股票。

1. 认股权证的期权性

认股权证本质上是一种股票期权，属于衍生金融工具，具有实现融资和股票期权激励的双重功能。但认股权证本身是一种认购普通股的期权，其持有者不享有股东的权益。

2. 认股权证是一种投资工具

投资者可以通过购买认股权证获得市场价与认购价之间的股票差价收益，因此，它是一种具有内在价值的投资工具。

（二）认股权证的作用

1. 认股权证是一种融资工具

对发行公司而言，发行认股权证是一种特殊的筹资手段，能够利用认股权证在规定的有效期内顺利地发行新股，从而筹集到大笔资金。

2. 认股权证是一种员工激励工具

将认股权证作为奖励发给本公司的管理人员，从而将管理人员的利益和公司的利益联系在一起，建立一个管理人员通过提升企业价值实现自身财富增值的利益驱动机制。

3. 认股权证能改善公司治理结构

采用认股权证进行融资，融资的实现是缓期分批实现的。上市公司及其大股东的利益，与投资者是否在到期之前执行认股权证密切相关。因此，在认股权证有效期内，上市公司管理层及其大股东任何有损公司价值的行为，都可能降低上市公司的股价，从而降低投资者执行认股权证的可能性，这将损害上市公司管理层及其大股东的利益。所以，认股权证能够约束上市公司的败德行为，并激励他们更加努力地提升公司的市场价值。

认股权证的种类

根据不同的标准或依据，认股权证主要可以分成以下几类：

1. 美式认股证与欧式认股证

美式认股证，指权证持有人在到期日前，可以随时提出履约要求，买进或卖出约定数量的标的资产。而欧式认股证，则是指权证持有人只能于到期日当天，才可提出买进或卖出标的资产的履约要求。无论股证属欧式或美式，投资者均可在到期日前在市场出售持有股证。事实上，只有小部分股证持有人会选择行使股证，大部分投资者均会在到期前沽出股证。

2. 认购认股证与认沽认股证

认购权证，是一种买进权利。该权证持有人有权于约定期间（美式）或期日（欧式），以约定价格买进约定数量的标的资产。认沽权证，则属一种卖出权利。该权证持有人有权于约定期间或期日，以约定价格卖出约定数量的标的资产。

3. 股本认股证与衍生认股证

股本认股证，是以发行人或其子公司的股票作为标的资产而发行的认购或认沽期权。该权证的发行人通常是发行标的股票（正股）的上市公司。行使时，公司将发行新股，并以行使价售予股本认股证的持有人。衍生认股证，其标的资产得为个股股票或一篮子股票、股指、黄金、外汇等。衍生认股证通常是投资银行发行的。前者是公司的集资活动，而后者并非为集资，而是为投资者提供一种管理投资组合的有效工具。

4. 公司认股证与备兑认股证

公司认股权证，是由权证标的资产的发行人（一般为上市公司）自行发行，通常伴随企业股票或公司债发行，藉以增加相关资产对投资人的吸引力。公司认股权证的履约期限通常较长，如3年、5年甚至10年。

备兑权证，则是由权证标的资产发行人以外的第三人（银行或券商等资信良好的专业投资机构）发行，非以该第三人自身的资产为标的的认股证。备兑权证的权利期间多在1年以下。两者最大差别在于，股本权证是由上市公司发行，而备兑权证是由证券公司等金融机构发行。

5. 价内权证、价外权证和价平权证

依履约价格，权证可分为价内权证、价外权证和价平权证三种。标的资产市价高（低）于履约价格的认购（沽）权证，为价内权证；标的资产市价低（高）于履约价格的认购（沽）权证，为价外权证；标的资产市价等于履约价格的认购（沽）权证，为价平权证。

除了以上分类标准之外，认股权证还可以根据其他标准分类。如依标的资产，权证又可具体分为个股型认股证、组合型认股证以及指数型认股证三种；依结算方式，权证可分为证券给付型、现金结算型以及可选择支付方式型三种；依权证的发行是否伴随有其他有价证券的发行，而分为独立型权证与附随型权证两种；依权证标的资产是否需要抵押，又可以划分为抵押型权证和非抵押权证两种。

任务五 资本成本决策

引导案例

羽裳服装公司在明确了现有可选择的筹资方式之后，财务经理李先生对各种筹资方式的资本成本进行了测算，并测算了公司的加权平均资金成本，考虑对这些筹资方式进行组合，力求找到在一定的风险范围之内，筹集相同资金，支付的成本最小的组合；或者，支付的成本相同，筹集资金最多的组合。

▍知识准备

一、资本成本的构成

资本成本是衡量资本结构优化程度的标准，也是对投资获得经济效益的最低要求。企业筹集的资本付诸使用以后，只有投资报酬率高于资本成本率，才能表明所筹集的资本取得了较好的经济效益。

资本成本是指企业为筹集和使用资本而付出的代价,包括筹资费用和占用费用。资本成本是资本所有权与资本使用权分离的结果。对出资者而言,由于让渡了资本使用权,必须要求取得一定的补偿,资本成本表现为让渡资本使用权所带来的投资报酬。对筹资者而言,由于取得了资本使用权,必须支付一定代价,资本成本表现为取得资本使用权所付出的代价。资本成本可以用绝对数表示,也可以用相对数表示。用绝对数表示的资本成本,主要由以下两部分构成。

1. 筹资费用

筹资费用是企业在筹措资本过程中为获得资本而付出的各种费用,如银行借款手续费、股票、债券的发行费等。筹资费用通常在资本筹集时一次性发生,在资本使用过程中不再发生,因此,视为筹资数额的一项扣除。

2. 占用费用

占用费用是指企业在资本使用过程中因占用资本而付出的代价,如向股东支付的股利、向债权人支付的利息等,这是资本成本的主要内容。

二、资本成本的作用

1. 用于投资决策

资本成本是评价投资项目可行性的主要经济标准。在评价任何一个投资项目的经济效益时,均需以资本成本率作为折现率,计算该投资项目未来现金流量的现值,然后与总投资支出的现值相比较。任何投资项目只有其预期的投资收益率超过资本成本率时,该方案在经济上才是可行的;如果它预期的投资收益率不能达到资本成本率,则企业的盈利用以支付资本成本以后将发生亏空,这项方案就应放弃。因此,资本成本是投资项目的"最低收益率",或是判断投资项目的"取舍率"。

2. 用于筹资决策

资本成本是比较筹资方式,拟定筹资方案的依据。在不同的资金来源和不同的筹资方式下,资本成本各不相同。为了以较少的支出取得企业所需资金,就必须分析各种资本成本的高低,并进行合理配置,使资本成本降到最低。

3. 用于营运资本管理

在管理营运资本方面,资本成本可以用来评估营运资本投资政策和营运资本筹资政策。例如,当流动资产的资本成本提高时,应当适当减少营运资本投资额,并采用相对激进的筹资政策。决定存货的采购批量、制定销售信用政策和决定是否赊购等,都需要使用资本成本作为重要依据。

4. 用于业绩评价

资本成本是投资人要求的报酬率,与公司实际的投资报酬率进行比较可以评价公司的业绩。只有公司的实际投资报酬率高于资本成本,才能给公司带来剩余收益。

三、资本成本的影响因素

在市场经济环境中,多方面因素的综合作用决定着企业资本成本的高低,其中主要有:利率、市场风险、税率、资本结构、股利政策和投资政策。这些因素发生变化时,就需要调整资本成本。

(一) 外部因素

1. 利率

市场利率上升,公司的债务成本会上升,因为投资人的机会成本增加了,公司筹资时必须付给债权人更多的报酬。根据资本资产定价模型,利率上升也会引起普通股和优先股成本的上升。个别公司无法改变利率,只能被动接受。资本成本上升,投资的价值会降低,抑制公司的投资。利率下降,公司资本成本也会下降,会刺激公司的投资。

2. 市场风险溢价

市场风险溢价由资本市场上的供求双方决定,个别公司无法控制。根据资本资产定价模型,市场风险溢价会影响股权成本。

3. 税率

税率是政府政策,个别公司无法控制。税率变化直接影响税后债务成本以及公司加权平均资本成本。此外,资本性收益的税务政策发生变化,会影响人们对于权益投资和债务投资的选择,并间接影响公司的最佳资本结构。

(二) 内部因素

1. 资本结构

在计算加权平均资本成本时,假定公司的目标资本成本已经确定。企业改变资本结构时,资本成本会随之改变。增加债务的比重,会使平均资本成本趋于降低,同时会加大公司的财务风险。财务风险的提高,又会引起债务成本和股权资本上升。因此,公司应适度负债,寻求资本成本最小化的资本结构。

2. 股利政策

股利政策影响净利润中分配给股东的比例。根据股利折现模型,它是决定股权成本的因素之一。公司改变股利政策,就会引起股权成本的变化。

3. 投资政策

公司的资本成本反映现有资产的平均风险。如果公司向高于现有资产风险的新项目大量投资,公司资产的平均风险就会提高,并使得资本成本上升。因此,公司投资政策发生变化时资本成本就会发生变化。

任务处理

一、个别资本成本的计算

个别资本成本,是指各种筹资方式的成本,主要包括长期借款资本成本、公司债券资本成本、普通股资本成本、优先股资本成本和留存收益成本等。其中,前两种为债务资本成本,后三种为权益资本成本。

(一) 资本成本计算的基本模式

为了便于分析比较，资本成本通常用不考虑货币时间价值的一般通用模式。资本成本可以用绝对数表示，也可用相对数表示。在财务管理中，一般是用相对数表示，即表示为资本占用费用与筹得的资本净额（即筹资总额扣除筹资费用后的差额）的比率。其计算公式为：

$$K = \frac{D}{P - F} \text{ 或者 } K = \frac{D}{P(1-f)}$$

或：

$$资本成本 = \frac{年资金占用费}{筹资总额 - 筹资费用} = \frac{年资金占用费}{筹资总额 \times (1 - 筹资费用率)}$$

式中：K 为资本成本，以百分率表示；D 为用资费用；P 为筹资数额；F 筹资费用；f 为筹资费用率，即筹资费用与筹资数额的比率。

> 筹资费用通常是在筹资时一次性发生的，因此，在计算资本成本时可作为筹资本金的一项扣除。

小提示

(二) 个别资本成本的计算

1. 长期借款资本成本的计算

长期借款资本成本是指借款利息和筹资费用。长期借款的利息可在税前扣除，具有抵税作用。其成本的计算公式为：

$$K_l = \frac{I \cdot (1-T)}{L \cdot (1-f)} = \frac{L \cdot i \cdot (1-T)}{L \cdot (1-f)} = \frac{i \cdot (1-T)}{1-f}$$

式中：K_l 为长期借款资本成本；I 为长期借款年利息；T 为所得税税率；L 为长期借款筹资总额；i 为长期借款利率；f 为长期借款筹资费用率。

长期借款的筹资费用主要是银行借款手续费，通常很低，因此，上式中的 f 可以忽略不计，则上式可进一步简化为：

$$K_l = i \cdot (1-T)$$

【例 4-5】羽裳公司从银行获得一笔 5 年期长期借款，借款金额为 200 万元，年利率为 10%，每年付息一次，到期还本，筹资费率为 0.3%，企业所得税税率为 25%。该项长期借款的资本成本为：

$$K_l = \frac{200 \times 10\% \times (1-25\%)}{200 \times (1-0.3\%)} = 7.52\%$$

2. 公司债券资本成本的计算

公司债券资本成本主要是债券利息和筹资费用。由于债券利息在税前支付，具有抵税效应，所以债券利息的处理与长期借款利息相同。发行债券的筹资费用一般较高，这类费用包括申请发行债券的手续费、债券注册费、印刷费、上市费以及推销费用等，必须予以考虑。其计算公式为：

$$K_b = \frac{I \cdot (1-T)}{B \cdot (1-f)} = \frac{B \cdot i \cdot (1-T)}{B \cdot (1-f)} = \frac{i \cdot (1-T)}{1-f}$$

式中：K_b 为债券资本成本；I 为债券利息；T 为所得税税率；B 为债券筹资总额；i 为债券利率；f 为债券筹资费用率。

由于债券可以溢价或折价发行，为了更精确地计算资本成本，上式中的债券筹资总额应以实际发行价格作为债券筹资金额。同时，由于公司支付给债券持有者的利息是按票面金额乘以票面利率计算的，所以不管实际发行价格为多少，筹资公司的债券利息不变。

【例4-6】羽裳公司发行一笔期限为5年的债券，债券总面额为100万元，发行价格为110万元，票面利率为12%，每年支付一次利息，发行费用率为3%，所得税税率为25%，请计算该笔债券的资本成本。

$$K_b = \frac{100 \times 12\% \times (1-25\%)}{110 \times (1-3\%)} = 8.43\%$$

3. 普通股资本成本的计算

普通股资本成本包括每年向股东支付的股利和发生的筹资费用。由于各期股利不一定固定，随着企业各期收益波动，普通股的资本成本只能按折现模式计算，并假定各期股利的变化具有一定的规律性。股利折现法是一种将未来的股利收益折为现值，以确定其资本成本的方法。在具体股利政策下，可以得到简化的应用公式。

（1）股利估价模型。该模型通过股利折现来估算股票价格，从而测算普通股成本。因为股权资本是可以长期使用，无到期日的，所以，普通股的股利估价模型可表示如下：

$$P = \sum_{t=1}^{n} \frac{D_t}{(1+K)^t}$$

式中：P 为普通股股价；D_t 为普通股股利；K 为折现率。

按照该方法测算的普通股成本即为当普通股股利的现值之和等于普通股市价时的折现率，但由于公司每年的股利可能不一样，所以根据不同的股利政策，上述模型可以简化为固定股利模型和固定增长股利模型。

（2）固定股利模型。若公司实行固定股利政策，即公司每年的股利是一定的，则普通股资本成本的计算公式为：

$$K_s = \frac{D}{P(1-f)}$$

式中：K_s 为普通股资本成本；P 为普通股发行价格；f 为普通股筹资费用率；D 为年固定股利。

【例4-7】假设羽裳公司拟发行一批普通股，发行价格为18元，每股发行费用为1.5元，预定每年派发现金股利1.1元，试测算其资本成本率。

$$K_s = \frac{1.1}{18-1.5} \times 100\% = 6.67\%$$

（3）固定增长股利模型。若公司发放的股利以固定的年增长率递增，则普通股资本成本的计算公式为：

$$K_s = \frac{D_1}{P(1-f)} + g$$

式中：K_s 为普通股资本成本；D_1 为预期第一年普通股股利；P 为普通股筹资总额；f 为普通股筹资费率；g 为普通股年股利增长率。

要注意区分 D_0 和 D_1：D_0 是估价时点已经支付的股利；D_1 是估价时点后第一期的股利。

【例 4-8】 假设羽裳公司发行普通股，每股市价为 20 元，发行费用率为 5%。本年每股发放股利为 2 元，预计年增长率为 8%。要求根据以上资料，计算普通股资本成本。

$$K_s = \frac{2 \times (1+8\%)}{20 \times (1-5\%)} + 8\% = 19.37\%$$

（4）资本资产定价模型。根据公司股票收益率与市场收益率的相关性，资本成本还可以按资本资产定价模型进行估计。假定资本市场有效，股票市场价格与价值相等。假定无风险报酬率为 R_f，市场平均报酬率为 R_m，某股票贝塔系数 β，则普通股资本成本为：

$$K_s = R_f + \beta(R_f - R_m)$$

【例 4-9】 假设羽裳公司普通股 β 为 1.5，此时 1 年期国债利率为 5%，市场平均报酬率为 15%，则该普通股资本成本为：

$$K_s = 5\% + 1.5 \times (15\% - 5\%) = 20\%$$

4. 优先股资本成本的计算

优先股资本成本是优先股股东要求的必要报酬率。优先股资本成本包括优先股股息和发行费用。优先股股息通常是固定的，先于普通股股利派发。

优先股资本成本的计算公式如下：

$$K_s = \frac{D}{P(1-f)}$$

式中：K_s 为优先股资本成本；P 为优先股发行价格；f 为优先股筹资费用率；D 为优先股年固定股息。

【例 4-10】 某上市公司发行面值为 100 元的优先股，规定的年股息率为 9%。该优先股溢价发行，发行价格为 120 元；发行时筹资费用率为发行价格的 3%。则该优先股的资本成本率为：

$$K_s = \frac{100 \times 9\%}{120 \times (1-3\%)} \approx 7.73\%$$

可见，该优先股票面股息率为 9%，但实际资本成本率只有 7.73%，主要原因是该优先股溢价 1.2 倍发行。

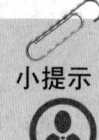

根据我国 2014 年起施行的《优先股试点管理办法》：我国目前的优先股只能是每股票面金额为 100 元、不可转换优先股、累积优先股、非参与优先股、固定股息率优先股、强制分红优先股。

5. 留存收益资本成本的计算

企业将一部分税后利润以盈余公积或未分配利润等形式留存在企业，作为生产经营资本使用，这部分资本称为留存收益。留存收益相当于股东把原本可以分得的股利继续投资给了企业，如果留存收益的收益率高于股东将这笔资本投资于其他项目的收益率，企业就应该保留留存收益，否则，则不应该保留留存收益。所以留存收益的成本实际上是一种机会成本。

股东愿意放弃一定的股利而对企业进行再投资，意味着期望将来获得更多的股利，即要求与直接购买股票的投资者取得同样的收益。因此，企业使用这部分资金的最低成本与普通股资本成本相同，唯一的差别就是留存收益是没有筹资费用。所以，留存收益成本可以参照普通股资本成本的固定股利模型和固定增长股利模型来计算，但需要调整筹资费的影响。即：

（1）固定股利模型。

$$K_e = \frac{D}{P}$$

式中：K_e 为留存收益资本成本；P 为普通股发行价格；D 为年固定股利。

【例 4 – 11】沿用【例 4 – 7】的资料，假设羽裳公司的税后利润发放股利之后，留存公司，则公司留存收益的资本成本为：

$$K_e = \frac{1.1}{18} \times 100\% = 6.11\%$$

（2）固定增长股利模型

$$K_e = \frac{D_1}{P} + g$$

式中：K_e 为普通股资本成本；D_1 为预期第一年普通股股利；P 为普通股筹资总额；g 为普通股年股利增长率。

【例 4 – 12】沿用【例 4 – 7】的资料，假设羽裳公司的税后利润发放股利之后，留存公司，则公司留存收益的资本成本为：

$$K_e = \frac{2 \times (1 + 8\%)}{20} + 8\% = 18.80\%$$

二、加权平均资本成本的计算

如前所述，企业可以通过多种渠道、采用多种方式来筹集资本，其筹资成本各不相同，而企业的资本往往不可能是单一形式的，需要将各种筹资方式进行组合。为了正确进行筹资和投资决策，必须计算企业的加权平均资本成本。

加权平均资本成本是以各种资本所占的比重为权数，对各种资本成本进行加权平均计算出来的，也称为综合资本成本。加权平均资本成本的计算公式为：

$$K_w = \sum_{j=1}^{n} K_j W_j$$

式中：K_w 为加权平均资本成本；K_j 为第 j 种资本的成本；W_j 为第 j 种资本占总资本的比例。

【例4-13】羽裳公司共有长期资本2 000万元,其中长期借款200万元,公司债券300万元,普通股1 000万元,留存收益500万元,各种资本的成本分别为:长期借款资本成本为6%,公司债券资本成本为9%,普通股资本成本为15.5%,留存收益资本成本为15%。要求根据以上资料,计算该公司的加权平均资本成本。

$$K_w = \frac{200}{2\,000} \times 6\% + \frac{300}{2\,000} \times 9\% + \frac{1\,000}{2\,000} \times 15.5\% + \frac{500}{2\,000} \times 15\% = 13.45\%$$

上述计算中的个别资本占全部资本的比重,即资本价值权数,可以按账面价值确定的,也可以按照市场价值或目标价值确定。

1. 账面价值权数

账面价值权数是以各项个别资本的会计报表账面价值来计算资本权数,确定各类资本占总资本的比重。其优点是:可以直接从资产负债表中获取相关数据,计算结果比较稳定。其缺点是:当资本的账面价值与市场价值差别较大时,如股票、债券的市场价格发生较大变动,计算结果会与实际有较大的差距,从而误导筹资决策。

2. 市场价值权数

市场价值权数是以个别资本的现行市价为基础来计算资本权数,确定各类资本占总资本的比重。其优点是:能够反映现时的资本成本水平,有利于进行资本结构决策。其缺点是:现行市价处于经常变动中,不容易取得,而且现行市价反映的只是现时的资本机构,不适用未来的筹资决策。

3. 目标价值权数

目标价值权数是以各项个别资本预计的未来价值为基础来计算资本权数,确定各类资本占总资本的比重。目标价值是目标资本结构要求下的产物,是公司筹措和使用资金对资本结构的一种要求。对于公司筹措新资金,需要反映期望的资本结构来说,目标价值是有益的,适用于未来的筹资决策,但目标价值确定难免具有主观性。

【例4-14】假设羽裳服装公司本年末长期资本账面总额为1 000万元,其中:银行长期贷款400万元,占40%;长期债券150万元,占15%;股东权益450万元(共200万股,每股面值1元,市价8元),占45%。个别资本成本分别为:5%、6%、9%。分别按账面价值和市场价值确定该公司的加权平均资本成本。

(1)按账面价值计算。

$$K_s = 5\% \times 40\% + 6\% \times 15\% + 9\% \times 45\% = 6.95\%$$

(2)按市场价值计算。

长期贷款、长期债券、股东权益所占资本比重分别为:

$$\frac{400}{400+150+1\,600} = 18.60\%$$

$$\frac{150}{400+150+1\,600} = 6.98\%$$

$$\frac{1\,600}{400+150+1\,600} = 74.42\%$$

$$K_s = 5\% \times 18.60\% + 6\% \times 6.98\% + 9\% \times 74.42\% = 8.05\%$$

三、边际资本成本的计算

边际资本成本是企业追加筹资的成本。企业的个别资本成本和加权平均资本成本，是企业过去筹集的单项资本的成本和目前使用全部资本的成本。企业在追加筹资时，要考虑新筹集资本的成本，即边际资本成本，它是企业追加筹资的决策依据。筹资方案组合时，边际资本成本的权数采用目标价值权数。

【例4-15】假设羽裳服装公司设定的目标资本结构为：银行借款20%、公司债券15%、股东权益65%。现拟追加筹资300万元，按此资本结构来筹资。个别资本成本预计分别为：银行借款7%、公司债券12%、股东权益15%。追加筹资300万元的边际资本成本如表4-5所示。

表4-5 边际资本成本计算表

资本种类	目标资本结构	追加筹资额（万元）	个别资本成本	边际资本成本
银行借款	20%	60	7%	1.4%
公司债券	15%	45	12%	1.8%
股东权益	65%	195	15%	9.75%
合计	100%	300	—	12.95%

知识拓展：资本成本计算——贴现模式

对于金额大、时间超过1年的长期资本，更为准确一些的资本成本计算方式是采用贴现模式，即将债务未来还本付息或股权未来股利分红的贴现值与目前筹资净额相等时的贴现率作为资本成本。即：

由：筹资净额现值 - 未来资本清偿额现金流量现值 = 0

得：资本成本 = 所采用的贴现率

例如，融资租赁各期的租金中，包含每期偿还的本金和各期手续费（即租赁公司的各期利润），其资本成本只能按贴现模式计算。

【例4-16】羽裳公司2018年1月1日从租赁公司租入一套设备，价值60万元，租期6年，租赁期满时预计残值5万元，归租赁公司。年利率为8%，租赁手续费率每年2%。租金每年年末支付一次，则：

每年租金 = [600 000 - 50 000 × (P/F,10%,6)] / (P/A,10%,6) = 131 283（元）

资本成本的计算为：

600 000 - 50 000 × (P/F, K_b, 6) = 131 283 × (P/A, K_b, 6)

K_b = 10%

任务六
杠杆效应分析

羽裳服装公司的财务经理李先生有着丰富的财务管理经验。2017年，由于服装款式创新不够，销售订单大幅下滑，库存增加，公司经营艰难，为了使公司能够渡过难关，李先生向董事会提出，削减债务规模，避免公司破产。2018年，公司采取不同的促销措施，消化库存；同时开发新的服装品种，加大广告力度，市场份额不断扩大，销量明显上升，公司的抗风险能力日渐增强。李先生向董事会建议，可以适当增加债务规模，获得财务杠杆利益。

请思考：企业为什么会存在杠杆效应？为什么说杠杆效应是一把"双刃剑"？

知识准备

一、息税前利润与边际贡献

杠杆效应分析有两个重要概念：息税前利润和边际贡献。

1. 息税前利润

息税前利润（EBIT），是指支付利息和缴纳所得税之前的利润。在后面的学习中，如无特殊说明，所提到的利润都是指息税前利润。成本按习性进行分类后，息税前利润用下列公式计算：

$$EBIT = S - V - a = px - bx - a = (p-b)x - a$$

式中：$EBIT$ 为息税前利润；S 为销售收入总额；V 为变动成本总额；a 为固定成本总额；p 为销售单价；b 为单位变动成本；x 为销售量。

2. 边际贡献

边际贡献（Tcm），又叫贡献毛益、贡献边际，是指销售收入减去变动成本以后的数额。其计算公式如下：

$$Tcm = S - V = px - bx = (p-b)x = cm \cdot x$$

式中：Tcm 为边际贡献总额；S 为销售收入总额；V 为变动成本总额；p 为销售单价；b 为单位变动成本；x 为产销数量；cm 为单位边际贡献。

引入边际贡献的概念后，上面的息税前利润公式可进一步变化为：

$$EBIT = (p-b)x - a = Tcm - a$$

产品的边际贡献可以理解为产品的销售收入扣除自身的变动成本后给企业所做的贡献，它首先用于弥补企业的固定成本，弥补固定成本后如果还有剩余，即为企业利润，如果不足以弥补，则会发生亏损。

二、盈亏平衡分析

当企业的营业收入总额等于成本总额，边际贡献正好抵偿全部固定成本，息税前利润为零，企业处于不盈不亏的状态，这种特殊的状态称为盈亏临界状态，使企业达到盈亏临界状态的销售量和销售额之点，叫做盈亏平衡点（又叫盈亏临界点）。

即：$EBIT = (p-b)x - a = 0$

盈亏平衡点销售量 $(x_0) = \dfrac{a}{p-b} = \dfrac{a}{cm}$

盈亏平衡点销售额 $(y_0) = px_0$

当企业的销售量大于盈亏平衡点销售量时，企业处于盈利状态，销售量越多，盈利越多；当销售量小于盈亏平衡点销售量时，企业处于亏损状态，销售量越少，亏损额越大。

任务处理

一、经营杠杆效应

在企业经营和理财中，存在着类似于物理学中的杠杆效应，即由于经营方面的固定成本和财务方面的固定费用的存在，当销售量或息税前利润以较小幅度变动时，会使得企业相关的获利指标发生较大幅度的变动，这就是杠杆效应。财务管理中的杠杆效应，包括经营杠杆、财务杠杆和总杠杆三种效应。杠杆效应既可以产生杠杆利益，也可能带来杠杆风险。

（一）经营风险

经营风险是指由于生产经营上的因素的不确定而给息税前利润或资产报酬带来的不确定性。经营风险来源于企业外部条件的变动以及企业内部情况的变动两个方面，它是决定企业资本结构的重要因素。从企业内部情况来看，影响经营风险的因素主要有：

（1）产品需求。市场对企业产品的需求稳定，则经营风险小；反之，经营风险大。

（2）产品售价。产品售价稳定，则经营风险小；反之，经营风险大。

（3）产品成本。产品成本是收入的抵减，成本不稳定，会导致利润不稳定，因此，产品成本变动大，则经营风险大，反之，经营风险小。

（4）调整价格的能力。当产品成本变动时，若企业具有较强的调整价格能力，则经营风险小；反之，经营风险大。

（5）固定成本的比重。在企业全部成本中，固定成本所占比重较大时，单位产品分摊的固定成本额较多，若产品数量发生变动则单位产品分摊的固定成本会随之变动，会导致利润更大的变动,经营风险大;反之,经营风险小。

(二)经营杠杆

在影响经营风险的诸多因素中,固定性经营成本的影响是一个基本因素。在一定的产销量范围内,固定成本总额是不变的,随着产销量的增加,单位固定成本就会降低,从而单位产品的利润提高,营业利润的增长率将大于产销量的增长率;相反,产销量的下降会提高单位产品固定成本,从而单位产品利润减少,营业利润的下降率将大于产销量的下降率。当不存在固定成本时,则营业利润的变动率与产销量的变动率保持一致。这种由于固定成本的存在,产销量一定程度的变动引起营业利润产生更大程度变动的现象被称为经营杠杆效应。固定成本是引发经营杠杆效应的根源。

【例4-17】假设羽裳公司连续三年的销量及利润资料,见表4-6。

表4-6　　　　　　　　　　羽裳公司盈利情况资料　　　　　　　　　　单位:元

项目	第一年	第二年	第三年
销售单价	100	100	100
单位变动成本	60	60	60
单位边际贡献	40	40	40
销售量	10 000	15 000	20 000
边际贡献	400 000	600 000	800 000
固定成本	200 000	200 000	200 000
息税前利润(EBIT)	200 000	400 000	600 000

由表4-6可见,从第一年到第二年,销售量增加了50%,息税前利润增加了100%,从第二年到第三年,销售量增加了33.3%,息税前利润增加了50%。

利用经营杠杆效应,企业适当增加销售量会获得更多的利润。但也必须认识到,当企业遇到不利情况引起销售量下降时,息税前利润会以更大的幅度下降,即经营杠杆效应也会带来经营风险。

经营杠杆效应的程度通常用经营杠杆系数来衡量,它是息税前利润的变动率与销售量(营业收入)变动率之比,用公式表示如下:

$$经营杠杆系数(DOL) = \frac{息税前利润变动率}{销售量变动率} = \frac{\Delta EBIT/EBIT}{\Delta Q/Q}$$

式中:DOL 为经营杠杆系数;$EBIT$ 为变动前息税前利润;$\Delta EBIT$ 为息税前利润变动额;ΔQ 为产销量变动量;S 为变动前产销量。

根据表4-6的资料,可以计算得出:第二年经营杠杆系数为2,第三年经营杠杆系数为1.5。

利用上述 DOL 的定义公式计算经营杠杆系数必须掌握息税前利润变动率与销售量变动率的资料,这是事后反映,不便于利用 DOL 进行预测。为此,我们推导出一个只要用基期数据就可以计算经营杠杆系数的简化公式:

$$DOL = \frac{基期边际贡献}{基期息税前利润} = \frac{Tcm}{Tcm - a} = \frac{EBIT + a}{EBIT}$$

【例4-18】假设羽裳公司2017年实现销售收入为100 000元,其中变动成本率为60%,固定成本总额为20 000元,息税前利润为20 000元。2018年的经营杠杆系数计算如下:

$$DOL = \frac{100\,000 - 100\,000 \times 60\%}{100\,000 - 100\,000 \times 60\% - 20\,000} = 2$$

该系数表示,当企业销售收入增长1倍时,息税前利润将增长2倍;反之,当企业营业收入下降1倍时,息税前利润将下降2倍。一般而言,企业的经营杠杆系数越大,其经营风险就越大。

(三)经营杠杆与经营风险

经营风险是由于生产经营上的因素的不确定而给息税前利润或资产报酬带来的不确定性。经营杠杆放大了市场和生产因素变化对利润波动的影响。经营杠杆系数越高,利润的波动幅度越大,经营风险也就越大。根据经营杠杆系数的简化计算公式,可得出:

$$DOL = \frac{EBIT + a}{EBIT} = 1 + \frac{a}{EBIT}$$

上式表明,在企业不发生经营性亏损、息税前利润为正的前提下,经营杠杆系数最低为1,不会为负数;只要有固定性经营成本存在,经营杠杆系数总是大于1。

从上式可知,影响经营杠杆的因素包括:固定成本的比重和息税前利润水平。其中,息税前利润又受到产品销售数量、销售价格、成本水平(单位变动成本和固定成本总额)的影响。固定成本比重越高、成本水平越高、从销售数量和销售价格水平越低,经营杠杆效应越大,反之亦然。

二、财务杠杆效应

(一)财务风险

财务风险是指由于企业运用了债务筹资方式而产生的丧失偿付能力的风险,而这种风险最终是由普通股股东承担的。企业经常会负债经营,不论经营利润多少,债务利息是不变的。当企业在资本结构增加了债务筹资的比例,固定性筹资成本就会增加,固定的现金流出量相应增加。特别是在利息费用的增加速度超过了息税前利润增加速度的情况下,企业负担的债务成本增加,则净收益就会减少,发生丧失偿债能力的概率增加,导致财务风险增加;反之,当债务资本比率较低时,财务风险就小。

(二)财务杠杆

在一定的息税前利润范围内,债务筹资的利息费用是不变的,随着息税前利润的增加,单位利润所负担的固定性利息费用就会相对减少,从而单位利润可供股东分配的部分会相应增加,普通股股东每股收益(EPS)的增长率将大于营业利润的增长率。反之,当息税前利润减少时,单位利润所负担的固定利息费用就会相应增加,从而单位利润可供股东分配的部分会相应减少,普通股股东每股收益的下降率将大于营业利润的下降率。如果不存在固定利息费用,则普通股股东每股收益的变动率将与息税前利润的变动率保持一致。这种由于固定利息费用的存在,息税前利润的变动引起每股收益产生更大变动程度的现象,被称为财务杠杆效应。固定利息费用是引发财务杠杆效应的根源。

【例4-19】假设羽裳公司每年债务利息100 000元,所得税税率为25%,普通股有100 000股,连续三年普通股每股收益资料如表4-7所示。

表4-7　　　　　　　　　　羽裳公司普通股每股收益资料　　　　　　　　　　单位:元

项目	第一年	第二年	第三年
息税前利润(EBIT)	200 000	400 000	600 000
债务利息	100 000	100 000	100 000
税前利润	100 000	300 000	500 000
所得税	25 000	75 000	125 000
税后利润	75 000	225 000	375 000
普通股每股收益(EPS)	0.75	2.25	3.75

由表4-7可见,从第一年到第二年,EBIT增加了100%,EPS增加了200%;从第二年到第三年,EBIT增加了50%,EPS增加了66.6%。

利用财务杠杆效应,企业适度负债经营,在盈利的条件下可能给普通股股东带来更多的收益。但是也要认识到,当企业遇上亏损或盈利下降时,普通股股东的收益会以更大幅度减少,即财务杠杆效应也会带来财务风险。

财务杠杆效应的大小,可用财务杠杆系数衡量,它是普通股每股收益变动率与息税前利润变动率之比,用公式表示如下:

$$财务杠杆系数(DFL) = \frac{每股收益变动率}{息税前利润变动率} = \frac{\Delta EPS/EPS}{\Delta EBIT/EBIT}$$

式中:DFL为财务杠杆系数;ΔEPS为普通股每股收益变动额;EPS为变动前的普通股每股收益;$\Delta EBIT$为息税前利润变动额;$EBIT$为变动前的息税前利润。

根据表4-8的资料,可以计算得出:第二年财务杠杆系数为2,第三年财务杠杆系数为1.33。

如同经营杠杆一样,上述DFL的定义公式计算财务杠杆系数必须掌握息税前利润变动率与销售量变动率的资料,这是事后反映,不便于利用DOL进行预测。为此,我们也推导出一个只要用基期数据就可以计算财务杠杆系数的简化公式:

$$DFL = \frac{息税前利润}{息税前利润 - 利息} = \frac{EBIT}{EBIT - I}$$

式中:I为债务利息。

【例4-20】羽裳公司全部长期资本为2 500万元,债务资本比例为40%,债务年利率8%,公司所得税税率25%。在息税前利润为400万元时,请计算该公司的财务杠杆系数。

$$DFL = \frac{EBIT}{EBIT - I} = \frac{400}{400 - 2\ 500 \times 40\% \times 8\%} = 1.25$$

计算结果表明:该公司的财务杠杆系数为1.25,这说明当息税前利润增加1%时,每股收益增加1.25%;反之,当息税前利润下降1%时,每股收益下降1.25%,前一种情况表现为财务风险收益,后一种情况表现为财务风险损失。一般而言,企业的财务杠杆系数越大,其财务风险就越大。

(三) 财务杠杆与财务风险

财务杠杆系数揭示了企业的财务风险程度。由于财务杠杆的作用,当企业的息税前利润下降时,企业仍需支付固定利息费用,导致普通股每股收益以更快的速度下降。财务杠杆放大了息税前利润的变化对普通股收益的影响。财务杠杆系数越高,表明普通股收益的波动程度越大,财务风险也就越大。只要固定利息费用存在,财务杠杆系数总是大于1。

由公式可知,影响财务杠杆的因素包括固定利息费用和息税前利润。债务成本比重越高,固定的利息费用支付额越高,息税前利润水平越低,财务杠杆效应越大,反之亦然。

三、总杠杆效应

(一) 总杠杆系数

由于存在固定性经营成本,会产生经营杠杆效应,即产销量的增长会引起息税前利润以更大的幅度增长。由于存在固定资本成本,会产生财务杠杆效应,即息税前利润的增长会引起普通股每股收益以更大的幅度增长。一个企业同时存在固定性经营成本和固定资本成本,那么两种杠杆会共同发生作用,导致产销量的变动使普通股每股收益以更大幅度变动。

总杠杆,又叫联合杠杆或复合杠杆,是指由于固定性经营成本和固定性资本成本的存在,导致普通股每股收益变动率大于产销量变动率的现象。

总杠杆作用的大小可以用总杠杆系数(DTL)表示。总杠杆系数是普通股每股收益变动率相当于产销量变动率的倍数。其定义公式为:

$$DTL = \frac{普通股每股收益变动率}{产销量变动率}$$

依据经营杠杆系数与财务杠杆系数的定义表达式,总杠杆系数可以进一步表达为经营杠杆系数和财务杠杆系数的乘积,反映了企业经营风险与财务风险的组合效果。其计算公式如下:

$$DTL = DOL \times DFL$$

总杠杆系数的计算公式还可以表达为:

$$DTL = \frac{Tcm}{EBIT} \times \frac{EBIT}{EBIT - I} = \frac{Tcm}{EBIT - I}$$

【例4-21】羽裳服装公司有关资料如表4-8所示,可以分别计算2018年经营杠杆系数、财务杠杆系数和总杠杆系数。

(二) 总杠杆与公司风险

公司风险包括企业的经营风险和财务风险。总杠杆系数反映了经营杠杆和财务杠杆之间的关系,用以评价企业的整体风险水平。在总杠杆系数一定的情况下,经营杠杆系

表 4-8　　　　　　　　　　　　　杠杆效应计算表　　　　　　　　　　　　　单位：万元

项目	2017 年	2018 年	变动率
销售额（售价 10 元）	1 000	1 200	20%
边际贡献（单位 4 元）	400	480	20%
固定成本	200	200	—
息税前利润（EBIT）	200	280	40%
利息	50	50	—
利润总额	150	230	53.33%
净利润（税率 20%）	120	184	53.33%
每股净收益（200 万股，元）	0.60	0.92	53.33%
经营杠杆（DOL）			2.000
财务杠杆（DFL）			1.333
总杠杆（DTL）			2.667

数与财务杠杆系数此消彼长。

总杠杆系数对于企业管理层具有重要意义。①在一定的成本结构与融资结构下，当销售量变化时，公司管理层能够对每股收益的影响程度作出判断，估计出销售量变动对每股收益造成的影响。例如，如果一家公司的总杠杆系数为 4，则说明销售量每增长（减少）1 倍，就会造成每股收益增长（减少）4 倍。②根据经营杠杆与财务杠杆之间的关系，管理层可以对经营风险和财务风险进行管理。即为了控制某一总杠杆系数，经营杠杆和财务杠杆可以有很多不同的组合。例如，经营杠杆系数较高的公司可以在较低的程度上使用财务杠杆；经营杠杆系数较低的公司可以在较高的程度上使用财务杠杆。

小知识

（1）一般来说，固定资产比重较大的资本密集型企业，经营杠杆系数高，经营风险大，企业筹资主要依靠权益资本，以保持较小的财务杠杆系数和财务风险。

（2）变动成本比较大的劳动密集型企业，经营杠杆系数低，经营风险小，企业筹资主要依靠债务资本，以保持较大的财务杠杆系数和财务风险。

（3）一般来说，在企业初创阶段，产品市场占有率低，产销业务量小，经营杠杆系数大，此时企业筹资主要依靠权益资本，在较低程度上使用财务杠杆；在企业扩张成熟期，产品市场占有率高，产销业务量大，经营杠杆系数小，此时，企业资本结构中可扩大债务资本，在较高程度上使用财务杠杆。

知识拓展　房地产市场中的杠杆原理

发现杠杆原理的力学家阿基米德曾经说过"给我一个支点，我能撬起整个地球。"这说明如果利用杠杆，找到支点，就能用一个最小的力，把不论怎样重的东西举起来。杠杆原理亦称"杠杆平衡条件"。要使杠杆平衡，作用在杠杆上的两个力（动力点、支点和阻力点）的大小跟它们的力臂成反比。动力×动力臂＝阻力×阻力臂，可以看出，欲使杠杆达到平衡，动力臂是阻力臂的几倍，动力就是阻力的几分之一。

房价上涨的动力主要来自房地产商和购房者的贷款，即动力臂最大。

银行贷款几乎对于每个房地产商开发地产项目是主要资金来源，加上先预售后完工的运作手法，从业主手中得到的预付房款，地产商基本不用自己投多少资金。假设开发商的自有资金比例如果由35%下降至20%，杠杆就由2.9倍上升到5倍。如果投资2.5亿元的楼盘，开发商只要5千万元自有资金。

对于买房者来说，假设首付由40%降到10%，杠杆则由2.5倍增加到10倍。如果上面提到的投资2.5亿元的楼盘销售额为5亿元，那么购房人只要首付5千万元，贷款4亿5千万元。这样，开发商用5千万元撬动了5亿元的销售。对于银行来说，开发商先借了2亿元，买房者又借了4.5亿元，共借出6.5亿元。这种运作的结果是，银行成了最大的风险承担者，可以说是银行自己在玩房地产的泡沫。

资料来源：宗贵升：房地产市场中的杠杆原理，http://new.qq.com/cmsn/20130722/20130722003739。

任务七　资本结构决策

引导案例

2018年，羽裳服装公司市场份额扩大，销量明显上升，公司的抗风险能力日渐增强。公司为了满足扩大经营规模的需要，希望实现500万元的长期资本融资。有两种方案可供选择：一是通过年利率为10%的长期债券融资；二是全部依靠发行普通股股票筹资，按照目前的股价，需增发50万新股。公司预期息税前利润210万元，企业所得税税率为25%。

请思考：采用哪一种筹资方式对公司更有利？

知识准备

一、资本结构的含义

资本结构及其管理是企业筹资管理的核心问题。企业应综合考虑有关影响因素，运用适当的方法确定最佳资本结构，提升企业价值。

资本结构是指企业资本总额中各种资本的构成及其比例关系。筹资管理中，资本结构有广义和狭义之分。广义的资本结构是指全部债务与股东权益的构成比率；狭义的资本结构是指长期负债与股东权益的构成比率，而将短期债务作为营运资金管理。在通常情况下，企业的资本结构仅指狭义上的，即长期债务资本和权益资本的比例。

资本结构是在企业多种筹资方式下筹集资金形成的，各种筹资方式不同的组合决定着企业资本结构及其变化。企业的筹资方式总的来看，分为债务资本和权益资本两大类。权益资本是企业必备的基础资本，因此资本结构问题实际上是债务资本的比例问题，即债务资本在全部资本中所占的比重。

企业利用债务资本进行举债经营有双重作用：一方面可以实现抵税收益，另一方面在增加债务的同时也会加大企业的财务风险。因此，企业资本结构决策的主要内容是权衡债务的收益与风险，确定最佳资本结构。评价企业最佳资本结构的标准应该是既能够提高股权收益或降低资本成本，又能控制风险，最终实现企业价值最大化。

股权收益，表现为净资产报酬率或普通股每股收益；资本成本，表现为企业的平均资本成本。根据资本结构理论，当公司平均资本成本最低时，公司价值最大。所谓最佳资本结构，是指在一定条件下，使企业平均资本成本最低、企业价值最大的资本结构。资本结构优化的目标，是降低平均资本成本或提高普通股每股收益。

从理论上讲，最佳资本结构是存在的，但是，由于企业内部条件和外部环境的影响，伴随着企业管理层的偏好与主观判断，动态地保持最佳资本结构十分困难。因此，在实践中，目标资本结构通常是企业结合自身实际情况进行适度负债经营所确立的资本结构。

二、影响资本结构的因素

1. 企业产品销售的增长情况

企业产品的销售是否稳定对资本结构有重大影响，如果企业的销售很稳定，则盈利就有保障，这样就可以运用较多的负债，既可降低筹资成本，提高企业效益，又不至于出现偿债危机。相反，如果销售不稳定，企业过多地举债将承受很大的风险。

2. 企业的财务状况和信用等级

企业财务状况良好，信用等级高，债权人愿意向企业提供信用，企业容易获得债务资本。相反，如果企业财务状况欠佳，信用等级不高，债权人投资风险大，这样会降低企业获得信用的能力，加大债务资本筹资的资本成本。

3. 企业资产结构

资产结构对企业资本结构的影响主要包括：①拥有大量固定资产的企业，主要通过长期负债和发行股票筹集资金；②拥有较多流动资产的企业，更多依赖流动负债筹资；③资产适用于抵押贷款的企业负债较多；④以研发为主的企业则负债很少。

4. 企业投资人及管理当局的态度

从企业所有者的角度看，如果企业股权分散，企业可能更多地采用权益资本筹资以分散企业风险。如果企业为少数股东控制，股东通常重视控制权问题，为防止控制权稀释，企业一般尽量避免普通股筹资，而是采用债务资本筹资。从企业管理当局的角度看，高负债资本结构的财务风险高，一旦经营失败或出现财务危机，管理当局将面临市场接管的威胁或者被董事会解聘。因此，稳健的管理当局偏好于选择低负债比例的资本结构。

5. 企业的行业特点

企业的行业特点也影响其资金结构，那些资产适宜于作贷款抵押的企业倾向于使用较多的债务。比如，房地产公司的财务杠杆一般都很高，而从事技术研究的企业则使用较少的债务。

6. 所得税税率

债务的利息可以抵税，而股票的股利是在税后利润中支付的，因此，企业所得税税率越高，举债经营的好处就越大。

■ 任务处理

适当利用负债经营可以降低企业资本成本，但当债务比率较高时，财务杠杆利益会被债务成本抵消，企业财务风险加大。因此，企业应确定最佳的债务比率（资本结构），使加权平均资本成本最低，企业价值最大。资本结构决策有不同的方法，常用的方法有资本成本比较法与每股收益无差别点分析法。

一、资本成本比较法

资本成本比较法是指计算可供选择的不同筹资方式组合方案的加权平均资本成本（又叫综合资金成本）并进行比较，以其中资本成本最低的组合为最佳的一种方法。该方法以资本成本的高低作为确定最佳资本结构的唯一标准。

资本成本比较法的操作步骤为：

(1) 确定不同筹资方案的资本结构；
(2) 计算不同方案的资本成本；
(3) 选择资本成本最低的资本结构，即最佳资本结构。

【例 4-22】羽裳公司拟筹建一新子公司，需要投资 5 000 万元，经研究决定，用银行借款、发行债券和发行股票三种方式筹集资金。各种筹资方式的资本成本率分别为 10%、12%、15%，有以下三个方案可供选择：

(1) 借款占 20%，债券占 30%，股票占 50%；
(2) 借款占 30%，债券占 30%，股票占 40%；

(3) 借款占 20%，债券占 40%，股票占 40%。

试分析何种筹资方案资本结构最佳。

首先，计算各方案的加权平均资本成本：

$K_{w1} = 20\% \times 10\% + 30\% \times 12\% + 50\% \times 15\% = 13.1\%$

$K_{w2} = 30\% \times 10\% + 30\% \times 12\% + 40\% \times 15\% = 12.6\%$

$K_{w3} = 20\% \times 10\% + 40\% \times 12\% + 40\% \times 15\% = 12.8\%$

其次，根据计算结果，可以看出方案二的加权平均资本成本最低，因此应选择方案二进行筹资，即企业最佳资本结构是：借款占 30%，债券占 30%，股票占 40%。

二、每股收益无差别点分析法（EBIT—EPS 分析法）

每股收益（EPS）是综合反映企业经营活动和财务活动的业绩指标。公司财务管理的目标之一是实现股东收益的最大化，所以，判断资本结构是否达到最佳，可以通过分析资本结构对每股收益的影响，可以说，能使企业每股收益达到最大的资本结构，就是最佳的资本结构。

每股收益受到经营利润水平、债务资本等因素的影响，分析每股收益与资本结构的关系，可以找到每股收益无差别点。所谓每股收益无差别点，是指不同筹资方式下，每股收益都相等时的息税前利润（EBIT）或业务量水平。根据每股收益无差别点，可以判断在什么样的息税前利润水平或产销量水平下，适于采用何种筹资组合方式，进而确定企业的目标资本结构。

每股收益的计算公式为：

$$EPS = \frac{(EBIT - I) \times (1 - T)}{N}$$

式中：I 为债务利息；T 为所得税税率；N 为普通股股数。

如果用 EPS_1 和 EPS_2 分别表示两个不同融资方案的每股收益，那么在每股收益无差别点上，有 $EPS_1 = EPS_2$，即：

$$\frac{(EBIT - I_1) \times (1 - T)}{N_1} = \frac{(EBIT - I_2) \times (1 - T)}{N_2}$$

将两种资本结构对应的利息额、普通股股数和所得税代入上式，就可以得到使两种筹资方式的 EPS 相等的息税前利润的水平（EBIT），即每股收益无差异点。

每股收益无差别点的息税前利润（EBIT）计算出来以后，可以与预期的息税前利润进行比较，据以选择筹资方式。当预期的息税前利润大于每股收益无差别点息税前利润时，应采用债务资本筹资方式；当预期的息税前利润小于每股收益无差别点息税前利润时，应采用权益资本筹资方式。

【例 4-23】假设羽裳公司原有资本 4 000 万元，其中债务资本 1 000 万元，债务年利息 100 万元，普通股资本 3 000 万元（150 万股）。由于业务需要，企业需融资 1 000 万元，融资后，企业的年息税前利润将达到 700 万元，企业的所得税税率为 25%。为了筹集所需的 1 000 万元，企业可以选用的融资方案有两个：

(1) 全部采用发行普通股方式，增发 50 万股，每股 20 元；

(2) 全部采用借入长期债务方式，年利率 10%，年利息 100 万元。

要求：根据以上资料，运用每股收益无差别点法作出资本结构决策。

解：将上述资料的数据代入前面的公式，可得：

$$\frac{(EBIT-100)\times(1-25\%)}{200}=\frac{(EBIT-200)\times(1-25\%)}{150}$$

解此等式，可得：$EBIT=500$（万元）

将该结果代入上式可得每股收益无差别点法的每股收益（EPS）为 1.5 元。

绘制 EBIT – EPS 分析图（如图 4 – 1 所示）。

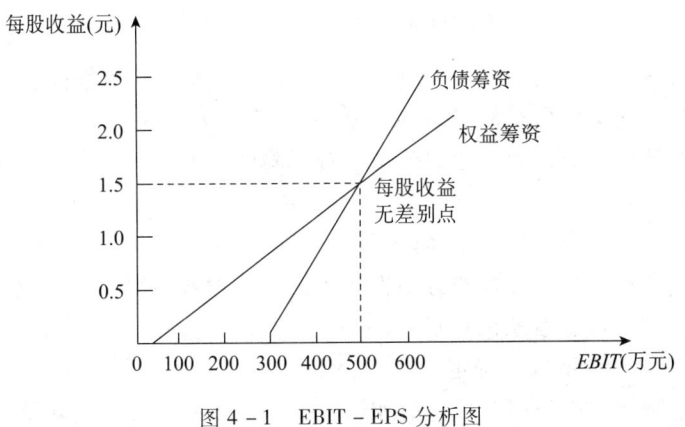

图 4 – 1　EBIT – EPS 分析图

从图中可以看出，当 EBIT 等于 500 万元时，两种筹资方式的 EPS 相等；当 EBIT 大于 500 万元时，运用债务筹资能够获得更高的 EPS；当 EBIT 小于 500 万元时，运用权益筹资可以获得更高的 EPS。上例中，公司融资后的息税前利润可以达到 700 万元，所以应采用债务融资的方案，即方案二。

三、公司价值分析法

1. 公司价值分析法的含义

公司价值分析法是在充分反映公司财务风险的前提下，以公司价值的大小作为标准，经过测算确定最佳资本结构的方法。与资产成本比较法和每股收益无差别点分析法相比，公司价值分析法充分考虑了公司的财务风险和资本成本等因素的影响。进行资本结构的决策以公司价值最大化为标准，更符合公司价值最大化的财务目标。但是其测算原理和测算过程较为复杂，适用于资本规模较大的上市公司。

2. 公司价值的测算

关于公司价值包括的内容有不同的观点，其中较为客观合理的观点是：公司价值等于其长期债务和股票的折现价值之和。根据这种观点，公司价值可用公式表示为：

$$V=B+S$$

式中，V 表示公司的总价值，即公司的折现价值；B 表示公司长期债务的折现价值；S 表示公司股票的折现价值。

为测算简化起见，设长期债务（含长期借款和长期债券）的现值等于其面值（或本金）；股票的现值按公司未来净收益的折现价值进行测算，其测算公式如下。

$$S = \frac{(EBIT - I)(1 - T)}{K_S}$$

式中，$EBIT$ 表示公司未来的年息税前利润；I 表示公司长期债务年利息；T 表示公司所得税税率；K_S 表示公司股票资本成本率。

3. 公司资本成本率的测算

在公司价值测算的基础上，如果公司的全部长期资本由长期债务和普通股组成，则公司的全部资本成本率即综合资本成本率可按下列各式测算：

$$K_W = K_B \cdot \frac{B}{V}(1 - T) + K_S \cdot \frac{S}{V}$$

式中，K_W 表示公司综合资本成本率；K_B 表示公司长期债务税前资本成本率，可按公司长期债务年利率计算；K_S 表示公司普通股资本成本率；其他符号含义同前。

在上述测算公式中，为了考虑公司筹资风险的影响，普通股资本成本率可用资本资产定价模型来测算：

$$K_S = R_f + \beta(R_m - R_f)$$

式中，K_S 表示普通股投资的必要报酬率，即公司普通股的资本成本率；R_f 表示无风险报酬率；R_m 表示所有股票的市场报酬率。

4. 公司最佳资本结构的确定

运用上述原理测算公司的总价值和综合资本成本率，并以公司价值最大化为标准比较公司的最佳资本结构。

【例 4 – 24】假设羽裳服装公司现有长期资本全部为普通股成本，无长期债务资本和优先股资本，账面价值为 20 000 万元。公司认为这种资本结构不合理，没有发挥财务杠杆的作用，准备举借长期债务回购部分普通股予以调整。公司预计息税前利润为 5 000 万元，假定公司所得税税率为 25%。经测算，目前的长期债务年利率和普通股资本成本率如表 4 – 9 所示。

表 4 – 9　羽裳公司在不同长期债务规模下的债务年利率和普通股资本成本率测算表

B（万元）	K_B（%）	β	R_f（%）	R_m（%）	K_S（%）
0	—	1.20	10	14	14.80
2 000	10	1.25	10	14	15.00
4 000	10	1.30	10	14	15.20
6 000	12	1.40	10	14	15.60
8 000	14	1.55	10	14	16.20
10 000	16	2.10	10	14	18.40

在表 4 – 9 中，当 $B = 2\,000$ 万元时，$\beta = 1.25$，$R_f = 10\%$，$R_m = 14\%$ 时，则：

$$K_S = 10\% + 1.25 \times (14\% - 10\%) = 15.00\%$$

其余同理计算。

根据表 4 – 9 的资料，运用前述公司价值和公司资本成本率的测算方法，可以测算在不同长期债务规模下的公司价值和公司资本成本率，如表 4 – 10 所示，可以比较确定公司的最佳资本结构。

表 4-10　羽裳公司在不同长期债务规模下的公司价值和资本成本率测算表

B（万元）	S（万元）	V（万元）	K_B（%）	K_S（%）	K_W（%）
0	25 337.84	25 337.84	0	14.80	14.80
2 000	24 000.00	26 000.00	10	15.00	14.42
4 000	22 697.37	26 697.37	10	15.20	14.05
6 000	20 576.92	26 576.92	12	15.60	14.11
8 000	17 962.96	25 962.96	14	16.20	14.44
10 000	13 858.70	23 858.70	16	18.40	15.72

在表 4-10 中，当 $B=4\,000$ 万元，$K_B=10\%$，$K_S=15.20\%$，$EBIT=5\,000$ 万元时，则有

$$S = \frac{(5\,000 - 4\,000 \times 10\%) \times (1 - 25\%)}{15.20\%} = 22\,697.37 \text{（万元）}$$

$V = 4\,000 + 22\,697.37 = 26\,697.37$（万元）

此时

$$K_W = 10\% \times \frac{4\,000}{26\,697.37} \times (1 - 25\%) + 15.20\% \times \frac{22\,697.37}{26\,697.37} = 14.05\%$$

其余同理计算。

由表 4-10 可以看出，在没有长期债务资本的情况下，公司的价值就是其原有普通股资本的价值，即 $V=S=25\,337.84$ 万元。当公司利用长期债务资本部分替换普通股资本时，公司的价值开始上升，同时公司的资本成本率开始下降；直到长期债务资本达到 4 000 万元时，公司的价值最大，为 26 697.37 万元，同时公司的资本成本率最低，为 14.05%；而当公司的长期债务资本超过 4 000 万元后，公司的价值开始下降，公司的资本成本率同时上升。因此可以确定，当公司的长期债务资本为 4 000 万元时的资本结构为最佳资本结构。

合理的资产结构与资本结构

良好的财务状况是建立在合理的资产与资本结构之上的，国际上通行的比例是：

1. 流动资产∶固定资产，一般是 30%∶70%。
2. 流动资产中存货以外的资产（如现金、应收账款等）∶存货，一般是 30%∶70%。
3. 总负债∶权益资本，一般是 30%∶70%。
4. 流动负债∶长期负债，一般是 30%∶70%。

这种上细下粗的资产负债表结构被称为（金三角式）资产负债表结构。这种结构既符合财务理论的分析，也符合历史演变的基本规律。以上的 3∶7 原则并不是严格意义上的数字关系，它只是传递一种理财行为的基本原则。

项目小结

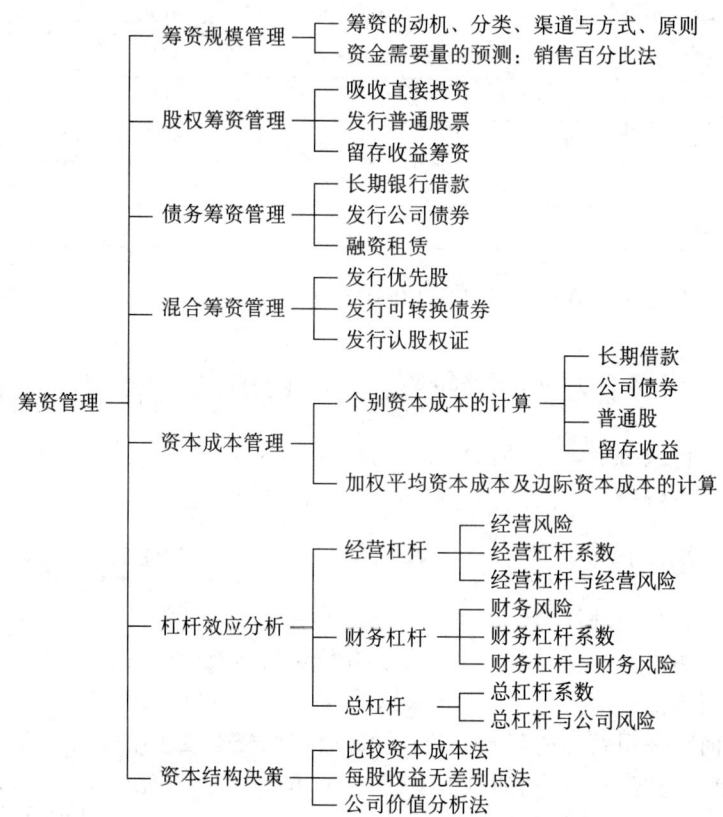

项目五
营运资本管理

 知识学习目标

1. 理解流动资产投资策略和流动资产筹资策略
2. 能分析计算现金、应收账款、存货的成本
3. 能确定企业最佳现金持有量
4. 能结合企业实际选择恰当的信用政策
5. 能灵活进行存货经济订货批量决策

 技能训练目标

1. 能根据企业内外部条件采用不同方式筹集短期资金
2. 培养与银行的沟通协调能力
3. 学会与客户打交道的能力
4. 养成学以致用、理论联系实际、解决企业实际问题的能力

任务一
营运资本策略管理

2018年，羽裳服装公司产销量不断提高，流动资产和流动负债相应增加。为了保证生产和销售的需要，公司认为，要加大现金持有量和存货的库存量；同时，为了降低资金成本，加大短期银行借款的比重，以满足流动资产和部分长期资产的资金需求。财务经理李先生针对此问题，向董事会作了分析，建议采用适中的流动资产投资政策和配合型筹资政策。

请思考：通过本任务的学习，判断该公司采用的投资政策和筹资政策的类型。

知识准备

财务管理可以划分为投资和筹资两个主要方面。前面讨论的投资和筹资是作为长期财务问题讨论的。这里的营运资本管理是短期财务问题,也包括投资和筹资两个方面。短期财务和长期财务的划分,通常以一年为界限。短期财务通常涉及一年或一年以内的现金流入和流出。

营运资本管理是一个越来越受重视的领域,对于企业盈利能力以及生存能力的影响越来越大。财务经理的大部分时间被用于营运资本管理,而非长期决策。营运资本管理涉及企业的所有部门,需要采购、生产、销售等部门的配合与协作。营运资本管理既包括流动资产管理,也包括流动负债管理,前者是对营运资本投资的管理,后者是对营运资本筹资的管理。

一、营运资本的概念

营运资本是指一个企业维持日常经营活动所需要的资本,通常是指流动资产减去流动负债后的差额。用公式表示:

$$营运资本 = 流动资产 - 流动负债$$

当流动资产大于流动负债时,营运资本是正值,表示流动负债提供了部分流动资产的资金来源,另外的部分是由长期资金来源支持的,这部分金额就是营运资本。营运资本也可以理解为长期筹资用于流动资产部分。尽管流动资产和流动负债都是短期项目,但是绝大多数健康运转的企业的营运资本是正值。这说明长期财务和短期财务存在内在联系。

(一)流动资产

流动资产是指可以在1年以内或超过1年的一个营业周期内变现或运用的资产。流动资产具有占用时间短、周转快、易变现等特点。企业拥有较多的流动资产,可在一定程度上降低财务风险。流动资产可按不同的标准进行分类:

(1)按占用形态不同,分为现金、以公允价值计量且其变动计入当期损益的金融资产、应收及预付款项和存货等。

(2)按在生产经营过程中所处的环节不同,分为生产领域的流动资产、流通领域的流动资产和其他领域的流动资产。

(二)流动负债

流动负债是指需要在1年或超过1年的一个营业周期内偿还的债务,又称短期负债。流动负债具有成本低、偿还期短的特点。流动负债可按不同的标准进行分类:

(1)以应付金额是否确定为标准,可分为应付金额确定的流动负债和应付金额不确定的流动负债。应付金额确定的流动负债是指到期必须按确定金额偿还的流动负债,如短期借款、应付票据、应付短期融资券等。应付金额不确定的流动负债是指需要根据企业生产经营状况，到一定时期或具备一定条件时才能确定的流动负债，或应付金额需要估计的流动负债，如应交税费、应付产品质量担保债务等。

（2）以流动负债的形成情况为标准，可以分为自发性流动负债和人为性流动负债。自发性流动负债是指不需要正式安排，由于结算程序或有关法律法规的规定等原因在经营活动中自发形成的，不需要支付利息，虽然需要偿还，但是新的自发性负债会不断出现，具有不断继起、滚动存在的长期性，因此可被视为一项长期资金来源，如应付职工薪酬、应交税费、应付账款等。人为性流动负债是指企业根据短期资金需求情况，人为安排所形成的流动负债。

二、营运资本的特点

（一）营运资本的来源具有灵活多样性

与筹集长期资本相比，企业筹集营运资本的方式较为灵活多样。如有银行短期借款、商业信用、应交税费、应付职工薪酬、预收账款等多种内外部融资方式。

（二）营运资本的数量具有波动性

流动资产的数量会随企业内外部条件的变化而变化，时高时低，起伏不定，季节性企业在这点上表现尤其突出。随着流动资产数量的变动，流动负债的数量也会发生相应变动。

（三）营运资本的周转具有短期性

企业占用在流动资产上的资本，通常会在一年或一个营业周期内收回，因此，企业可以用商业信用、银行短期借款等短期筹资方式来解决资本需求。

（四）营运资本的实物形态具有变动性和易变现性

企业营运资本的实物形态是经常变化的，一般按照现金、材料、在产品、产成品、应收账款、现金的顺序转化。此外，短期投资、应收账款、存货等流动资产一般具有较强的变现能力，如果企业出现资金周转不灵、现金短缺时，便可迅速变卖这些资产，以获取现金。

三、营运资本的管理原则

（一）保证合理的资金需求

企业应合理确定营运资金的需要数量。企业营运资金的需要数量与企业生产经营活动有直接关系。一般情况下，当企业产销两旺时，流动资产和流动负债相应增加；而当企业产销量下降时，流动资产和流动负债会相应减少。营运资本的管理要把满足正常合理的资金需求作为首要任务。

（二）提高资金使用效率

提高资金使用效率要求采取有力措施，缩短营业周期，加速变现过程，加快营运资金周转。因此，企业要加速存货、应收账款等流动资产的周转速度，用有限的资金，获得更好的经济效益。

(三) 节约资金使用成本

企业要在保证生产经营需要的前提下,尽力降低资金使用成本。一方面,要挖掘资金潜力,盘活全部资金;另一方面,积极拓展融资渠道,筹措低成本资金。

(四) 保持足够的短期偿债能力

合理安排流动资产与流动负债的比例关系,保持流动资产结构与流动负债结构的适配性,保证企业有足够的短期偿债能力。流动资产、流动负债以及二者之间的关系能较好地反映企业的短期偿债能力。流动负债是在短期内需要偿还的债务,而流动资产是在短期内可以转化为现金的资产。因此,如果一个企业的流动资产过多,流动负债比较少,说明企业的短期偿债能力较强;反之,则说明短期偿债能力较弱。但如果企业的流动资产过多,流动负债太少,也不是正常现象,这可能是因流动资产闲置或流动负债利用不足所致。

■ 任务处理

财务管理人员在营运资本管理中应该做出两个决策:一是企业需要拥有多少流动资产;二是如何为需要的流动资产融资。在实践中,这两项决策一般同时进行,且相互影响。

一、流动资产投资策略

流动资产投资策略,是指如何确定流动资产投资的相对规模。流动资产的相对规模,通常用流动资产占总收入的比率来衡量。它是流动资产周转率的倒数,也称 1 元销售占用流动资产。

$$流动资产/收入比率 = \frac{流动资产}{销售收入} = 1 元销售占用流动资产$$

宽松的流动资产投资策略,要求保持较高的流动资产/收入比率;严紧的流动资产投资策略,要求保持较低的流动资产/收入比率。该比率的变化,可以反映流动资产投资策略的变化。

(一) 适中的流动资产投资策略

在销售额不变的情况下,企业安排较少的流动资产投资,可以缩短流动资产周转天数,节约投资成本。但是,投资不足可能会引发经营中断,增加短缺成本。企业为了减少经营中断的风险,就会安排较多的营运资本投资,这样又会延长流动资产周转天数。同时,投资过量会出现闲置的流动资产,浪费了投资,增加了持有成本。因此,需要权衡得失,确定其最佳投资需要量。也就是短缺成本和持有成本之和最小化的投资额。

1. 短缺成本

短缺成本是指随着流动资产投资水平降低而增加的成本。

例如，因投资不足发生现金短缺，需要出售有价证券并承担交易成本；出售有价证券不足以解决问题时，需要紧急借款并承担较高的利息；借不到足够的款项就要违约并承担违约成本，或者被迫紧急抛售存货并承担低价出售损失。

2. 持有成本

投资过度需要承担额外的持有成本。流动资产持有成本是指随着流动资产投资上升而增加的成本。持有成本主要是与流动资产相关的机会成本。这些投资如果不用于流动资产，可用于其他投资机会并赚取收益。这些失去的收益，就是流动资产投资的持有成本。

3. 最优投资规模

流动资产最优投资规模，取决于持有成本和短缺成本总计的最小化。企业持有成本随筹资规模而增加，短缺成本随投资规模而减少，在两者相等时达到最佳投资规模。如图 5-1 所示。

这里的流动资产通常只包括生产经营过程中生产的存货、应收账款以及现金等生产型流动资产，不包括股票、债券等有价证券等金融资产性流动资产。

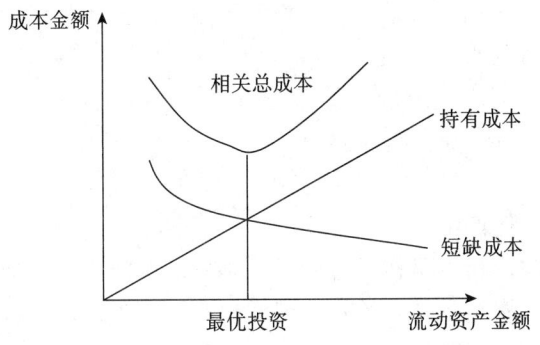

图 5-1 最优投资规模

适中的营运资本投资策略，就是按照预期的流动资产周转天数、销售额及其增长、成本水平和通货膨胀等因素确定的最优投资规模，安排流动资产投资。

（二）宽松的流动资产投资策略

宽松的流动资产投资策略，就是企业持有较多的现金和有价证券，充足的存货，提供给客户宽松的付款条件并保持较高的应收账款水平。宽松的流动资产投资策略，表现为安排较高的流动资产/收入比率。

这种政策需要较多的流动资产投资，承担较大的流动资产持有成本，主要是资金的机会成本，有时还包括其他的持有成本。但是，充足的现金、存货和宽松的信用条件，使企业中断经营的风险很小，其短缺成本较小。

（三）紧缩的流动资产投资策略

紧缩的投资策略，就是公司持有尽可能低的现金和小额的有价证券投资；在存货上作少量投资；采用严格的销售信用政策或禁止赊销。紧缩的流动资产投资策略，表现为较低的流动资产/收入比率。

该政策可以节约流动资产的持有成本，例如节约资金的机会成本。与此同时，公司要承担较大的风险，例如经营中断和丧失销售收入等短缺成本。

保守的决策者更倾向于紧缩的流动资产投资策略，而风险承受能力较强的决策者则倾向于宽松的流动资产投资策略。
（1）运营经理和销售经理喜欢高水平的原材料存货或部分产成品存货；
（2）财务管理人员喜欢使存货和应收账款最小化。

二、流动资产筹资策略

流动资产筹资策略，是指在总体上如何为流动资产筹资，采用短期资金来源还是长期资金来源，或者兼而有之。制定流动资产筹资策略，就是确定流动资产所需资金中短期来源和长期来源的比例。流动资产的投资策略，决定了投资的总量；流动资产筹资策略，主要是决定筹资的来源结构。

从最宽松的筹资策略到最严格的筹资策略，大体上可以分为三类：配合型筹资策略、宽松型筹资策略和严格型筹资策略。

（一）配合型筹资策略

配合型筹资策略的特点是指尽可能贯彻筹资的匹配原则，即长期投资由长期资金支持，短期投资由短期资金支持。筹资的匹配原则，不仅适用于流动资金筹集，也适用于长期资本筹集，具有普遍适应性。

按照投资持续时间结构去安排筹资的时间结构，即固定资产用长期资金支持，流动资产用短期资金支持，有利于降低利率风险和偿债风险。

流动资产按照投资需求的时间长短分为两部分：长期性流动资产和临时性流动资产。长期性流动资产是指那些即使企业处于经营淡季也仍然需要保留的、用于满足企业长期、稳定运行的流动资产所需的资金，也被称为永久性流动资产。临时性流动资产是指那些受季节性、周期性影响的流动资产需要的资金，如季节性存货、销售旺季的应收账款等。从投资需求上看，长期性流动资产是长期需求，应当用长期资金支持；临时性流动资产是短期需求，可以用短期资金来源支持。

配合型筹资策略的特点是：对于临时性流动资产，用临时性负债筹集资金，也就是利用短期银行借款等短期金融负债工具取得资金；对于长期性流动资产需求和长期资产，用长期负债和权益资本筹集。

（二）激进型筹资策略

激进型的筹资策略是指短期负债不但满足临时性流动资产的资金需要，还解决部分长期性支持的资金需要。极端激进的筹资策略是全部长期性流动资产都采用短期借款，甚至部分固定资产也采用短期借款。

由于短期负债的资本成本一般低于长期负债和权益资本的资本成本，而激进型筹资策略下短期负债所占比重较大，所以企业的资本成本较低。但是，为了满足长期性资产的长期资金需要，企业必然要在短期负债到期后重新举债或申请债务展期，这样企业便会更为经常地举债和还债，从而加大筹资困难和风险；还可能面临由于短期负债利率的变动而增加企业资本成本的风险。因此，激进型筹资策略是一种收益性和风险性均较高的筹资策略。

（三）保守型筹资策略

保守型筹资策略是指短期负债只满足部分临时性流动资产的资金需要，另一部分临时性流动资产和长期资产，则由长期资金来支持。极端保守的筹资策略完全不使用短期借款，全部资金均来自于长期资金来源。

这种筹资策略下，由于短期负债所占比重较小，企业无法偿还到期债务的风险较低，蒙受短期利率变动损失的风险也较低。但是，因为长期负债资本成本高于短期负债资本成本，以及经营淡季时资金有剩余但仍需负担长期债务利息，从而降低企业的收益。因此，保守型筹资策略是一种风险和收益均较低的筹资策略。

小提示

（1）自发性流动负债、长期负债以及权益资本为筹资的长期来源；临时性流动负债为短期来源。

（2）临时性负债属于短期筹资性负债，筹资风险大，但资本成本低；三种策略中激进型筹资策略的临时性负债比重最大；保守型筹资策略的临时性负债占比重最小。

知识拓展

什么是 CPI

CPI 是居民消费价格指数（Consumer Price Index）的简称。居民消费价格指数，是一个反映居民家庭一般所购买的消费品和服务项目价格水平变动情况的宏观经济指标。它是在特定时段内度量一组代表性消费商品及服务项目的价格水平随时间而变动的相对数，是用来反映居民家庭购买消费商品及服务的价格水平的变动情况。

居民消费价格统计调查的是社会产品和服务项目的最终价格，一方面同人民群众的生活密切相关，同时在整个国民经济价格体系中也具有重要的地位。它是进行经济分析和决策、价格总水平监测和调控及国民经济核算的重要指标，其变动率在一定程度上反映了通货膨胀或紧缩的程度。

任务二 现金管理

实习期结束之后，小于接手出纳工作，负责现金和银行存款管理。财务总监李先生让他运用所学知识，考虑公司正常的生产经营现金需要量以及应付突发事件的现金需要量，运用一定的方法确定公司最佳现金持有量。

请思考：你应如何确定企业的最佳现金持有量吗？

知识准备

现金是指企业在生产经营过程中以货币形态存在的资金，它有广义和狭义之分。狭义的现金仅指库存现金。广义的现金包括库存现金、银行存款和其他货币资金等。这里所指的现金是广义的现金。

一、企业持有现金的动机

企业置存一定数量现金，主要是满足交易性需要、预防性需要和投机性需要。

（一）交易性需要

交易性需要是指满足日常业务的现金支付需要。企业为组织日常生产经营，必须保持一定数量的现金余额，用于购买原材料、支付工资、缴纳税款、偿付到期债务、派发现金股利等。虽然企业在正常生产经营活动中既有现金流入也有现金流出，但现金流入与现金流出不可能做到同步同量。因此，企业持有一定数量的现金余额，才能使正常生产经营不致中断。一般说来，企业为满足交易性需要所持有的现金余额主要取决于企业的销售水平，企业销售扩大，销售额增加，所需现金余额也随之增加。

（二）预防性需要

预防性需要是指企业为应付意外事件而需要保持的现金支付需要。这种意外事件可能是政治环境变化，也可能是主要客户未能及时付款等。企业为了应付意外事件，有必要在正常生产经营活动对现金需求的基础上，追加一定的现金余额，避免意外事件的发生造成的现金短缺。

企业为应付意外事件发生对现金的需要，所持有现金余额主要取决于以下三个方面：①企业对现金流量预测的可靠程度；②企业临时举债能力的强弱；③企业愿意承担风险的程度。企业希望尽可能减少风险的企业倾向于保留大量的现金余额，以应付其交易性需求和大部分预防性需求。另外，企业会与银行维持良好关系，以备现金短缺之需。

（三）投机性需要

投机性需要是指企业为了抓住各种有利可图的投资机会，获取较大利益而保持的现金。比如，在原材料价格较低时大量购入原材料；证券市价较低时购买证券，以期在将来价格上涨时获取高额资本利润。一般来说，除了金融和投资公司以外，其他企业专为投机性需要而特殊置存现金的不多。遇到不寻常的购买机会，也常设法临时筹集资金。

二、现金管理的目标

保持合理的现金持有量是现金管理的重要内容。现金是变现能力最强的资产，可用来满足生产经营开支的各种需要，也是还本付息和履行纳税义务的保证。拥有足够的现金，对于降低企业的风险，增强资产的流动性和债务的可清偿性有着重要意义。

但是，库存现金是唯一不创造价值的资产，即便是银行存款，其利率也非常低。如果企业置存过量现金，则会丧失该部分现金的再投资收益。一般来说，流动性强的资产，其收益性较低。因此，企业应尽可能少地置存现金，避免资金闲置或用于低收益资产而带来的损失。

因此，企业面临着现金不足和现金过量两方面的威胁。企业现金管理的目标，就是要在资产的流动性和盈利能力之间作出抉择，以获取最大的收益。

任务处理

一、最佳现金持有量的确定

确定最佳现金持有量的模式主要有成本分析模式、存货模式和现金周转模式。

（一）成本分析模式

成本分析模式是根据现金持有的有关成本，分析、预测其总成本最低时现金持有量的一种方法。成本分析模式考虑的持有现金的成本项目包括：管理成本、机会成本和短缺成本。

1. 机会成本

机会成本指企业因保留一定现金余额而丧失的再投资收益。现金作为企业的一项资金占用，是有代价的，这种代价就是它的机会成本。现金的流动性极佳，但盈利性极差。持有现金则不能将其投入生产经营活动，失去因此而获得的收益。机会成本在数额上等同资金成本，或用有价证券利息率表示。它属于变动成本，与现金持有量关系密切，即现金持有量越大，机会成本越高；反之就越小，因此它属于决策的相关成本。

2. 管理成本

管理成本是指企业因持有一定数量的现金而发生的管理费用。例如管理人员工资、必要的安全措施费用等。这部分费用具有固定成本的性质，在一定范围内与现金持有量的多少关系不大，是决策无关成本。

3. 短缺成本

短缺成本是指在现金持有量不足，又无法及时通过有价证券变现加以补充而给企业造成的损失，包括直接损失和间接损失。现金的短缺成本随现金持有量的增加而下降，随现金持有量的减少而上升，即与现金持有量呈反方向变动关系。

上述三项成本之和最小的现金持有量，就是最佳现金持有量。管理成本具有固定成本的性质，与现金持有量不存在明显的线性关系；机会成本与现金持有量成正比例变动；短缺成本同现金持有量呈负相关。这些成本同现金持有量之间的关系可以从图5-2反映出来。

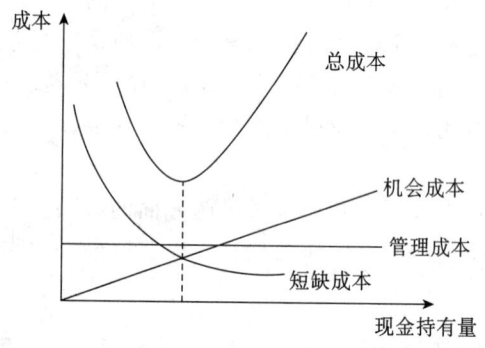

图 5-2 成本分析模式下持有现金的总成本

从上图可以看出，由于各项成本同现金持有量的变动关系不同，使得现金持有总成本呈抛物线形。抛物线的最低点为成本最低点，该点对应的现金持有量便是最佳现金持有量。具体步骤为：

（1）根据不同现金持有量测算并确定有关成本数值；

（2）编制最佳现金持有量测算表；

（3）确定最佳现金持有量。

【例5-1】羽裳公司现有 A、B、C、D 四种现金持有方案，有关成本资料如表5-1所示。

表 5-1   现金持有方案   单位：元

方案	现金持有量	机会成本率	管理成本	短缺成本
A	10 000	10%	1 800	4 300
B	20 000	10%	1 800	3 200
C	30 000	10%	1 800	900
D	40 000	10%	1 800	0

根据表 5-1 编制最佳现金持有量测算表 5-2。

表 5-2   最佳现金持有量测算表   单位：元

方案	现金持有量	机会成本	管理成本	短缺成本	总成本
A	10 000	1 000	1 800	4 300	7 100
B	20 000	2 000	1 800	3 200	7 000
C	30 000	3 000	1 800	900	5 700
D	40 000	4 000	1 800	0	5 800

通过分析比较各方案的总成本可知，C 方案的总成本最低，因此 30 000 元是该企业的最佳现金持有量。

（二）存货模式

存货模式是由美国经济学家威廉·鲍莫尔首先提出的，他认为公司现金持有量在许多方面与存货相似，存货经济定货批量模型可用于确定最佳现金持有量。

企业平时持有较多的现金，会降低现金的短缺成本，但会增加现金占用的机会成本；而平时持有较少的现金，则会增加现金的短缺成本，却能减少现金占用的机会成本。如果企业平时只持有较少的现金，在有现金需要时（如手头的现金用尽），通过出售有价证券换回现金（或从银行借入现金），便能既满足现金的需要，避免短缺成本，又能减少机会成本。因此，适当的现金与有价证券之间的转换，是企业提高资金使用效率的有效途径。这与企业奉行的营运资金政策有关。采用保守型投资政策，保留较多的现金则转换次数少。如果经常进行大量的有价证券与现金的转换，则会加大转换交易成本。因此，如何确定有价证券与现金的每次转换量，是一个需要研究的问题。这可以应用现金持有量的存货模式解决。

企业以有价证券换回现金是要付出代价的（如支付经纪费用），这被称为现金的交易成本。现金的交易成本与现金转换次数、每次的转换量有关。假定现金每次的交易成本是固定的，在企业一定时期内现金使用量确定的前提下，每次以有价证券换回现金的金额越大，企业平时持有的现金量便越高，转换的次数便越少，现金的交易成本就越低；反之，每次转换回现金的金额越低，企业平时持有的现金量便越低，转换的次数会越多，现金的交易成本就越高。可见，现金交易成本与持有量成反比。现金的交易成本与现金的机会成本所组成的相关总成本曲线，如图 5-3 所示。

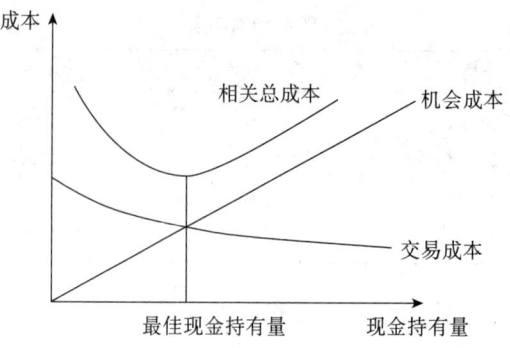

图 5 – 3　存货模式下现金的成本构成

从上图可看出：总成本是一条凹形曲线，受现金持有量的影响。企业持有现金越多，机会成本越高，有价证券的转换次数越少，转换成本越低；反之，持有现金越少，机会成本越低，有价证券的转换次数越多，转换成本越高。可见，机会成本与现金持有量成正比，转换成本与现金持有量呈反比。

最佳现金持有量即现金管理总成本最低的现金持有量。设 T 为一定时期内现金需求总量；F 为每次有价证券转换的交易成本；Q 为最佳现金持有量；K 为持有现金的机会成本率；TC 为持有现金总成本；则：

$$\text{持有现金总成本} = \text{机会成本} + \text{交易成本}$$

其中：机会成本 = 平均现金持有量 × 持有现金的机会成本率 = $\frac{Q}{2} \cdot K$

交易成本 = $\frac{\text{现金需求总量}}{\text{最佳现金持有量}}$ × 每次交易成本 = $\frac{T}{Q} \cdot F$

即：$TC = \frac{Q}{2} \cdot K + \frac{T}{Q} \cdot F$

由图 5 – 3 可见，当机会成本 = 交易成本时，现金相关总成本最低，即：

$$\frac{Q}{2} \cdot K = \frac{T}{Q} \cdot F$$

整理后可得：$Q^2 = \frac{2T \cdot F}{K}$

两边开方可得，最佳现金持有量：$Q = \sqrt{\frac{2TF}{K}}$

有价证券交易次数：$N = \frac{T}{Q}$

相关总成本：$TC = \sqrt{2TFK}$

有价证券交易间隔期 = $\frac{\text{预算期天数}}{\text{交易次数}}$

【例 5 – 2】羽裳公司现金收支平稳，预计全年（按 360 天计算）现金需要量为 360 000 元，现金与有价证券的转换成本为每次 300 元，有价证券年均报酬率为 6%。则：

最佳现金持有量（Q）= $\sqrt{\frac{2 \times 360\,000 \times 300}{6\%}}$ = 60 000（元）

最低现金管理相关总成本 = $\sqrt{2 \times 360\,000 \times 300 \times 6\%}$ = 3 600（元）

现金转换成本 = $\dfrac{360\,000}{60\,000} \times 300$ = 1 800（元）

现金机会成本 = $\dfrac{60\,000}{2} \times 6\%$ = 1 800（元）

有价证券交易次数 = $\dfrac{360\,000}{60\,000}$ = 6（次）

有价证券交易间隔期 = $\dfrac{360}{6}$ = 60（天）

存货模式可以精确地算出最佳现金余额和变现次数，对加强企业现金管理有一定的作用。但这种模式以货币支出均匀发生、现金机会成本和转换成本易于预测为前提条件。因此，企业根据该模式计算出最佳现金持有量之后，还应结合影响现金持有量的各个因素加以调整。

（三）现金周转模式

现金周转模式是根据现金周转期确定企业最佳现金持有量的一种方法。现金周转期是指从用现金购买原材料开始，到销售产品并最终收回现金的整个过程所花费的时间。现金周转期可以让管理者了解到底要花多少时间才能完成一次现金循环，了解营运资金管理是否具有效率。现金周转期越短，企业所需要的现金就越少，资金利用效率越高；反之，现金周转期越长，企业所需要的现金就越多，资金利用效率越低。以图5-4来说明现金周转的过程。

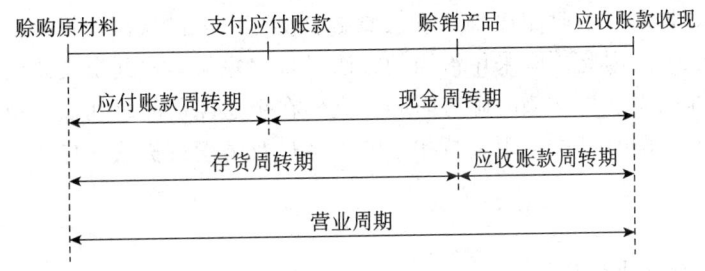

图5-4 营业周期与现金周转期的关系

现金周转期具体包括以下三个方面：①应付账款周转期，是指企业由下单购料至实际支付货款所需要的时间；②存货周转期，是指企业将原材料投入生产转化为产品并出售所需要的时间；③应收账款周转期，是指由赊销产品至应收账款收现所需要的时间。整个营业活动自购买原材料投入生产至应收账款收现所需要的时间即为营业周期。它们之间的关系可以表示为：

营业周期 = 存货周转期 + 应收账款周转期

= 现金周转期 + 应付账款周转期

现金周转期 = 营业周期 − 应付账款周转期

= 存货周转期 + 应收账款周转期 − 应付账款周转期

现金周转模式就是要根据现金的周转速度来确定最佳现金持有量，公式如下：

$$现金周转率 = 360 \div 现金周转期$$

$$最佳现金持有量 = \frac{预测期全年现金需要量}{现金周转率}$$

【例 5-3】羽裳公司预计全年需要资金 720 万元,预计存货周转期为 80 天,应收账款周转期为 40 天,应付账款周转期为 30 天,确定最佳现金持有量。

现金周转期 = 80 + 40 - 30 = 90(天)

现金周转次数 = 360 ÷ 90 = 4(次)

最佳现金持有量 = 720 ÷ 4 = 180(万元)

二、现金的日常管理

企业在确定最佳现金持有量时,还应采取各种措施加强现金的日常管理。现金日常管理的基本内容如下:

(一)健全内部控制制度

在现金管理中,要实行管钱的不管账,管账的不管钱,使出纳人员和会计人员相互牵制,互相监督。凡有现金收付,应坚持复核制度,以减少差错。尤其要严格控制现金流出,实施预算管理,并严格审批、签发程序,明确权责关系。遵守现金管理制度,及时进行货币资金清理,做到日清月结,账实相符。

(二)现金回收管理

为了提高现金的使用效率,加速现金周转,企业应在不影响未来销售的情况下,尽量加快现金的收回。企业加速收款不仅要尽量使客户早付款,而且要尽快的使这些付款转化为可用现金。因此,应采用恰当的方法尽量缩短从客户开出支票到企业收回现金所用的时间,即减少客户支票的邮寄时间,支票在企业停留的时间及支票结算时间,以加快账款的收回。同时可采用现金折扣,鼓励客户及早偿付货款,尽快地使应收款项转化为现金。

(三)现金支出管理

现金支出管理恰恰与现金收入管理相反,其主要任务是采用合理的方式尽可能延缓现金的支出时间。

1. 合理利用现金"浮游量"

所谓现金的浮游量是指企业账户上现金余额与银行账户所示的存款余额之间的差额。出现现金浮游的主要原因是企业开出支票,收款人收到支票并将其送至银行,直至银行办妥划款手续,通常需要一定的时间,在这段时间内企业仍可使用这笔现金。企业应正确预测浮游量并加以利用,可节约大量资金。

2. 推迟支付应付款

企业可在不影响企业信誉的情况下,尽可能推迟应付款的支付期。一般采用的方法是在信用期的最后一天付款。

3. 采用汇票付款

这里的汇票指的是商业承兑汇票和银行承兑汇票。汇票不同于支票，它不是"见票即付"的付款方式，在受票人将汇票存进银行后，银行要将汇票送交付款人承兑，并由付款人将一笔相当于汇票金额的资金存入银行，银行才会付款给受票人。这样就可以合法的延期付款。

4. 争取现金流入与现金流出同步

企业应尽量使现金流出与现金流入发生的时间趋于一致，使其所持有的交易性现金余额降到较低水平，这就是所谓的现金流量同步。基于这种认识，企业可以随时调整支付现金的时间，尽量使现金流出与现金流入趋于同步。

识别假人民币的几种基本方法

识别假人民币的方法包括人工识别和机器识别两类。机器识别是用点钞机或验钞机进行识别。人工识别主要是根据钞票的各项防伪特征进行识别。在日常工作和生活中，人工识别假人民币的最简单方法可以概括为"一看、二摸、三听、四测、五拓"。

一看：看钞票的水印是否清晰，有无层次感和立体效果，真币水印立体感强，灰度清晰，层次分明，假币水印则显得呆板、失真、模糊不清，有的明显可见是用无色或者黄色油墨加盖上去的；看安全线；看整张票面图案是否统一，真币图案清晰自然，立体感强，而假人民币图案呆板生硬；看底纹线，主要用于鉴别 50 元、100 元大面额境外流入的机制假币，通过仔细观察，可以发现真币底纹线光洁、连续，而假币底纹线则模糊、间断，呈不连续的网点状。

二摸：从第四套人民币开始，5 元以上券别均采用了凹版印刷，用手触摸票面上凹印部位的线条，有凹凸感，反应在手感上就是人们所称的"打手"，真币识别时只要用大拇指和食指适当用力夹住主景图像、文字、盲文等部位来回慢慢拉动，"打手"的感觉就相当明显。

三听：钞票纸张是特殊纸张，纸质光洁，质地坚韧，挺度好，纸耐折，两手抓住钞票两端用力抖动，钞票发出的声音清脆、响亮。假币纸张一般均使用普通胶版纸，两手抓住纸张两端抖动时，发出的声音沉闷、混浊。

四测：用紫光灯检测无色荧光图纹，用磁性仪检测磁性印记，用放大镜检测图案印刷的接线技术及底纹线条。

五拓：将要检测的人民币放在光滑的玻璃板上，上面覆盖一层薄白纸，用铅笔在人民币的水印、文字、盲文等处轻拓，如是真币，则上述图案，文字均会显现在白纸上，而假人民币则显现不清。

任务三
应收账款管理

小于通过对2017年的财务报表进行分析发现,公司的应收账款周转速度下降,应收账款拖欠额增加。经过详细地了解后,小于找到了原因:销售部门为了提高业绩,违反了企业的信用政策,向一些信用评价低于信用标准的企业提供了赊销,从而导致应收账款拖欠额增加。进行应收账款管理,不仅要制定一个合理的信用政策,还要有力地执行,否则只是一纸空谈。

请思考:应收账款是否存在风险?有哪些风险?

知识准备

应收账款是指企业因销售商品、材料或提供劳务服务应向购货单位或接受劳务服务单位收取而尚未收取的款项,包括应收销售款、应收票据、其他应收款等。

一、应收账款的功能

应收账款的功能就是它在生产经营过程中的作用。主要有以下两方面:

(一)扩大销售,增加企业的竞争力

在市场竞争比较激烈的情况下,赊销是促进销售的一种重要方式。企业赊销实际上是向顾客提供了两项交易:向顾客销售产品以及在一个有限的时期内向顾客提供资金。赊销会给企业带来销售收入和利润的增加,特别是在企业销售新产品、开拓新市场时,赊销具有更重要的意义。

提供赊销所增加的产品一般不增加固定成本,因此,赊销所增加的收益等于增加的销量与单位边际贡献的乘积,计算公式如下:

$$增加的收益 = 增加的销量 \times 单位边际贡献$$

(二)减少库存,降低存货风险和管理开支

企业持有产成品存货,要追加管理费、仓储费和保险费等支出;相反,企业持有应收账款,则无需上述支出。因此,当企业产成品存货较多时,一般都可采用较为优惠的信用条件进行赊销,把存货转化为应收账款,减少产成品存货,节约相关的开支。同时,也可以避免有些产品因为长期储存而发生损毁、变质等。

发生应收账款的原因：商业竞争；销售和收款的时间差距。  小提示

二、应收账款的成本

企业通过提供商业信用，采取赊销、分期付款等方式可以扩大销售，增强竞争力，获得利润。应收账款作为企业扩大销售和盈利的一项投资，也会发生一定的成本。

（一）机会成本

应收账款会占用企业一定量的资金，而企业若不把这部分资金投放于应收账款，则可以用于其他投资并可能获得收益，如投资于有价证券可获取利息收入。这种因投放于应收账款而放弃其他投资所带来的收益，即为应收账款的机会成本。其计算公式如下：

应收账款占用资金的应计利息（即机会成本）＝应收账款占用资金×资本成本

应收账款占用资金＝应收账款平均余额×变动成本率

应收账款平均余额＝日销售额×平均收现期

式中：平均收现期指的是各种收现期的加权平均数。

 小提示

在计算应收账款占用资金的"应计利息"时是用应收账款占用资金计算，而不是直接用应收账款平均余额计算，原因是：应收账款包括变动成本、固定成本和利润三部分。利润不占用企业的资金，所以不考虑；而固定成本虽然也占用企业的资金，但不同的应收账款信用政策下这部分成本占用的资金是一定的，对决策没有影响。因此，在计算应收账款机会成本时只考虑应收账款的变动成本所占用的资金。

（二）管理成本

管理成本是指企业为管理应收账款而耗费的各项开支，包括：对客户资信的调查费用、收集各种信息的费用、应收账款账簿记录费用、收账费用以及其他费用。

（三）坏账成本

坏账成本是指由于某种原因导致应收账款不能收回而给企业造成的损失。例如，由于债务人死亡或者破产，其遗产或破产财产不足以清偿的债务；逾期无法收回的应收账款等。企业发生坏账成本是不可避免的，该项成本一般与应收账款发生的数量成正比。

坏账成本一般用下列公式测算：

应收账款的坏账成本＝赊销额×预计坏账损失率

三、应收账款管理的目标

企业应收账款的增加，可以扩大销售，减少存货，增加盈利。但也会造成应收账款机会成本、坏账成本和管理成本的增加。应收账款管理的目标就是：企业需要在应收账款所增加的盈利和所增加的成本之间作出权衡。只有当应收账款所增加的盈利大于所增加的成本时，才能够实施应收账款赊销；如果应收账款赊销有着良好的盈利前景，就应当放宽信用条件增加赊销量。

任务处理

一、信用政策的制定

信用政策是企业对应收账款的管理政策，是企业对应收账款投资进行规划和控制而确立的基本原则和行为规范。信用政策包括信用标准、信用期间和现金折扣条件。

（一）信用标准

信用标准是企业授予客户信用时，客户所应具备的条件，通常用预期的坏账损失率表示。例如：某企业只对预期坏账损失率低于3%的客户提供商业信用，则这个3%即为信用标准。

1. 信用标准的确定

信用标准代表企业愿意承担的最大的付款风险的金额。如果企业信用标准过高，将使许多客户因信用品质达不到所设的标准而被企业拒之门外，其结果尽管降低了违约风险及收账费用，但也会影响企业市场竞争能力的提高和销售收入的扩大。相反，如果企业信用标准过低，虽然会扩大销售，提高市场占有份额，但也会导致机会成本、管理成本和坏账损失风险的增加，因此，企业要根据客户的信用状况，在降低信用标准所增加的收益和增加的成本之间进行权衡，从而确定合理的信用标准。信用标准的确定通常考虑以下因素：一是同行业竞争对手的情况；二是企业承担违约风险的能力。

2. 5C信用评价系统

企业往往需要对客户进行信用评级以确定是否对其提供赊销。对客户进行信用评级的方法有很多，常用的有"5C评估法"，即从品质、能力、资本、抵押、条件5个方面来评价客户的信用等级。

（1）品质（Character）。品质是指客户的信誉，即客户履约偿付债务的可能性，这是决定是否给予客户信用的首要因素。主要通过了解客户以往的付款履约记录进行评价。

（2）能力（Capacity）。能力是指客户偿债能力的高低，一般通过流动资产变现能力及其与流动负债的比例的确定。

（3）资本（Capital）。资本是指客户的经济实力与财务状态的好坏，是客户偿付债务的最终保证。主要根据有关财务比率进行判断。

(4) 抵押（Collateral）。抵押是指当客户不能按期偿付债务时可用作抵押的物品。如果有抵押财产则对顺利收回货款比较有利。

(5) 条件（Condition）。条件是指不利经济环境出现时对客户偿付能力的影响及客户是否具有较强的应变能力。例如，经济不景气会对顾客的付款产生什么影响；顾客会如何应对等，这需要了解顾客之前在同等情况下的付款记录。

通过上述五个方面的综合分析，可以评估客户企业的违约风险，确定是否给予其赊销。

对于已经确定的信用标准和客户的信用等级并不是一成不变的，企业管理部门应经常地调查了解客户的经营状况、财务状况和市场状况及时调整信用标准，建立定期信用检查制度。

3. 信用的定量分析

进行商业信用的定量分析可以从考察信用申请人的财务报表开始。通常采用比率分析法评价客户的财务状况。常用的指标有：流动性和营运资本比率（如流动比率、速动比率以及现金比率等）、债务管理和支付比率（如利息保障倍数、长期债务对资本比率、资产负债率等）和盈利能力指标（如销售利润率、总资产报酬率和净资产收益率等）。

将这些指标和信用评级机构及其他协会发布的行业标准进行比较可以洞察申请人的信用状况。

（二）信用期间

信用标准确定后，还要考虑给予客户的信用条件。信用条件是指企业接受客户信用定单时所提出付款要求，主要包括信用期间、折扣期限及现金折扣等。信用条件的表示通常为"2/10，n/30"，意思是：客户在10天内付款，可以享受2%的现金折扣，如果超过10天在30天内付款，不再享受现金折扣，其中30天为信用期间，10天为折扣期限，2%为现金折扣率。

信用期间是企业允许顾客从购货到付款之间的时间，或者说是企业给予顾客的付款期间。例如，若某企业允许顾客在购货后的50天内付款，则信用期为50天。信用期过短，不足以吸引顾客，在竞争中会使销售额下降；信用期过长，对销售额增加固然有利，但只顾及销售增长而盲目放宽信用期，所得的收益有时会被增长的费用抵消，甚至造成利润减少。因此，企业必须慎重研究，考虑由于延长信用期限所增加的边际收入是否大于所增加的边际成本，确定恰当的信用期。

信用期的确定，主要是分析改变现行信用期对收入和成本的影响。延长信用期，会使销售额增加，产生有利影响；与此同时，应收账款、收账费用和坏账损失增加，会产生不利影响。当前者大于后者时，可以延长信用期，否则不宜延长。如果缩短信用期，情况与此相反。

【例5-4】羽裳公司现在采用30天按发票金额付款的信用政策，拟将信用期放宽至60天，仍按发票付款，即不给与折扣。假设该风险投资的最低报酬率为15%，其他有关数据如表5-3所示。

表 5 – 3　　　　　　　　　　羽裳公司有关信用期放宽的有关资料表

信用期 项目	30 天	60 天
销售量（件）	100 000	120 000
销售额（元）（单价 5 元）	500 000	600 000
销售成本（元）		
变动成本（每件 4 元）	400 000	480 000
固定成本（元）	50 000	50 000
毛利（元）	50 000	70 000
可能发生的收账费用（元）	3 000	4 000
可发生的坏账损失（元）	5 000	9 000

在分析时，先计算放宽信用期得到的收益，然后计算增加的成本，最后根据两者比较的结果作出判断。

1. 收益的增加

收益的增加 = 销售量的增加 × 单位边际贡献
$$= (120\ 000 - 100\ 000) \times (5 - 4) = 20\ 000\ （元）$$

2. 应收账款占用资金的应计利息增加

应收账款应计利息 = 应收账款占用资金 × 资本成本

应收账款占用资金 = 应收账款平均余额 × 变动成本率

应收账款平均余额 = 日销售额 × 平均收现期

30 天信用期应计利息 = $\dfrac{500\ 000}{360} \times 30 \times \dfrac{400\ 000}{500\ 000} \times 15\% = 5\ 000$（元）

60 天信用期应计利息 = $\dfrac{600\ 000}{360} \times 60 \times \dfrac{480\ 000}{600\ 000} \times 15\% = 12\ 000$（元）

应计利息增加 = 12 000 - 5 000 = 7 000（元）

3. 收账费用和坏账损失增加

收账费用增加 = 4 000 - 3 000 = 1 000（元）

坏账损失增加 = 9 000 - 5 000 = 4 000（元）

4. 改变信用期的税前损益

改变信用期的税前损益 = 收益增加 - 成本费用增加
$$= 20\ 000 - (7\ 000 + 1\ 000 + 4\ 000) = 8\ 000\ （元）$$

由于收益的增加大于成本增加，故应采用 60 天的信用期。

需要注意的是，"应收账款占用资金"应当按"应收账款平均余额乘以变动成本率"计算确定。

> 在进行应收账款信用决策时,计算收益的增加时只考虑了变动成本而没有考虑固定成本,原因是:我们在进行多方案决策时,只需比较不同方案的不同项目,相同的项目对决策结果不产生影响,因此不需要考虑。不同的信用条件下销售量不同,变动成本也不同,但是固定成本相同,它不会影响决策结果,故在计算收益的增加时无需考虑。如果不同的信用条件下固定成本不同,则在决策时需加以考虑。

小提示

(三) 现金折扣政策

现金折扣是企业为促使客户在信用期内提前偿付货款而对顾客在商品价格上所做的扣减。向顾客提供这种价格上的优惠,主要目的在于吸引顾客为享受优惠而提前付款,缩短企业的平均收账期。另外,现金折扣也能招揽一些视折扣为减价出售的顾客前来购货,借此扩大销售量。

企业采用什么程度的现金折扣,要与信用期间结合起来考虑。比如,要求顾客最迟不超过30天付款,若希望顾客20天、10天付款,能给与多少折扣?或者给与3%、5%的折扣,能吸引顾客在多少天内付款?不论是信用期间还是现金折扣,都可能给企业带来收益,但也会增加成本。现金折扣给企业带来的好处前面已经讲过,它使企业增加的成本,则指的是价格折扣损失。当企业给与顾客某种现金折扣时,应当考虑折扣所能带来的收益与成本孰高孰低,权衡利弊,进行决策。

因为现金折扣是与信用期间结合使用的,所以确定折扣程度的方法与程序实际上与前述确定信用期间的方法与程序一致,只不过要把所提供的延期付款时间和折扣综合起来,计算各方案的延期与折扣能取得多大的收益增量。再计算各方案带来的成本变化,最终确定最佳方案。

【例5-5】 续[例5-4]的资料,假定该公司在放宽信用期的同时,为了吸引顾客尽早付款,提出了"0.8/30,n/60"的现金折扣条件,估计会有一半的顾客(按60天信用期所能实现的销售量计算)将享受现金折扣优惠。

1. 收益的增加

收益的增加 = 销售量的增加 × 单位边际贡献
$$= (120\ 000 - 100\ 000) \times (5 - 4) = 20\ 000\ (元)$$

2. 应收账款占用资金的应计利息增加

$$30\ 天信用期应计利息 = \frac{500\ 000}{360} \times 30 \times \frac{400\ 000}{500\ 000} \times 15\% = 5\ 000\ (元)$$

$$提供现金折扣的应计利息 = \left(\frac{600\ 000 \times 50\%}{360} \times 60 \times \frac{480\ 000 \times 50\%}{600\ 000 \times 50\%} \times 15\%\right)$$
$$+ \left(\frac{600\ 000 \times 50\%}{360} \times 30 \times \frac{480\ 000 \times 50\%}{600\ 000 \times 50\%} \times 15\%\right)$$
$$= 6\ 000 + 3\ 000 = 9\ 000\ (元)$$

应计利息增加 = 9 000 - 5 000 = 4 000 (元)

3. 收账费用和坏账损失增加

收账费用增加 = 4 000 - 3 000 = 1 000（元）

坏账损失增加 = 9 000 - 5 000 = 4 000（元）

4. 估计现金折扣成本的变化

现金折扣成本增加 = 新的销售水平×新的现金折扣率×享受现金折扣的顾客比率 - 旧的销售水平×旧的现金折扣率×享受现金折扣的顾客比率

$= 600\ 000 \times 0.8\% \times 50\% - 500\ 000 \times 0 \times 0$

$= 2\ 400$（元）

5. 提供现金折扣后的税前损益

提供现金折扣后的税前损益 = 收益增加 - 成本费用增加

$= 20\ 000 - (4\ 000 + 1\ 000 + 4\ 000 + 2\ 400)$

$= 8\ 600$（元）

由于可获得税前收益，故应当放宽信用期，提供现金折扣。

应收账款平均收现期的确定

如果题目中没有直接告知应收账款平均收现期，可以分以下几种情况确定：

1. 如果只存在信用期，不存在现金折扣期

（1）如果题目没有给出平均收现天数，则视信用期为平均收现期。例如，某企业应收账款的信用条件为 n/60，那么应收账款平均收现期为 60 天。

（2）如果题目给出了平均收现天数，则将给出的平均收现天数作为平均收现期。平均收现期可能大于信用期，这说明客户在信用期后付款。

2. 如果不仅存在信用期，还存在现金折扣期

在这种情况下，应收账款平均收账天数等于各个现金折扣期以及信用期的加权平均数。例如：某企业的信用政策为（2/10，1/20，n/90），将有 30% 的货款于第 10 天收到，20% 的货款于第 20 天收到，其余的 50% 货款于第 90 天收到。则：

应收账款平均收账天数 $= 10 \times 30\% + 20 \times 20\% + 90 \times 50\% = 52$（天）

二、收账政策的确定

应收账款发生后，企业应采取各种措施，尽量争取按期收回款项，避免因拖欠时间过长而形成坏账，使企业蒙受损失。这些措施包括对应收账款回收情况的监督、对坏账损失的预先准备和制定适当的收账政策。

（一）应收账款回收情况监督

企业发生的应收账款时间有长有短，有的尚未超过收账期，有的则超过了收账期。

一般说来，应收账款拖欠的时间越长，账款催收的难度越大，成为坏账的可能性越大。因此，企业应对应收账款实施严密的监督，随时掌握回收情况。实施对应收账款回收情况的监督，可以通过编制账龄分析表进行。

表 5－4　　　　　　　　　　　应收账款账龄分析表

应收账款账龄	账户数量	金额（千元）	百分比（%）
信用期内	200	80	40
逾期 3 个月	100	40	20
逾期 6 个月	50	20	10
逾期 1 年以内	30	20	10
逾期 1～2 年	20	20	10
逾期 2～3 年	15	10	5
逾期 3 年以上	5	10	5
合　计	420	200	100

利用账龄分析表，企业可了解到以下情况：

（1）有多少欠款尚在信用期。根据表 5－4 可知，有 80 000 元的应收账款处在信用期内，占全部应收账款的 40%。这些款项未到付款期，欠款是正常的；但到期能否收回，还要待时再定，故及时的监督是必要的。

（2）有多少欠款超过了信用期，超过时间长短的款项各占多少，有多少欠款会因拖欠时间太久而可能成为坏账。根据表 5－4 可知，有 120 000 元的应收账款已超过了信用期，占全部应收账款的 60%。其中，拖欠时间在 1 年以内的有 80 000 元，占全部应收账款的 40%，这部分情况收回的可能性比较大；拖欠时间在 1 年以上 3 年以下的有 30 000 元，占全部应收账款的 15%，这部分欠款的回收有难度；拖欠时间 3 年以上的有 10 000 元，占全部应收账款的 5%，这部分欠款极可能成为坏账。对不同拖欠时间的欠款，企业应采取不同的收账政策；对可能发生的坏账损失，需提前做出准备，充分估计这一因素对企业损益的影响；对尚未过期的应收账款，也不应放松管理和监督，防止发生新的拖欠。

（二）收账政策的制定

收账政策是指客户违反信用条件，拖欠甚至拒付账款时企业所应采取的收账策略与措施。企业向客户提供商业信用后，在正常情况下客户能按照信用条件的约定履约付款，但也有少数客户超过信用期付款或者拒付账款，这就需要催收账款。采用的方式有信函催收、电话催收、派人当面催收以及仲裁和诉讼等行为。

催收账款的程序一般为：首先，分析现有的信用标准及信用审批制度是否存有纰漏，然后对违约客户的资信等级进行调查评价；其次，分析客户拖欠或拒付账款的原因，对其中信用品质较好、只是暂时困难不能如期偿付的客户，可以派人与其协商，找出理想的解决拖欠账款的办法；最后，针对恶意拒付的客户，则应采取法律手段，诉诸法院。

企业采取积极的收账政策，就会减少应收账款投资，减少坏账损失，但要加大收账成本，甚至会伤害无意拖欠的客户，影响企业与客户的关系；反之，如果采取消极的收账政策，会减少收账费用，但要增加应收账款投资，增加坏账损失。一般而言，收账费用支出越多，坏账损失越少，但两者并不一定存在线性关系。通常情况下，开始花费一些收账费用，应收账款和收账费用有小部分的降低；收账费用继续增加，应收账款和坏账损失明显减少；收账费用达到某一限度以后，应收账款和坏账损失的减少就不再明显了，这个限度称为收账饱和点（见图5-5）。因此企业应制定灵活的收账政策，在增加收账费用，减少坏账损失，减少应收账款机会成本之间进行权衡，若前者小于后者，则说明制定的收账政策是可取的。

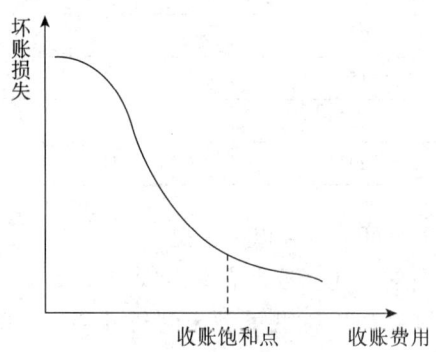

图5-5　收账费用与坏账损失关系图

【例5-6】羽裳公司在不同收账政策条件下的有关资料如表5-5所示。

表5-5　　　　　　　　　　不同收账政策下收账资料表

项目	现行收账政策	建议收账政策
年收账费用（元）	10 000	15 000
应收账款平均收账期（天）	60	30
坏账损失率（%）	4	2

该企业变动成本率为60%，当年销售（赊销）额为120万元，不考虑收账政策对销售收入的影响，该企业应收账款机会成本为10%。现据以上资料计算如表5-6所示。

表5-6　　　　　　　　　　不同收账政策下的政策建议分析表

项目	现行收账政策	建议收账政策
年销售收入（元）	1 200 000	1 200 000
应收账款占用资金应计利息（元）	12 000	6 000
坏账损失（元）	48 000	24 000
收账费用（元）	10 000	15 000
应收账款总成本（元）	70 000	45 000

根据表 5-6，按建议收账政策可节约成本 25 000 元（7 000 - 45 000），所以应采用建议收账政策。

三、应收账款的日常管理

企业制定信用政策后，对于已经发生的应收账款企业必须进行分析和控制，及时发现问题，提前采取对策，加速应收账款收回，最大限度地减少坏账损失对企业产生的不利影响，同时在实施过程中还应进一步加强对应收账款的日常管理。

（一）建立健全公司机构内部控制制度

完善的内部控制制度是控制坏账的基本前提，其内容应包括：①建立销售合同责任制，即尽量对每项销售都签订销售合同，并在合同中对有关付款条件作明确的说明；②设立赊销审批职能权限，企业内部规定业务员、业务主管可批准的赊销额度，限额以上须经领导人审批；③建立货款回笼责任制，采取谁销售谁负责收款，并据以考核其工作绩效。总之，企业应针对应收账款在赊销业务中的每一个环节，健全应收账款的内部控制制度，努力形成一整套规范化的应收账款的事前、事中、事后控制程序。

（二）进行信用调查，评估客户信用

企业应对客户的信用状况进行调查，可采用直接调查法或间接调查法。直接调查法，即调查人员通过与被调查单位进行直接接触获取信用资料的方法。间接调查法，即通过被调查单位的财务报表、信用评估机构和银行等的原始资料为基础，通过加工整理获得被调查单位的信用资料的方法。

收集好信用资料以后，就需要对这些资料进行分析和评价。企业一般用"5C"系统来评价，并对客户信用进行等级划分。在信用等级方面，目前主要有两种划分方法：一种是三类九等，即将企业的信用状况分为 AAA、AA、A、BBB、BB、B、CCC、CC、C 九等，其中 AAA 为信用最优等级，C 为信用最低等级。另一种是三级制，即分为 AAA、AA、A 三个信用等级。

（三）应收账款的追踪分析

应收账款一旦形成，企业就必须考虑如何按时足额收回欠款，而不是消极地等待对方付款。因此，企业必须在收账之前，对该项应收账款的运行过程进行追踪分析。

既然应收账款是存货变现的中间环节，对应收账款实施追踪分析的重点应放在赊销商品的销售与变现方面。客户以赊购方式购入商品后，迫于获利和付款信誉的动力和压力，必然期望迅速地实现销售并收回账款。如果这一期望能够顺利实现，而客户又具有良好的信用品质，则赊销企业如期足额地收回客户欠款一般不会有多大问题。然而，市场供求关系具有瞬变性，使得客户赊购的商品不能顺利地销售与变现，经常出现的情形有两种：挤压或赊销。但无论属于哪种情形，对客户而言，都意味着与应付账款相对的现金支付能力匮乏。在这种情况下，客户能否严格履行赊销企业的信用条件，取决于两个因素：其一，客户的信用品质；其二，客户现金的持有量与调剂程度（如现金用途的约束性其他短期债务偿还对现金的要求等）。如果客户的信用品质良好，持有一定的现金余额,且现金支付的约束性小,可调剂程度大,客户大多是不愿以损失市场信誉为代价而拖欠赊销企业账款的。如果客户信用品质不佳,或者现金匮乏,或者现金的可调剂程度低,那么,赊销企业的账款遭受拖欠也就在所难免。

(四) 应收账款收现保证率分析

企业当期现金支出中有一部分必须通过当期应收账款变现补充,以确保企业日常现金收支平衡。这就决定了企业必须对应收账款收现水平制定一个必要的控制标准,即应收账款收现保证率,它是必须收现的应收账款占全部应收账款的比例,是两者应当保持的最低比率。

$$应收账款收现保证率 = \frac{当期必要现金支付总额 - 当期其他稳定可靠的现金流入总额}{当期应收账款总额}$$

公式中的其他稳定可靠现金流入总额是指除应收账款收现以外的途径可以取得的各种稳定可靠的现金流入数额,包括短期有价证券变现净额、可随时取得的银行贷款额等。

【例 5-7】 羽裳服装公司 2018 年下半年度,实现赊销 4 800 万元,以前年度尚未收现的应收账款为 1 000 万元;下半年度营业付现成本为 3 840 万元,应缴纳的税金共 1 062 万元,到期债务有 400 万元。其他稳定可靠的现金来源为 1 200 万元。计算应收账款收现保证率。

必要现金支出 = 3 840 + 1 062 + 400 = 5 302(万元)

$$应收账款收现保证率 = \frac{5\ 302 - 1\ 200}{4\ 800 + 1\ 000} = 70.72\%$$

以上计算结果表明,公司应收账款收现率至少要达到 70.72%,才能最低限度保证当期必要现金支出,否则,公司可能出现支付危机。

计算应收账款收现保证率的基本思路在于:应收款项未来是否发生坏账损失对企业并非最为重要,更为关键的是实际收现的账款能否满足同期必需的现金支付,特别是满足具有刚性约束的纳税债务及偿付不得展期或调换的到期债务的需要。

(五) 应收账款坏账准备金制度

应收账款是一种商业信用行为,发生坏账损失是不可避免的。按照现行会计准则和会计制度的规定,企业根据谨慎性原则的要求,应当在期末或年终对应收账款进行检查,合理地预计可能发生的损失,对可能发生的坏账损失计提减值准备,以便减少企业风险成本。

应收账款保理

保理是保付代理的简称,是指保理商与债权人签订协议,转让其对应收账款的部分或全部权利与义务,并收取一定费用的过程。

保理又称托收保付,是指卖方(供应商或出口商)与保理商之间存在的一种契约关系;根据契约,卖方将其现在或将来的基于其与买方(债务人）订立的货物销售（服务）合同所产生的应收账款转让给保理商，由保理商提供下列服务中的至少两项：贸易融资、销售分户账管理、应收账款的催收、信用风险控制与坏账担保。可见，保理是一项综合性的金融服务方式，其同单纯的融资或收账管理有本质区别。

应收账款保理是企业将赊销形成的未到期应收账款在满足一定条件的情况下，转让给保理商，以获得银行的流动资金支持，加快资金的周转。保理可以分为有追索权保理（非买断型）和无追索权保理（买断型）、明保理和暗保理、折扣保理和到期保理。

有追索权保理是指供应商将债权转让给保理商，供应商向保理商融通资金后，如果购货商拒绝付款或无力付款，保理商有权向供应商要求偿还预付的现金，如购货商破产或无力支付，只要有关款项到期未能收回，保理商都有权向供应商进行追索，因而保理商具有全部"追索权"，这种保理方式在我国采用较多。无追索权保理是指保理商将销售合同完全买断，并承担全部的收款风险。

明保理是指保理商和供应商需要将销售合同被转让的情况通知购货商，并签订保理商、供应商、购货商之间的三方合同。暗保理是指供应商为了避免让客户知道自己因流动资金不足而转让应收账款，并不将债权转让情况通知客户，货款到期时仍由销售商出面催款，再向银行偿还借款。

折扣保理又称为融资保理，即在销售合同到期前，保理商将剩余未收款部分先预付给销售商，一般不超过全部合同额的70%~90%。到期保理是指保理商并不提供预付账款融资，而是在赊销到期时才支付，届时不管货款是否收到，保理商都必须向销售商支付货款。

应收账款保理对于企业而言，其理财作用主要体现在：

(1) 融资功能。应收账款保理，其实质也是一种利用未到期应收账款这种流动资产作为抵押从而获得银行短期借款的一种融资方式。对于那些规模小、销售业务少的公司来说，向银行贷款将会受到很大的限制，而自身的原始积累又不能支撑企业的高速发展，通过保理业务进行融资可能是企业较为明智的选择。

(2) 减轻企业应收账款的管理负担。推行保理业务是市场分工思想的运用，面对市场的激烈竞争，企业可以把应收账款让与专门的保理商进行管理，使企业从应收账款的管理之中解脱出来，由专业的保理公司对销售企业的应收账款进行管理，他们具备专业技术人员和业务运行机制，会详细地对销售客户的信用状况进行调查，建立一套有效地收款政策，及时收回账款，使企业减轻财务管理负担，提高财务管理效率。

(3) 减少坏账损失、降低经营风险。企业只要有应收账款就有发生坏账的可能性，以往应收账款的风险都是由企业单独承担，而采用应收账款保理后，一方面可以提供信用风险控制与坏账担保，帮助企业降低其客户违约的风险,另一方面可以借助专业的保理商去催收账款,能够在很大程度上降低坏账发生的可能性,有效地控制坏账风险。

(4)改善企业的财务结构。应收账款保理业务是将企业的应收账款与货币资金进行置换。企业通过出售应收账款,将流动性稍弱的应收账款置换为具有高度流动性的货币资金,增强了企业资产的流动性,提高了企业的债务清偿能力和盈利能力。

资料来源:财政部会计资格评价中心.中级会计资格·财务管理.北京:经济科学出版社.2018.

任务四 存货管理

由于国内棉花价格上涨,羽裳服装公司原材料的进货成本上升。财务经理李先生分析预测棉花还会继续涨价。如果现在大量进货的话,可以节约原材料的进货成本,但会增加原材料的储存成本,而且要占用大量资金。

请思考:应如何安排进货量,实现最低存货管理成本?

▣ 知识准备

存货,是指企业在生产经营过程中未销售或者耗用而储备的物资。主要包括原材料、辅助材料、燃料、在产品、产成品、商品、周转材料等。存货在企业流动资产中所占比重较大,一般约占流动资产的40%~60%。存货利用程度的好坏对企业财务状况的影响极大,因此,加强存货的规划与控制,使其保持在最优水平上,是企业财务管理的一项重要内容。

一、存货的功能

1. 保持生产的连续进行

由于企业的存货采购受市场等客观因素的影响,并不能保证只要生产过程需要,材料就能即时入库,所以为了生产过程不被中断,企业必须储备必要的原材料。

2. 保证销售的需要

企业储备适量的产成品存货,能够及时供应市场,满足客户的需要,相反,若企业产成品库存不足,会错失许多销售良机,从而影响企业的利润水平。

3. 降低进货成本

大批量进货可以降低进货成本和其他费用（比如享受价格折扣、减少采购费用等），只要增量进货节约的成本费用大于增加的存货投资成本，储存适量存货就是必要的。

4. 便于均衡生产，降低产品成本

有的企业的生产属于季节性生产，或者说有的企业的产品需求很不稳定，如果根据市场需求，产量时高时低地进行生产，有时生产能力会闲置，有时又会超负荷生产，这都会使生产成本提高。为了降低生产成本，最好的办法就是实行均衡生产，这必然会产生一定的产成品存货。

5. 防止意外事件发生

企业在采购、运输、生产和销售过程中，都可能发生意料之外的事故，保持必要的存货保险储备，可以避免和减少意外事件造成的损失。

二、存货的成本

企业持有一定数量的存货，也必然要为此而发生一定的支出，这就是存货的成本。主要包括以下内容：

（一）取得成本

取得成本是指为取得某种存货而支出的成本，通常用 TC_a 表示。其又分为订货成本和购置成本。

1. 订货成本

订货成本是指取得订单的成本，如办公费、差旅费、邮资、电报电话费、运输费等支出。订货成本中有一部分与订货次数无关，如常设采购机构的日常开支等，称为固定订货成本，在存货决策中属于决策无关成本，用 F_1 表示。另一部分与订货次数有关，如差旅费、邮资等，一般与采购的次数成正比例变动关系，在存货决策中属决策相关成本。每次订货的变动成本用 K 表示；订货次数等于存货年需要量 D 与每次进货量 Q 之商。订货成本的计算公式为：

$$订货成本 = F_1 + \frac{D}{Q}K$$

2. 购置成本

购置成本是为购买存货本身所支付的成本，即存货本身的价值，它是采购数量与单价的乘积，在无通货膨胀和商业折扣的情况下，在一定时期进货总量既定的条件下，它与企业采购的次数无关，因而在存货决策中属无关成本。年需要量用 D 表示，单价用 U 表示，购置成本为 DU。

订货成本加上购置成本，就是存货的取得成本。其公式为：

$$取得成本 = 订货成本 + 购置成本$$
$$= 订货固定成本 + 订货变动成本 + 购置成本$$

$$TC_a = F_1 + \frac{D}{Q}K + DU$$

(二) 储存成本

储存成本是指企业为持有存货而发生的成本，包括存货占用资金支付的利息（借入资金购入存货）或存货占用资金的机会成本（以自有资金购入存货）、存货的仓储费用、保险费、存货毁损变质损失等。

储存成本按与储存数额的关系分为固定储存成本和变动储存成本。相关范围内，固定储存成本与存货储存数量的多少无关，如仓库折旧费、仓库职工的固定工资等，这类成本在存货决策中属无关成本，用 F_2 表示。变动储存成本与存货储存数量成正比例变动，如存货占用资金应支付的利息、保险费、存货毁损变质损失等，这类成本在存货的决策中属相关成本。单位变动储存成本用 K_c 来表示。用公式表达的储存成本为：

储存成本 = 固定储存成本 + 变动储存成本

$$TC_C = F_2 + K_c \frac{Q}{2}$$

(三) 缺货成本

缺货成本是指由于存货储备不足供应中断而给企业造成的损失，包括原材料供应中断造成的停工损失、临时高价采购而发生的损失、产成品储备不足造成的丧失销售机会的损失以及延期发货的信誉损失等。缺货成本一般不易计量，它与存货储备量反向相关。缺货成本用 TC_s 表示。

如果以 TC 来表示存货的总成本，其计算公式为：

$$TC = TC_a + TC_c + TC_s$$
$$= F_1 + \frac{D}{Q}K + DU + F_2 + K_c\frac{Q}{2} + TC_s$$

企业存货的最优化，就是使企业存货总成本（即上式中 TC）值最小。

三、存货管理的目标

企业为了防止停工待料、降低进货成本、维持均衡生产等目的，必须持有一定存货。但是，持有存货是有成本的。过多的存货要占用较多的资金，并且会增加仓储费用、保险费、维护费、管理人员工资等各项开支。存货占用的资金是有成本的，占用过多会使利息支出增加并导致利润的损失；各项开支的增加更直接使成本上升。进行存货管理，就是在保证生产或销售经营需要的前提下，最大限度地降低存货成本，这就是存货管理的目标。

■ 任务处理

一、经济订货批量模型的建立

在存货决策中，财务部门要做的是决定进货的时间和决定进货批量（分别用 T 和 Q

表示)。按照存货管理的目标,需要通过合理的进货批量和进货时间,使存货的总成本最低,这个批量叫做经济订货批量或经济批量。有了经济批量,可以很容易地找到最适宜的进货时间。

与存货总成本有关的变量很多,因此需要设立一些假设,在此基础上建立经济订货批量的基本模型。

建立经济订货批量模型的假设条件:

(1) 企业能够及时补充存货,即需要订货时便可立即取得存货。
(2) 货物能够集中到货,而不是陆续到货。
(3) 不允许缺货,即无缺货成本,这是因为良好的存货管理本来就不应该出现缺货成本。
(4) 货物的年需求量稳定,并且能够预测,即 D 为已知常量。
(5) 存货单价不变,即 U 为已知常量。
(6) 企业现金充足,不会因为现金短缺而影响进货。
(7) 所需存货市场供应充足,不会因为买不到存货而影响其他。

设立了上述假设之后,存货总成本的公式可以简化为:

$$TC = F_1 + \frac{D}{Q}K + DU + F_2 + K_c\frac{Q}{2}$$

当 F_1、K、D、U、F_2、K_c 为常数量时,TC 的大小取决于 Q。即与基本经济批量相关的存货成本只有变动订货成本和变动储存成本,并且两者与订货批量呈现方向相反的变动关系。即订货批量越大,变动储存成本就越高,但全年订货的次数就越少,变动订货成本就越低;反之,订货批量越小,变动储存成本就越低,但全年订货次数就越多,变动订货成本就越高。

即根据:$TC = \frac{D}{Q}K + K_c\frac{Q}{2}$,求出 TC 的极小值,对其进行求导演算,可得出下列公式:$Q = \sqrt{\frac{2KD}{K_c}}$

这一公式称为经济订货批量基本模型,求出的每次订货批量,可使 TC 值达到最小值。

根据这个基本模型,还可以求出其他变量:

每年最佳订货次数:$N = \frac{D}{Q}$

存货总成本:$TC = \sqrt{2KDK_c}$

最佳订货周期:$t = \frac{360}{N}$

经济订货批量占用资金:$I = \frac{Q}{2} \cdot U$

【例 5 - 8】羽裳公司全年需要甲布料 1 200 米,该布料每一次的订货成本为 400 元,单位存货年度储存成本 6 元,布料单价为 200 元/米。则:

$$Q = \sqrt{\frac{2DK}{K_c}} = \sqrt{\frac{2 \times 1\,200 \times 400}{6}} = 400 \text{ (米)}$$

$$N = \frac{1\,200}{400} = 3\,(次)$$

$$TC = \sqrt{2KDK_c} = \sqrt{2 \times 1\,200 \times 400 \times 6} = 2\,400\,(元)$$

$$t = \frac{360}{3} = 120\,(天)$$

$$I = \frac{Q}{2} \cdot U = \frac{400}{2} \times 200 = 40\,000\,(元)$$

经济订货批量与存货总成本以及订货成本、储存成本之间的关系如图5-6所示。

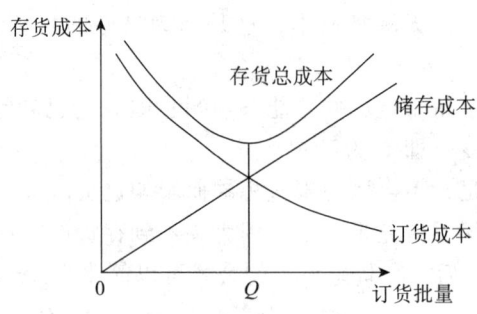

图5-6 存货总成本与订货批量的关系

二、实行数量折扣的经济批量模型

在经济订货批量基本模型的分析中，是以假定不存在数量折扣为前提的。而现实中，许多企业为扩大销售，对大批量采购在价格上都会给予一定的优惠，在这种情况下，存货的购置成本与进货数量有了直接的关系，属于决策的相关成本。即：

存货相关总成本 = 存货购置成本 + 相关订货成本 + 相关储存成本

实行数量折扣的经济进货批量计算的基本步骤是：

（1）按照基本经济批量模型确定经济进货批量；

（2）计算按经济批量进货时的存货相关总成本；

（3）计算按给予数量折扣的进货批量进货时的存货相关总成本；

（3）比较不同进货批量的存货相关总成本，最低存货相关总成本对应的进货批量，就是实行数量折扣的最佳经济批量。

【例5-9】承【例5-8】，若每次订货超过600米，可给予3%的价格优惠，请回答应以多大批量订货？

（1）前例已经计算出经济订货批量为400米。

（2）按经济订货批量400米采购，不享受价格优惠，则：

存货相关总成本 = 存货购置成本 + 相关订货成本 + 相关储存成本
= 1 200 × 200 + 1 200 ÷ 400 × 400 + 400 ÷ 2 × 6
= 242 400（元）

（3）按批量600米采购，享受价格折扣：

存货相关总成本 = 存货购置成本 + 相关订货成本 + 相关储存成本
= 1 200 × 200 × （1 - 3%）+ 1 200 ÷ 600 × 400 + 600 ÷ 2 × 6

= 235 400（元）

（4）通过以上计算可知，订货量为600米时，存货相关总成本最低，所以，此时的最佳经济批量为600米。

三、存在订货提前期的经济批量模型

前述存货经济批量模型是基于一系列假设条件建立的，但在现实中，很难满足这些假设条件。所以，当我们实际运用基本经济批量模型时，应根据现实条件进行修正。一般情况下，企业采购存货需要一定的时间，不能做到随购随到，因此不能等存货用完时才进货，需提前订货。企业提前订货时的库存量被称为再订货点，它等于交货时间与每日平均需要量的乘积，在这种情况下存货的经济批量并没有改变，只是采购时间提前而已（见图5-7）。

再订货点 = 交货时间 × 每日平均需要量

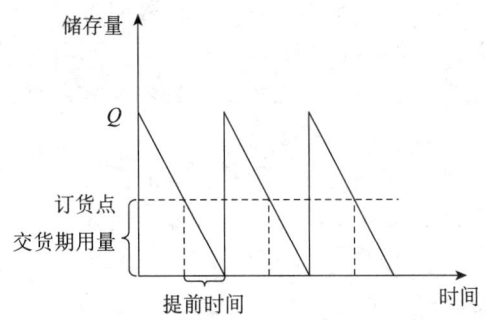

图5-7 存在订货提前期的经济批量模型

【例5-10】承［例5-8］，公司订货日至到货期的时间为10天，每日存货需要量为3.3米，那么：

再订货点 = 交货时间 × 每日平均需要量
= 10 × 3.3 = 33（米）

即公司在尚存33米甲布料时，就应当再次订货，等到下批订货达到时（再次发出订单10天后）原有库存刚好用完。此时，有关存货的每次订货批量、订货次数、订货间隔时间等并无变化，与瞬时补充相同。也就是说，订货提前期对经济订货批量并无影响，可仍以原来瞬时补充情况下的400米为订货批量，只不过在达到再订货点（库存33米）时发出订货单罢了。

四、存在保险储备的经济批量模型

前面讨论的三个模型都是建立在存货的供应稳定、流转均匀的假设下，但在实际中也是很难完全做到的。实际上，存货供应及存货每日需求量都可能发生变化。当企业发出订单后，可能所需存货市场供应短缺，可能送货延迟，也可能存货需求增大，就会发生缺货。为了防止由于缺货造成损失，就需要多储备一些存货以备不时之需，这部分存货储备量被称为保险储备。保险储备正常情况下不会动用，只有当存货需求过量或送货延迟时才动用，存在保险储备的经济批量模型如图5-8所示。

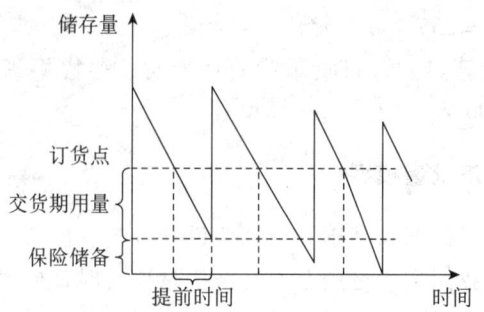

图 5-8 存在保险储备的经济批量模型

存在保险储备的情况下的订货点：

$$再订货点 = 交货时间 \times 每日平均需要量 + 保险储备$$

【例 5-11】 承［例 5-8］、［例 5-10］，假设甲布料的保险储备量为 10 米，则：

再订货点 = 交货时间 × 每日平均需要量 + 保险储备
       = 10 × 3.3 + 10 = 43（米）

在有保险储备的情况下，再订货点提高，即在甲布料的库存量还有 43 米时，公司应该发出订单。

建立保险储备可以使企业避免存货短缺造成的损失，但同时存货的储存成本也会升高，建立存货保险储备时，应权衡缺货成本和储存成本，确定合理的保险储备量。

存货的控制系统

一、存货 ABC 分类控制法

存货的 ABC 管理法由 19 世纪意大利经济学家巴雷特（Pareto）首创，后经不断发展和完善，现已被广泛用于存货管理、成本管理和生产管理等许多方面。

在大中型企业中，往往会有成千上万种存货，有的存货数量很少，但价值昂贵，有的则数量庞大，但占用资金很少，如果企业在对存货进行管理过程中，不分主次，面面俱到，对每一种存货都进行严格控制，一定会耗费很高的管理成本，而且效果不一定好。ABC 分类管理法就是基于这样的思路而提出的，目的在于使企业的存货管理中分清主次、抓住重点，以合理有效地控制存货资金。

所谓 ABC 分类管理法就是按照一定的标准，将企业的存货划分为 A、B、C 三类，分别实行按品种重点管理、分类别一般控制和按总额灵活掌握的存货管理方法。

1. ABC 存货的分类标准

分类标准有两个：一是金额标准，二是品种数量标准，其中最主要的是金额标准。

关于 ABC 存货的划分，一般是将品种数量较少但单位价值较高、存货占用资金总额比重较大的存货称为 A 类存货；品种数量相对较多，单位价值一般，占存货占用资金总额的比重较小的存货称为 B 类存货；而 C 类存货就是那些品种数量繁多，单位价值很低，占全部存货占用资金的比重也极小的存货。一般而言，三类存货的金额比重大致为 A:B:C = 0.7:0.2:0.1，而品种数量比例大致为 A:B:C = 0.1:0.2:0.7。

A 类存货虽然品种数量较少，但占用了大部分存货资金，只要控制好 A 类存货，基本上不会有什么大的问题。而且，由于 A 类存货的品种数量少，企业完全有能力按每一品种实行重点管理。B 类存货价值相对较低，占用存货资金比重相对较小，企业只要分类别进行一般控制就可以了。C 类存货虽然品种数量繁多，但其价值极低，所占存货资金的比重较小，所以，企业只要把握一个总金额就完全可以了。

2. A、B、C 三类存货划分的具体步骤

（1）列示企业全部存货的明细表，计算出每各种存货的价值总额及占全部存货资金的百分比；

（2）按金额标志由大到小进行排序并累加金额百分比；

（3）根据金额百分比划分出 A、B、C 三类存货。

当金额百分比累加到 70% 左右时，以上存货视为 A 类存货；百分比介于 70%~90% 之间的存货作为 B 类存货，其余为 C 类存货。

【例 5-12】假设羽裳公司 20 种材料，共占用资金 100 000 元，按占用资金的顺序排列后，将材料根据上述原则划分为 A、B、C 三类，如表 5-7 所示。

表 5-7　　　　　　　　　　存货资金占用情况表

材料品种（编号）	占用资金数额	类别	各类存货所占的		各类存货占用资金的	
			数量	比重	金额	比重
1	80 000	A	2	10%	140 000	70%
2	60 000					
3	15 000	B	4	20%	40 000	20%
4	12 000					
5	8 000					
6	5 000					
7	3 000	C	14	70%	20 000	10%
8	2 500					
9	2 200					
10	2 100					
11	2 000					
12	1 800					

续表

材料品种（编号）	占用资金数额	类别	各类存货所占的数量	比重	各类存货占用资金的金额	比重
13	1 350					
14	1 300					
15	1 050					
16	700	C	14	70%	20 000	10%
17	600					
18	550					
19	450					
20	400					
合计	200 000		20	100%	200 000	100%

各类存货资金百分比用图形表示如图 5-9 所示。

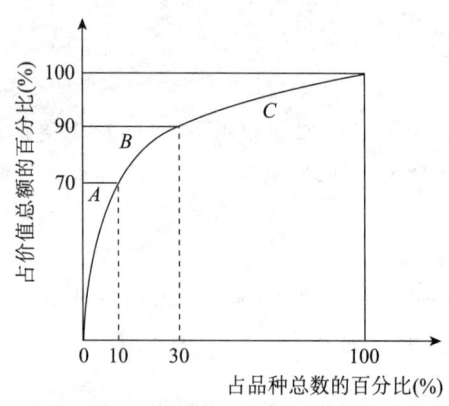

图 5-9 ABC 分类管理法

二、适时制库存控制系统

适时制库存控制系统（Just in Time System，JIT），又称零库存管理。它最早由日本丰田提出并将其应用于实践，是指通过合理规划企业的产供销过程，使从原材料采购到产成品销售每个环节都能紧密衔接，减少制造过程中不增加价值的作业，减少库存，消除浪费，从而降低成本，提高产品质量，最终实现企业效益最大化。

适时制库存控制系统的基本原理是：只有在使用之前才从供应商处进货，从而将原材料或配件的库存数量减少到最小；只有在出现需求或接到订单时才开始生产，从而避免产成品出现库存。及时生产的存货系统要求企业在生产经营的需要与材料物资的供应之间实现同步，使物资传送与作业加工速度处于同一节拍，最终将存货降低到最小限度，甚至零库存。

适时制库存控制系统的优点是降低库存成本；减少从订货到交货的加工等待时间，提高生产效率；降低废品率、再加工和担保成本。但及时生产的存货系统要求企业内外部全面协调与配合,一旦供应链破坏,或企业不能在很短的时间内根据客户需求调整生产,企业生产经营的稳定性将会受到影响,经营风险加大。此外,为了保证能够按合同约定频繁小量配送,供应商可能要求额外加价,企业因此丧失了从其他供应商那里获得更低价格的机会收益。

任务五 流动负债管理

2018年年初,羽裳服装公司需要一笔10万元的短期资金用于经营周转,财务经理李先生正与银行进行协商贷款事宜(贷款期限为1年,金额为6万元),银行提供了几种贷款条件,公司需要在其中做出选择:①年利率15%,贷款本息于年底一次性支付;②年利率12%,银行要求维持贷款金额14%的补偿性余额;③年利率8%,分12个月分期等额偿还本息。另外4万元的资金需求,公司可以通过放弃应付账款的现金折扣来满足,应付账款的信用条件为"2%/10,n/50"。

请思考:通过本案例学习,你能否帮助公司在以上短期筹资途径中做出选择?

知识准备

任何负债都是企业的资金来源。流动负债的主要项目是自发性负债项目、商业信用和短期银行借款三种。其中,自发性负债项目是指应付职工薪酬、应交税费等随着经营活动扩张而自动增长的流动负债。它们不需要支付利息,是"无息负债"。这些项目企业通常不能按资金的愿望进行控制,自发性负债的筹资水平,取决于法律规定、行业惯例和其他经济因素。因此,自发性负债项目基本上无法控制,也不需要专门的管理。因此,商业信用和短期银行借款是两个最主要的短期资金来源,成为流动负债日常管理的重点。

流动负债筹资所筹集的资金可使用时间较短,一般不超过1年。流动负债筹资具有以下特点:

(1)筹资速度快,容易取得。长期负债的债权人为了保护自身的利用,往往要对债务人进行全面的财务调查,因而筹资所需时间较长且不易取得。流动负债在较短时间即可归还,故债权人顾虑较少,容易取得。

(2)筹资有弹性。举借长期负债,债权人向债务人提出的限制性条款比较多;而流动负债的限制条件少,资金使用较为灵活,富于弹性。

(3) 筹资成本低。一般来说，流动负债的利率低于长期负债，流动负债筹资成本低。

(4) 筹资风险高。流动负债需要在短期内偿还，因而要求企业在短期内拿出足够的资金偿还债务，若企业届时资金安排不当，就会陷入财务危机。此外，短期负债利率的波动比较大，一时高于长期负债的水平也是可能的。

任务处理

一、商业信用

商业信用是指企业在商品交易中由于延期付款或延期交货（预收货款）所形成的借贷关系，是企业之间的一种直接信用关系。

商业信用是由于货币与商品在时间上与空间上发生分离而产生的，是所谓的"自发性筹资"。虽然按照惯例，经常把它们归入自发性负债，但严格来说它是企业主动选择的一种筹资行为，并非是完全不可控的自发行为。商业信用运用广泛，已成为企业重要的短期资金来源。尤其是对于一些小企业，由于其本身条件的限制，很难从其他一共渠道筹集资金，因此，对商业信用的依赖度很高。

商业信用筹资的最大优越性是容易取得。首先，对于大多数企业来说，商业信用是一种持续性的信贷形式，而且无须正式办理筹资手续。其次，如果没有现金折扣或使用不带息票据，商业信用筹资不负担成本。商业信用筹资缺点在于放弃现金折扣时所付出的成本较高。

商业信用的具体形式有应付账款、应付票据、预收账款等。

（一）应付账款

应付账款是指在发生商品交易后，卖方允许买方在购货后的一定时期内支付货款的一种商业信用形式。买方在延期付款的这段时间内等于向卖方借款，这种负债形成的资金来源一般不出具正式借据，是由卖方根据买方的信誉条件而提供的信贷。这种形式，对卖方来说是为了扩大销售，而对于买方来说，延期付款等于向卖方借用资金购进商品，在一定程度上满足了短期资金筹集的需要。

应付账款是一种最常见的商业信用，这种信用形式建立在卖方对买方的信用和财务状况充分了解和信任的基础上的。卖方为了尽快收回货款，往往会规定一些信用条件。所谓"信用条件"是指卖方对付款时间和现金折扣所作的具体规定。例如，"2/10，n/30"表示买方在购货开发票日之后的 10 天内付款，可以享受到 2% 的现金折扣；若迟于 10 天付款，则不能享受折扣，全部货款必须在 30 日内付清。其中，10 天是折扣期，30 天是信用期。一般来说，买方为了享受到现金折扣，会选择在 10 天内付款（通常是第 10 天）；如果超过 10 天的期限，就放弃了商业折扣。

根据信用条件，应付账款可分为：免费信用，即买方企业在规定的折扣期内享受折扣而获得的信用；有代价信用，即买方企业放弃折扣付出代价而获得的信用；展期信用,即买方企业超过规定的信用期推迟付款而强制获得的信用。

企业在决定是否享受现金折扣时,应慎重决策。通常,放弃现金折扣的成本是高昂的。

1. 应付账款的成本(放弃现金折扣的信用成本)

倘若买方企业购买货物后在卖方规定的折扣期内付款,便可以享受免费信用,这种情况下企业没有因为享受信用而付出代价。

【例5–13】假设羽裳公司按 "2/10, n/30" 的付款条件购入货物20万元。如果该公司在10天内付款,便享受了10天的免费信用期,并获得折扣0.4($20\times2\%$)万元,免费信用额为19.6(20 – 0.4)万元。

倘若羽裳公司放弃折扣,在10天后(不超过30天)付款,便要承担因放弃折扣而造成的隐含利息成本。一般而言,放弃现金折扣的成本可由下式求得:

$$放弃现金折扣的成本 = \frac{折扣百分比}{1-折扣百分比} \times \frac{360}{付款期(信用期)-折扣期}$$

运用上式,羽裳公司放弃折扣所负担的成本为:

$$\frac{2\%}{1-2\%} \times \frac{360}{30-10} = 36.7\%$$

放弃现金折扣的成本实质上是一种机会成本。上述公式表明,放弃现金折扣的成本与折扣百分比的大小、折扣期的长短同方向变化,与信用期的长短反方向变化。可见,如果买方企业放弃折扣而获得信用,其代价是较高的。然而,企业在放弃折扣的情况下,推迟付款的时间越长,其成本便会越小。比如,如果企业推迟到50天付款,其成本为:

$$\frac{2\%}{1-2\%} \times \frac{360}{50-10} = 18.4\%$$

2. 利用现金折扣的决策

在附有信用条件的情况下,因为获得不同信用要付出不同的代价,买方企业便要在利用哪种信用之间作出决策。一般说来:

(1) 如果能以低于放弃现金折扣的成本的利率借入资金,便应在现金折扣期内用借入的资金支付货款。

(2) 如果在折扣期内将应付账款用于短期投资,所得的投资收益率高于放弃现金折扣的资金成本,则放弃现金折扣。

(3) 如果企业因缺乏资金而欲展延付款期,则需在降低了的放弃现金折扣成本与展延付款而带来的信誉损失之间做出选择。

【例5–14】羽裳公司计划购入10万元乙布料,销货方提供的信用条件是2/20, n/60,针对以下几种情况,请为该公司是否享受现金折扣提供决策依据。

(1) 公司现金不足,需从银行借入资金支付购货款,此时银行借款年利率为12%;

(2) 公司有支付能力,但现有一短期投资机会,预计投资报酬率为20%;

(3) 公司由于发生了安全事故,支付一笔赔偿金而使现金紧缺,暂时又不能取得银行借款,但公司预计信用期后30天能收到一笔款项,故公司拟展延付款期至90天。该公司一贯重合同、守信用。

分析如下：

（1）放弃现金折扣的成本为：

$$\frac{2\%}{1-2\%} \times \frac{360}{60-20} = 18.37\%$$

此种情况下，放弃现金折扣的成本大于银行借款年利率，公司应从银行借入资金支付货款，以享受现金折扣。

（2）此种情况下，短期投资机会的预计投资报酬率为20%大于放弃现金折扣的成本，因此，公司应放弃现金折扣，在信用期最后日期付款，以获取短期投资收益。

（3）展延付款期、放弃现金折扣的成本：

$$\frac{2\%}{1-2\%} \times \frac{360}{90-20} = 10.5\%$$

展延付款期后放弃现金折扣的成本较低，企业损失不会太大；如企业能与销货方沟通，取得谅解，对企业不会产生不良影响。

（二）预收账款

预收账款是指销售方按照双方签订的合同和协议，在发出商品之前预先向购货方收取部分或全部货款的信用形式。对于卖方来讲，尚未发出商品即获取一笔款项，等于向买方借入一笔资金。这种由买方向卖方提供的商业信用，一般适用于生产售价高、销路好的商品的企业，或是生产周期长的建筑、安装和重型机械制造企业等。

（三）应付票据

应付票据是企业根据购销合同的要求，在进行延期付款的商品交易时开具的反映债权债务关系的票据。根据承兑人的不同，商业汇票分为银行承兑汇票和商业承兑汇票两种。商业承兑汇票由银行以外的付款人承兑，银行承兑汇票由银行承兑。商业汇票是一种期票，支付期不超过6个月。应付票据可以带息，也可以不带息。应付票据的利率一般比银行借款的利率低，而且不用保持相应的补偿余额和支付协议费，所以应付票据的筹资成本要低于银行借款成本。但是，应付票据到期必须偿还，如若延期便要交付罚金，因而风险较大。

此外，企业还存在一些在非商品交易中产生的、也是自发性筹资的应付费用，如应付职工薪酬、应交税费、其他应付款等。应付费用使企业受益在前、费用支付在后，相当于享受了借款，在一定程度上缓解了企业的资金需要。

二、短期借款

短期借款是企业向银行或其他非银行金融结构借入的期限在1年以内的借款。在短期负债筹资中，短期借款的重要性仅次于商业信用。短期借款可以根据企业的需要安排，比较灵活，也比较容易取得。但其缺点也非常突出：短期借款要在短期内偿还，特别是在带有诸多附加条件的情况下，风险更大。

（一）短期借款的种类

短期借款可根据不同的标准作不同的分类：

（1）按照短期借款的目的和用途不同，可分为生产周转借款、临时借款、结算借款等。

（2）按照偿还方式不同，可分为一次性偿还借款和分期偿还借款。

（3）按照利息支付方法不同，可分为收款法借款、贴现法借款和加息法借款。

（4）按照有无担保，可分为抵押贷款和信用贷款。

（二）短期借款的信用条件

按照国际通行的做法，银行等金融机构在发放短期借款往往带有一些信用条件，主要有：

1. 信贷额度

信贷额度是银行对借款人规定的无担保贷款的最高额。信贷额度的有效期限通常为1年，但根据情况也可预期1年。一般情况下，企业在批准的信贷额度内，可随时使用银行借款。但是，银行并不承担必须提供全部信贷额度的义务。如果企业信誉恶化，即使银行曾同意过按信贷额度提供贷款，企业也可能得不到借款。这时，银行不承担法律责任。

信贷额度无法律效应，银行并不承担必须提供全部信贷数额的义务。

2. 周转信贷协定

周转信贷协议是银行具有法律义务的，承诺提供不超过某一最高限额的贷款协议。在协定的有效期内，只要企业的借款总额未超过最高限额，银行必须满足企业任何时候提出的借款要求。企业享用周转信贷协议，通常要就贷款限额中的未使用部分付给银行一笔承诺费。

（1）周转信贷协定有法律效应，银行必须满足企业不超过最高限额的借款；

（2）贷款限额中未使用部分，企业需支付承诺费。

【例5-15】假设羽裳公司与银行商定的周转信贷额度为3 000万元，年度内实际使用了2 000万元，承诺费率为0.5%，公司应向银行支付的承诺费为：

承诺费 =（3 000 - 2 000）× 0.5% = 5（万元）

3. 补偿性余额

补偿性余额是银行要求借款企业在银行中保持按贷款限额或实际借用额一定百分比（一般为10%~20%）的最低存款余额。对于银行来说，补偿性余额有助于降低贷款风险，补偿其可能遭受的贷款损失。但对于借款企业来说，补偿性余额则提高了借款的实际利率，加重了利息负担。

【例 5-16】 假设羽裳公司向银行借款 10 万元，年利率为 6%，银行要求保留 15% 的补偿性余额，则企业实际可动用的贷款为 8.5 万元，该借款的实际利率为：

$$实际利率 = \frac{10 \times 6\%}{10 \times (1-15\%)} = \frac{6\%}{1-15\%} = 7.06\%$$

4. 借款抵押

银行向财务风险较大的企业或对其信誉不甚有把握的企业发放贷款，有时需要有抵押品担保，以减少其遭受损失的风险。短期借款的抵押品通常是借款企业的应收账款、存货、股票、债券等。银行接受抵押品后，将根据抵押品的面值决定贷款金额，一般为抵押品面值的 30%~90%。这一比例的高低，取决于抵押品的变现能力和银行的风险偏好。抵押借款的成本通常高于非抵押借款，这是因为银行主要向信誉好的客户提供非抵押贷款，而将抵押贷款看成是一种风险投资，所以利率较高；同时，银行管理抵押贷款要比管理非抵押贷款困难，为此往往另外收取手续费。

> 银行向信誉好的客户提供非抵押贷款，而抵押贷款对银行来说是一种风险投资，贷款利率较非抵押贷款高。  小提示

5. 偿还条件

贷款的偿还有到期一次偿还和在贷款期内定期等额偿还两种方式。一般来说，企业不希望采用后一种偿还方式，因为这会提高借款的实际利率；而银行不希望采用前一种偿还方式，因为这会加重企业的财务负担，增加企业的拒付风险，同时降低实际贷款利率。

> 贷款期内定期等额偿还会提高借款的有效年利率。  小提示

（三）短期借款利率及其支付方式

短期借款的利率多种多样，利息支付方法也不一样，银行将根据借款企业的情况选用。

1. 借款利率

借款利率分为以下三种：

（1）优惠利率。优惠利率是银行向财力雄厚、经营状况好的企业贷款时收取的名义利率，为贷款利率的最低限。

（2）浮动优惠利率。浮动优惠利率是一种随其他短期利率的变动而浮动的优惠利率，即随市场条件的变化而随时调整变化的优惠利率。

（3）非优惠利率。非优惠利率是银行贷款给一般企业时收取的高于优惠利率的利率。这种利率经常在优惠利率的基础上加一定的百分比。

2. 借款利息支付方法

（1）收款法。收款法又叫利随本清法，是指在借款到期时一次向银行支付本息的方法。在这种方法下，借款的名义利率与实际利率一致。银行向企业发放的贷款大都采用这种方法收取利息。

（2）贴现法。贴现法是银行向企业发放贷款时，先从本金中扣除利息，而到期时借款企业则要偿还贷款全部本金的一种计息方法。采用这种方法，企业可利用的贷款额只有本金减去利息部分后的差额，因此，贷款的实际利率高于名义利率。

【例5-17】假设羽裳公司从银行取得借款100 000元，期限1年，利率为6%，利息为6 000元。按贴现法付息，企业实际可动用的贷款为94 000元，该借款的实际利率为：

$$实际利率 = \frac{6\ 000}{100\ 000 - 6\ 000} = 6.38\%$$

（3）加息法。加息法是银行发放分期等额偿还贷款时采用的收取利息方法。具体做法是：银行将根据名义利率计算的利息加到本金上，计算出贷款的本利和，并要求贷款企业在贷款期内分期等额偿还本金和利息之和。由于贷款本息在贷款期内分期等额偿还，借款企业实际上只平均使用了贷款本金的半数，却支付了全额利息。这样，企业借款的实际利率便高于名义利率大约1倍。加息法的实际利率计算公式如下：

$$加息法实际利率 = \frac{利息额}{贷款额 \div 2} = \frac{贷款额 \times 名义利率}{贷款额 \div 2} = 名义利率 \times 2$$

【例5-18】假设羽裳公司向银行借款100 000元，期限为1年，利率为6%，分12个月等额偿还本息。该借款的实际利率为：

$$实际利率 = \frac{100\ 000 \times 6\%}{100\ 000 \div 2} = 12\%$$

三、短期融资券

（一）短期融资券及其分类

短期融资券（以下简称融资券），是由企业依法发行的无担保短期本票。在我国，短期融资券是指企业依照《短期融资券管理办法》的条件和程序在银行间债券市场发行和交易的、约定在期限不超过1年内还本付息的有价证券。中国人民银行对融资券的发行、交易、登记、托管、结算、兑付进行监督管理。短期融资券按不同标准可作不同分类：

（1）按发行人分类，短期融资券分为金融企业的融资券和非金融企业的融资券。在我国，目前发行和交易的是非金融企业的融资券。

（2）按发行方式分类，短期融资券分为经纪人承销的融资券和直接销售的融资券。非金融企业发行融资券一般采用间接承销方式进行，金融企业发行融资券一般采用直接发行方式进行。

（二）短期融资券的发行条件

（1）发行人为非金融企业，发行企业均应经过在中国境内工商注册且具备债券评级能力的评级机构的信用评级，并将评级结果向银行间债券市场公示。

（2）发行和交易的对象是银行间债券市场的机构投资者，不向社会公众发行和交易。

（3）融资券的发行由符合条件的金融机构承销，企业不得自行销售融资券，发行融资券募集的资金用于本企业的生产经营。

（4）对企业发行的融资券施行余额管理，待偿还融资券余额不超过企业净资产的40%。

（5）融资券采用实名记账方式在中央国债登记结算有限公司（简称中央结算公司）登记托管，中央结算公司负责提供有关服务。

（6）融资券在债权债务登记日的次一工作日，即可以在全国银行间债券市场的机构投资人之间流通转让。

（三）短期融资券的发行程序

（1）公司作出发行短期融资券的决策；

（2）办理发行短期融资券的信用评级；

（3）向有关审批机构（中国人民银行）提出发行申请；

（4）审批机关对企业提出的申请进行审查和批准；

（5）正式发行短期融资券，取得资金。

（四）发行短期融资券筹资的特点

（1）短期融资券的筹资成本较低。相对于发行公司债券筹资而言，发行短期融资券的筹资成本较低。

（2）短期融资券筹资数额比较大。相对于银行借款筹资而言，短期融资券一次性的筹资数额比较大。

（3）发行短期融资券的条件比较严格。必须是具备一定信用等级的实力强的企业，才能发行短期融资券筹资。

什么是央行定向降准

降准是降低存款准备金率的省略说法。定向降准是指针对于特定的金融领域进行的降低存款准备金率的做法。央行定向降准是央行实施的一系列以降低存款准备金率为目的的货币政策，而这就意味着央行将采取较为宽松的政策，为市场注入了一笔资金，降低了民间融资成本，激发市场资金流动性，刺激经济增长。

项目小结

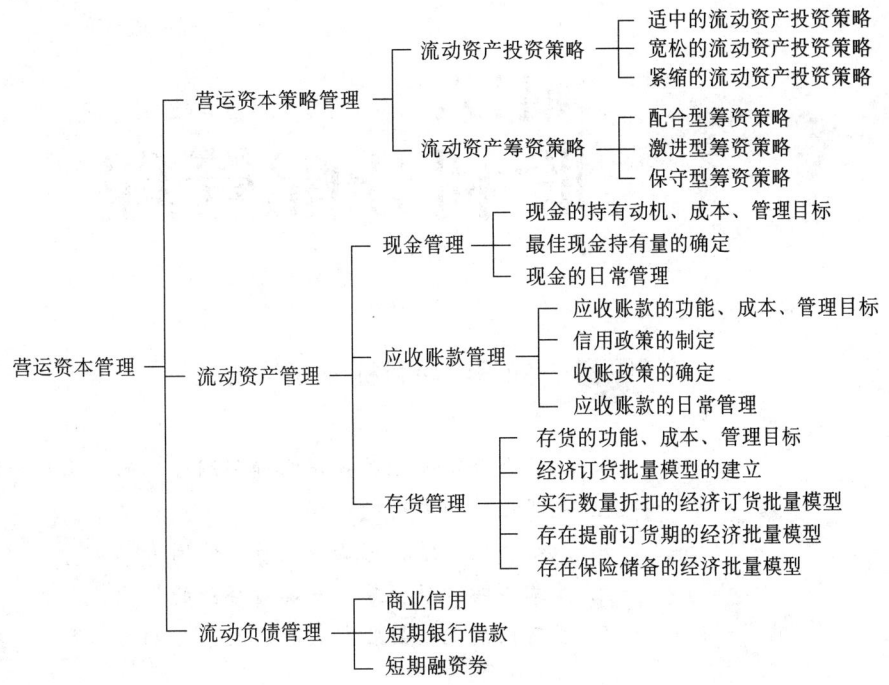

项目六
股利分配管理

 知识学习目标

1. 能结合会计等相关知识明确利润分配的原则和分配的顺序
2. 能明确股利支付的程序
3. 能结合实际掌握影响股利政策的因素
4. 能掌握四种股利政策及其对企业的影响
5. 能有区别地把握股票股利、股票分割与回购

 技能训练目标

1. 培养运用网络搜集上市公司信息的能力
2. 养成将不同学科知识融会贯通的能力

任务一
股利支付程序和方式

 引导案例

羽裳服装公司于 2017 年实现税前利润 6 500 万元,在交纳了企业所得税、提取法定盈余公积后,准备向投资者分配利润。2018 年 2 月,公司召开董事会,确定利润分配原则、方案以及程序等问题。公司决定在 2018 年改善产品结构,增加新的服装品种,因此需要进行投资。在利润分配的问题上,公司既要向投资者分配利润,又要留出进行再投资的股权资金,同时还要兼顾债权人、企业职工等的利益。会议就这些问题进行了讨论。

知识准备

利润分配是指按照有关政策的规定和顺序，将净利润分配给投资者和留存于公司再投资的活动，是企业在一定时期内所创造的剩余价值总额在企业内外各利益主体之间分割的过程。因此，企业财务活动中的利润分配活动，首先，执行有关的法律、政策、制度以及事先确定的分配顺序；其次，由于利润分配活动影响企业的筹资活动和投资活动，影响各方的经济利益，因此分配活动必须妥善处理好各利益主体之间的关系、企业短期发展和长远发展的关系，以保证企业的健康稳定发展。

一、利润分配原则

利润分配关系企业、投资者等有关各方的利益，涉及企业的生存与发展。因此，在利润分配过程中，应遵循以下原则：

（一）依法分配原则

企业的利润分配必须依法进行。针对企业的利润分配行为，国家制定和颁布了若干法律法规，如《中华人民共和国公司法》以下简称《公司法》、《中华人民共和国企业所得税法》以下简称《企业所得税法》以及财务管理的有关规章制度。这些法律法规规定了企业利润分配的基本原则、一般次序和重大比例，企业应认真执行，不得违反。

（二）资本保全原则

企业的利润分配必须以资本的保全为前提。企业的利润分配是对投资者投入资本的增值部分所进行的分配，不是投资者资本金的返还。以企业的资本金进行的分配，属于一种清算行为，而不是利润的分配。按照这一原则，一般情况下，企业如果存在尚未弥补的亏损，应首先弥补亏损，再进行其他分配。当然，股份公司为了维护公司信誉，避免股价波动，经股东大会特别决议，也可以用以前年度积累的法定盈余公积分配股利，但有一定的比例限制，不能分净吃光。

（三）兼顾各方利益原则

企业的利润分配必须兼顾各方面的利益。企业的利润分配直接关系到投资者、经营者、职工等多方面的利益。企业除依法纳税外，投资者作为资本投入者和企业的所有者，依法享有净收益的分配权。企业的债权人，在向企业投入资金的同时也承担了一定的风险，企业的利润分配中应当体现出对债权人利益的充分保护，不能伤害债权人的利益。另外，企业的员工是企业净收益的直接创造者，企业的利润分配应当考虑到员工的长远利益。因此，企业在进行利润分配时，应当树立全局观念，统筹兼顾，维护各方利益。

（四）分配与积累并重原则

企业的利润分配必须坚持分配与积累并重的原则。企业实现的净利润，一部分向投资者分配；另一部分形成企业的积累。企业积累起来的留存收益虽暂时未作分配，但仍归企业所有者拥有。这部分积累不仅为企业扩大再生产筹措了资金，同时也增强了企业抵抗风险的能力，提高了企业经营的安全系数和稳定性。正确处理分配与积累之间的关系，留存一部分利润以供未来分配之需，可以达到以丰补歉、平抑利润分配数额波动幅度、稳定投资回报率的效果。实践证明，投资者更为青睐能够提供稳定回报的企业。因此，企业在进行利润分配时，应当正确处理分配与积累的关系。

（五）投资与收益对等原则

企业分配利润应当体现投资与收益对等的原则，即"谁投资谁受益"、受益大小与投资比例相适应，这是正确处理投资者利益关系的关键。这就要求企业在向投资者分配利润时，应本着平等一致的原则，按照各方投资比例多少进行分配，保护投资者的利益，鼓励投资者投资。

二、利润分配的顺序

企业通过经营活动赚取收益，并将其在相关各方之间进行分配。企业的收益分配有广义的收益分配和狭义的收益分配两种。广义的收益分配是指对企业的收入和收益总额进行分配的过程；狭义的收益分配则是指对企业净收益的分配。在实际工作中，企业收益分配具体表现为企业一定时期实现的利润总额的分配。按照我国《公司法》的有关规定，企业应当按照如下程序进行利润分配：

（一）弥补以前年度亏损，但不得超过税法规定的弥补期限

税法规定，企业某一纳税年度发生的亏损可以用下一年度的所得弥补，下一年度的所得不足以弥补的，可以逐年延续弥补，但最长不得超过5年。

（二）缴纳企业所得税

企业所得税是对我国境内的企业和其他取得收入的组织的生产经营所得和其他所得征收的所得税。它按年计征，分期预缴。企业必须严格执行《企业所得税法》的规定，正确计算和缴纳企业所得税。

（三）弥补在税前利润弥补之后仍存在的亏损

如果企业的亏损数额较大，用税前利润在5年的期限内弥补不完，就应由企业的税后利润弥补。

（四）提取法定公积金

根据《公司法》的规定，企业应按当年税后利润（弥补亏损后）的10%提取法定公积金，当法定公积金累计达到注册资本的50%以后，可以不再提取。法定公积金主要用于弥补亏损、转增资本和在企业亏损年度经股东会特别决议后按规定分配股利。用法定公积金转增资本或分配股利后不得低于转增前注册资本的25%。提取法定公积金的目的是为了增加企业内部积累，以利于企业扩大再生产。

（五）提取任意公积金

经股东会或股东大会决议，企业还可以从税后利润中提取任意公积金，其用途和法定公积金相同。

（六）向投资者分配利润

根据《公司法》的规定，企业弥补亏损和提取公积金后所余税后利润，可以向股东（投资者）分配股利（利润）。其中，有限责任公司股东按照实缴的出资比例分取红利，全体股东约定不按照出资比例分取红利的除外；股份有限公司按照股东持有的股份比例分配，但股份有限公司章程规定不按持股比例分配的除外。

■ 任务处理

一、股利支付的程序

（一）决策程序

上市公司股利分配的基本程序是，首先由公司董事会根据公司盈利水平和股利政策，制定股利分配方案，提交股东大会审议，通过后方能生效。董事会即可依股利分配方案宣布，并在规定的股利发放日以约定的支付方式派发。在经上述决策程序之后，公司方可对外发布股利分配公告、具体实施分配方案。我国股利分配决策权属于股东大会。我国上市公司的现金分红一般是按年度进行，也可以进行中期现金分红。

（二）分配信息披露

根据有关规定，公司利润分配方案、公积金转增股本方案须经股东大会批准，董事会应当在股东大会召开后2个月内完成股利派发或股份转增事项。在此期间，董事会必须对外发布股利分配公告，以确定分配的具体程序与时间安排。

股利分配公告，一般在股权登记前3个工作日发布。如公司股东较少，股票交易又不活跃，公告日可以与股利支付日在同一天。公告内容包括：①利润分配方案。②股利分配对象，为股权登记日当日登记在册的全体股东。③股利发放方法。我国上市公司的股利分配程序应当按登记的证券交易所的具体规定进行。

（三）分配程序

以深圳证券交易所的规定为例：对于流通股份，其现金股利由上市公司于股权登记日前划入深交所账户，再由深交所于登记日后第3个工作日划入各托管证券经营机构账户，托管证券经营机构于登记日后第5个工作日划入公司资金账户。红股则于股权登记日后第3个工作日直接计入股东的证券账户，并自即日起开始上市交易。

（四）股利支付过程中的重要日期

公司在选择了股利政策、确定了股利支付方式后，应当进行股利的发放。公司股利的发放必须遵循相关的要求，按照日程安排来进行。一般来说，股利的发放要按照下列日程来进行：

1. 股利宣告日

股利宣告日是指股东大会通过分配预案并由董事会宣布发放股利的日期。在宣布分配预案的同时，要公布股权登记日、除息日和股利支付日。

2. 股权登记日

股权登记日是有权领取本次股利的股东资格登记截止日期。股权登记日是明确是否有资格领取股利的日期界限。由于股票可以在证券市场上自由交易，股东经常变动。为了明确具体的股利发放对象，公司必须规定股权登记日。只有登记日前在公司股东名册上的股东，才有权分享股利，在次日及以后取得公司股票的股东则没有权利取得这次分派的股利。

3. 除息日

除息日是股权登记日的下一个交易日。在除息日，股票的所有权和领取股息的权利分离，股利权利不再从属于股票，所以在这一天购入公司股票的投资者不能享有已宣布发放的股利。另外，由于失去了"附息"的权利，除息日的股价会下跌，下跌的幅度约等于分派的股息。

4. 股利发放日

股利发放日是向股东发放股利的日期。在这一天，公司通过资金清算系统或其他方式，按公布的分红方案向股权登记日在册的股东实际支付股利。

【例6-1】 假设羽裳服装公司是上市公司，2018年3月8日召开董事会会议，讨论上年度股利分配方案，并于3月25日提交股东大会表决通过，同日发布公告如下：本公司于2018年3月25日召开股东大会，讨论通过上年度股利分配方案：每10股派发现金股利15元，送红股5股。所有2018年4月10日前持有本公司股票的股东将获得本次发放的股利，股利将于4月25日发放。

在本例中，2018年3月25日为股利宣告日，2018年4月10日为股权登记日，2018年4月11日为除息日，4月25日为股利支付日如图6-1所示。

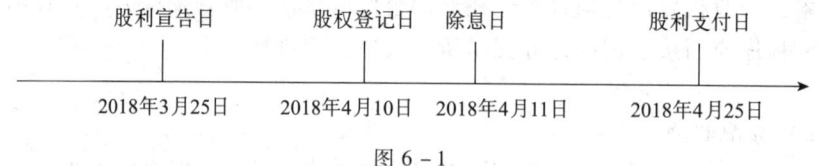

图6-1

二、股利支付的方式

按照公司对股东支付股利的形式不同。其中，常见的有以下四类：

1. 现金股利

现金股利是股份公司以现金的形式发放给股东的股利。发放现金股利的多少主要取决于公司的股利政策和经营业绩。上市公司发放现金股利主要出于三个原因：投资者偏好、减少代理成本和传递公司的未来信息。公司采用现金股利形式时，必须具备两个基本条件：①公司要有足够的未指明用途的留存收益（未分配利润）；②公司要有足够的现金。

2. 股票股利

股票股利是公司以增发的股票作为股利的支付方式，将在任务三中详细介绍。

3. 财产股利

财产股利，是以现金以外的其他财产支付的股利，主要以公司所拥有的其他公司的有价证券，如公司债券、公司股票等，作为股利发放给股东。

4. 负债股利

负债股利是以负债方式支付的股利，通常以公司的应付票据支付给股东，有时也以发行公司债券的方式支付股利。由于负债要还本付息，因此，这种股利支付方式对公司的支付压力较大，只能作为现金不足时的权宜之策。

财产股利和负债股利实际上是现金股利的替代，在我国实务中很少使用，但并非法律所禁止。

何谓"风险投资"

"风险投资"又被称为创业投资（简称"创投"），主要是指向初创企业提供资金支持并取得该公司股份的一种融资方式。风险投资的英文名称是"Venture Capital"，一般被专业人士简称为VC。风险投资是私人股权投资的一种形式。

风险投资公司为专业的投资公司，由一群具有科技及财务相关知识和经验的人组合而成，经由直接投资被投资公司股权的方式，提供资金给需要资金者（被投资公司）。风险投资公司的资金大多用于投资新创事业或是未上市企业，并不以经营被投资公司为目的，仅是提供资金及专业上的知识和经验，以协助被投资公司获取更大的利润为目的，所以是一个追求长期利润的高风险高报酬事业。

风险投资家既是投资者又是经营者，一般都有很强的技术背景，同时他们也拥有专业的经营管理知识，这样的知识背景帮助他们能够很好地理解高科技企业的商业模式，并且能够帮助创业者改善企业的经营和管理。

风险投资最终会退出风险企业。风险投资虽然投入的是权益资本，但是他们的目的不是获得企业所有权，而是盈利，得到丰厚利润和显赫功绩后从风险企业退出。

任务二
股利政策及其选择

引导案例

羽裳服装公司自成立以来，一直实行的是低正常股利加额外股利政策。公司事先设定一个较低的经常性股利额，一般情况下，公司每期都按此金额支付正常股利，只有企业盈利较多时，再根据实际情况发放额外股利。2017年，企业的效益下滑，利润减少，而2018年为了企业的更好发展，要调整产品结构，进行投资，所以董事会研究决定，2018年只向股东支付正常股利，相信股东能够支持企业的发展和企业共度难关。由于企业2018年的应收账款余额较大，现金流量不是很充足，所以公司决定采取以股票股利支付方式来向股东分配利润。

知识准备

股利政策是指在法律允许的范围内，企业是否发放股利、发放多少股利以及何时发放股利等方面的方针和对策。股利政策是现代公司理财活动的核心内容之一。一方面，它是公司筹资、投资活动的逻辑延续，是其理财行为的必然结果；另一方面，恰当的股利分配政策，不仅可以树立起良好的公司形象，而且能激发广大投资者对公司持续投资的热情，从而使公司获得长期、稳定的发展条件和机会。

一、股利理论

围绕公司股利政策对公司股票价值或者公司价值有无影响，形成了股利政策的基本理论。在西方学术界以及实务界，对该理论的研究存在着不同的观点，形成了不同的股利理论。

（一）股利无关论

股利无关论认为公司的股利政策不会对公司价值（股票价格）产生影响。其代表人物是美国财务学家米勒和莫迪格莱尼（Miller 和 Modigliani），因此该理论又称为MM理论。他们指出，在满足一定条件下，公司的股利政策不会对公司的价值或股票的价格产生任何影响。一个公司的股票价格完全由公司的投资决策的获利能力和风险组合决定，而与公司的利润分配政策无关。其假设前提是：

（1）现行市场价格反映了所有已公开或者未公开的信息，公司的投资者和管理当局可以相同地获得关于未来投资机会的信息；

(2) 没有筹资费用（包括发行费用和各种交易费用）；
(3) 不存在个人和公司所得税；
(4) 公司的投资决策与股利政策彼此独立（即公司的股利政策不影响投资决策）。
股利无关论认为：

1. 投资者并不关心公司股利的分配

若公司留存较多的利润用于再投资，会导致公司股票价格上升；此时尽管股利较低，但需用现金的投资者可以出售股票换取现金。若公司发放较多的股利，投资者又可以用现金再买入一些股票以扩大投资。也就是说，投资者对股利和资本利得并无偏好。

2. 股利的支付比率不影响公司价值

既然投资者不关心股利的分配，公司的价值就完全由其投资政策及其获利能力所决定，公司的盈余在股利和保留盈余之间的分配并不影响公司的价值，既不会使公司价值增加，也不会使公司价值降低。

（二）股利相关论

股利相关论认为，企业的股利政策会影响到股票价格。其代表性观点主要有：

1. "手中鸟"理论

"手中鸟"理论又称为"一鸟在手"理论。这种理论认为，在不确定的条件下，公司利润在留存收益和股利之间的分配影响股票价格。投资者对股利收益与资本利得收益是有偏好的，大部分投资者更偏向于股利收益，特别是正常的股利收益。因为正常的股利收益是投资者能够按时、按量、有把握取得的现实收益，好比在手之鸟，抓在手中是飞不掉的。而资本利得收益要靠出售股票才能得到，但抛售股票的价格起伏不定，具有很大的不确定性。一旦股价大跌，则资本利得会大幅度减少，好比在林之鸟，看上去多，却不一定能抓到。因此，资本利得风险比股利风险大得多。在两者之间，投资者更偏向于选择股利支付比率较高的股票。随着公司股利支付率的下降，股票价格因此而下跌。用谚语来形容就是"一鸟在手，强于二鸟在林"，该理论因此而得名。

2. 信号传递理论

这种理论认为，MM 理论中关于公司的投资者和管理当局可以相同地获得关于未来投资机会的信息这一假设是不存在的。这是因为，投资者一般只能通过公司的财务报告及其他公司的财务信息来了解公司的经营状况和盈利能力，并据此来判断股票的价格是否合理。但财务报告在一定时期内是可以调整的，甚至还可能有虚假的成分。因此，投资者对未来收益和发展的了解远不如公司管理人员清晰，即存在着某种信息不对称。在这种信息不对称的情形下，现金股利的分配就成了一个难得的信息传播渠道。股利政策因此就有了信息效应，即股利的分配给投资者传递了一个难得的关于公司盈利能力的信息，而这一信息自然会引起股票价格的变化。通常，增加现金股利的支付，向投资者传递的是公司经营状况良好、盈利能力充足的信息，会导致股票价格的上升；反之，减少现金股利的支付，可能给投资者传递的是公司经营状况恶化、前途不甚乐观的信息，会导致股票价格的下跌。这就是说，股利政策所产生的信息效应影响股票的价格。

3. 所得税差异理论

这种理论认为，MM 理论中关于不存在个人及公司所得税这一假设是不存在的。在现实中，不仅存在个人和公司所得税，而且在很多国家，资本利得与股利收入的所得税税率是不同的，前者较低，后者较高。其次，如果投资者不出售股票，就不会获得资本利得，也就不需要纳税；只有出售股票获得资本利得时才纳税，因此投资者对资本利得收入的纳税时间选择更有弹性，具有推迟纳税的效果。因此，该理论认为，由于普遍存在的所得税税率的差异及纳税时间的差异，资本利得收入比股利收入更有助于实现收益最大化目标，企业应当采用低股利政策。

4. 客户效应理论

客户效应理论是对所得税差异理论的进一步扩展，该理论任务投资者不仅对资本利得和股利收入有偏好，即使投资者本身，因其税收类别不同，对公司股利政策的偏好也是不同的。富有的投资者偏好低股利支付率的股票，偏好少分现金股利，多留存。这样既可以避免因取得股利收入而进一步增加其按较高税率计算并支付的个人所得税，又可以为将来积累财富。收入比较低的投资者喜欢高股利支付率的股票，偏好经常性的高额现金股利，因为较多的现金股利可以弥补其收入的不足，并可以减少不必要的交易费用。因此，较高的现金股利满足不了富有的投资者需要，而较低的现金股利又会引起低收入阶层的不满。所以，投资者会根据自己的偏好，选择股利政策不同的公司。

5. 代理理论

代理理论认为，股利政策有助于减缓管理者与股东之间的代理冲突，即股利政策是协调股东与管理者之间代理关系的一种约束机制。该理论认为，股利的支付能够有效地降低代理成本。首先，股利的支付减少了管理者对自由现金流量的支配权，这在一定程度上可以抑制公司管理者的过度投资或在职消费行为，从而保护外部投资者的利益；其次，较多的现金股利发放，减少了内部融资，导致公司进入资本市场寻求外部融资，从而公司将接受资本市场上更多、更严格的监督，这样便通过资本市场的监督减少了代理成本，因此，高水平的股利政策降低了企业的代理成本，但同时增加了外部融资成本，理想的股利政策应当使两种成本之和最小。

二、确定股利分配政策应考虑的因素

在现实生活中，公司的股利政策是在种种制约因素下进行的，采取何种股利政策虽然是由管理层决定，但是实际上在其决策过程中会受到许多主观和客观因素的制约。确定股利分配政策时应考虑的因素有：

（一）法律因素

为了保护债权人和股东的利益，有关法律法规对公司的股利分配作出了限制，股利政策的确定必须符合相关法律法规的要求。

1. 资本保全约束

公司不能用资本（股本和资本公积）发放股利，股利的支付不能减少法定资本。资本保全的目的，在于防止企业任意减少资本结构中的所有者权益的比例，以保护债权人的利益。

2. 资本积累约束

按照规定，公司的税后利润必须先提取法定公积金，同时鼓励企业提取任意公积金。只有当提取的法定公积金达到注册资本的 50% 时，才可以不再计提。提取法定公积金后的利润净额才可以用于支付股利。

3. 超额累积利润约束

由于股东接受股利缴纳的所得税高于其进行股票交易的资本利得税，所以，企业通过保留利润来提高其股票价格，可使股东避税。许多国家规定不得超额累积利润，一旦企业的保留盈余超过法律认可的水平，将被加征额外税额。

4. 净利润的约束

规定公司年度累计净利润必须为正数时才可发放股利，以前年度亏损必须足额弥补。

5. 偿债能力约束

现金股利是企业现金的支出，而大量的现金支出必然影响公司的偿债能力。因此，企业在确定股利分配数量时，一定要考虑现金股利分配对企业偿债能力的影响。如果企业已经无力偿付到期债务，或因股利的支付而使其失去偿债能力，则不能支付股利，以保护债权人的利益。

（二）公司因素

公司出于长期发展和短期经营的考虑，需要考虑以下因素，来确定利润分配政策。

1. 盈余的稳定性

公司能否获得长期稳定的盈余，是其股利分配政策的重要依据。一个公司的盈利越稳定，其股利支付水平就越高。

2. 资产的流动性

企业现金股利的支付能力，在很大程度上受其资产变现能力的限制。较多地支付现金股利，会减少企业的现金持有量，使资产的流动性降低。而保持一定的资产流动性，是企业经营所必需的。所以，一个公司的现金状况和资产流动性越好，其股利支付能力就越强。

3. 举债能力

如果企业的举债能力较强，能够及时筹措到所需资金，有可能采取较为宽松的股利政策；如果企业的举债能力较弱，公司则不得不多留存盈余，从而采取较紧的股利政策。企业规模越大，实力越雄厚，其举债能力就越强。

4. 投资机会

利润分配政策受到企业未来投资机会的影响。有着良好投资机会的企业，需要有强大的资金支持，因而往往较少发放现金股利，将大部分盈余用于投资；缺乏良好投资机会的企业，保留大量现金会造成资金的闲置，于是倾向于支付较高的现金股利。所以，处于成长中的企业往往采取低现金股利政策；处于经营萎缩的多采取高现金股利政策。

5. 资本成本

与发行新股相比，保留盈余不需要花费筹资费用，是一种比较经济的筹资渠道。所以，从资本成本考虑，如果企业欲扩大规模，有筹资需要时，可以采取低现金股利政策。

（三）股东因素

公司的股利政策最终由代表股东利益的董事会决定，因此，股东的要求不可忽视。

股东在收入、控制权、税赋、投资机会等方面的考虑均对企业的股利分配政策产生影响。

1. 稳定的收入

富有的股东多半不会依赖企业发放的现金股利维持生活,他们对定期支付股利的要求不会非常迫切;相反,那些依靠现金股利维持生活的股东,则非常关注现金股利,特别是稳定的现金股利发放。

2. 控制权的稀释

如果企业支付较高的现金股利,其留存收益将相应减少。这意味着企业将来为筹集资金发行新股的可能性加大。若发行新股,在原有股东拿不出更多的资金购买新股时,其所持股权必然被稀释。所以,为避免由于增发新股造成的股权稀释,原有股东就会倾向于较低的股利支付政策,以便从内部的留存收益中获得所需资金。

3. 避税

企业的股利政策会受到股东对避税因素的考虑。一般来讲,股利收入的税率要高于资本利得的税率,很多股东由于对避税因素的考虑而偏好于低股利支付水平,因为低股利政策会使他们获得更多纳税上的好处。

(四) 其他因素

除了上述因素外,还有一些因素也会制约公司的股利政策。

1. 债务合同约束

企业的债务合同,特别是长期债务合同,往往有限制企业现金支付程度的条款,这使企业只得采取低现金股利政策。

2. 所处行业

一般来说,朝阳行业一般处于调整成长期,甚至能以数倍于经济发展速度的水平发展,因而可能进行较高比例的股利支付;而夕阳产业则由于处在发展的衰退期,就难以进行高比例的分红。

3. 通货膨胀

在通货膨胀情况下,由于货币的购买力下降,公司计提的折旧不能满足重置固定资产的需要,需要动用盈余补足重置固定资产的需要,因此通货膨胀时期公司往往采取偏紧的股利政策。

任务处理

一、剩余股利政策

(一) 剩余股政策的含义

剩余股利政策是将股利的分配与企业的资本结构有机地联系起来,即在企业有着良好的投资机会时,首先要根据企业的最佳资本结构(目标资本结构)测算出企业投资所需的权益资本,从企业的未分配利润中扣除所需增加的权益资本,然后将剩余的未分配利润作为股利予以分配。

剩余股利政策的理论依据是 MM 股利无关理论。在完全理想状态下的资本市场中，股份公司的股利政策与公司普通股每股市价无关，公司派发股利的高低不会对股东的财富产生实质性的影响，公司决策者不必考虑公司的股利分配方式，公司的股利政策将随公司投资、融资方案的制定而确定。因此，在完全资本市场的条件下，股利完全取决于投资项目需用盈余后的剩余，投资者对于盈利的留存或发放股利毫无偏好。

（二）剩余股利政策的具体应用程序

（1）设定目标资本结构，即确定权益资本与债务资本的比率，在此资本结构下，加权平均资本成本将达到最低水平；

（2）确定目标资本结构下企业投资项目的权益资金需要额；

（3）尽可能地使用留存收益来满足投资所需的权益资本数额；

（4）留存收益在满足投资需要后尚有剩余时，则派发现金股利。

【例6-2】假设羽裳服装公司2017年的税后净利润为8 000万元，由于公司尚处于初创期，产品市场前景看好，产业优势明显。确定的目标资本结构为：负债资本为70%，股东权益资本为30%。如果2018年该公司有较好的投资项目，需要投资6 000万元，该公司采用剩余股利政策，则该公司应当如何融资和分配股利？

首先，确定按目标资本结构需要筹集的股东权益资本为：

6 000 × 30% = 1 800（万元）

其次，确定应分配的股利总额为：

8 000 - 1 800 = 6 200（万元）

因此，该股份公司还应当筹集负债资金：

6 000 - 1 800 = 4 200（万元）

（三）剩余股利政策的优缺点

1. 剩余股利政策的优点

留存收益优先保证再投资的需要，使综合资本成本最低，保持理想的资本结构，实现企业价值的长期最大化。

2. 剩余股利政策的缺陷

（1）如果完全遵照执行剩余股利政策，将使股利发放额每年随投资机会和盈利水平的波动而波动。即使在盈利水平不变的情况下，股利将与投资机会的多寡呈反方向变动；投资机会越多，股利越小；反之，投资机会越少，股利发放越多。而在投资机会维持不变的情况下，则股利发放额将因公司每年盈利的波动而同方向波动。

（2）剩余股利政策不利于投资者安排收入与支出，也不利于公司树立良好形象，一般适用于公司初创阶段。

二、固定股利支付率政策

（一）固定股利支付率政策含义

固定股利支付率政策是公司确定一个股利占净利润的比率作为固定的股利支付率，

并长期按此比率从净利润中支付股利的政策。在这一股利政策下，各年股利额随税后利润的波动而波动，获得净利润较多的年份股利额就高，获得净利润较少的年份股利额就低。

固定股利支付率政策的理论依据是"一鸟在手"理论。该理论认为，用留存利润再投资带给投资者的收益具有很大的不确定性，并且投资风险随着时间的推移将进一步增大，因此，投资者更倾向获得现在的固定比率的股利收入。如果有 A 股票和 B 股票，它们的基本情况相同，A 股票支付股利，而 B 股票不支付股利，那么，A 股票价格要高于不支付股利 B 股票的价格。同样股利支付率高的股票价格肯定要高于股利支付率低的股票价格。显然，股利分配模式与股票市价相关。

【例 6-3】假设羽裳服装公司长期以来采用固定股利支付率政策进行股利分配。该公司 2016 年税后净利为 500 万元，2017 年税后盈余降为 475 万元。目前，公司发行在外普通股为 100 万股。该公司对未来仍有信心，决心投资 400 万元设立新厂，其 60% 将来自举债，40% 来自权益资金。此外，该公司去年每股股利为 3 元。要求计算：

（1）若该公司实行固定股利支付率政策，则 2017 年应支付每股股利多少元？
（2）若该公司实行剩余股利政策，则 2017 年应支付每股股利多少元？

分析如下：
（1）若该公司实行固定股利支付率政策：
固定股利支付率：$3 \times 100 \div 500 = 60\%$
2017 年可支付股利：$475 \times 60\% = 285$（万元）
2017 年每股股利：$285 \div 100 = 2.85$（元）
（2）若该公司实行剩余股利政策：
2017 年需要权益资金：$400 \times 40\% = 160$（万元）
2017 年可发放股利：$475 - 160 = 315$（万元）
2017 年每股股利：$315 \div 100 = 3.15$（元）

（二）固定股利支付率政策的优缺点

1. 固定股利支付率政策的优点

（1）采用该政策，使股利与企业盈余紧密结合，以体现"多盈多分、少盈少分、不盈不分"的原则。

（2）由于公司的获利能力在年度间是经常变动的，因此，每年的股利也应当随着公司收益的变动而变动。采用固定股利支付率政策，公司每年按固定的比例从税后利润中支付现金股利，从企业支付能力的角度看，这是一种稳定的股利政策。

2. 固定股利支付率政策的缺点

（1）公司财务压力较大。根据固定股利支付率政策，公司实现利润越多，派发股利也就应当越多。而公司实现利润多只能说明公司盈利状况好，并不能表明公司的财务状况就一定好。在此政策下，用现金分派股利是刚性的，这必然给公司带来相当的财务压力。

（2）缺乏财务弹性。股利支付率是公司股利政策的主要内容，股利分配模式的选择、股利政策的制定是公司的财务手段和方法。在公司发展的不同阶段，公司应当根据自身的财务状况制定不同的股利政策，这样更有利于实现公司的财务目标。但在固定股利支付率政策下，公司丧失了利用股利政策的财务方法，缺乏财务弹性。

（3）确定合理的固定股利支付率难度很大。一个公司如果股利支付率确定低了，则不能满足投资者对现实股利的要求；反之，公司股利支付率确定高了，就会使大量资金因支付股利而流出，公司又会因资金缺乏而制约其发展。可见，确定公司较优的股利支付率是具有相当难度的工作。

由于公司每年面临的投资机会、筹资渠道都不相同，这些因素都会影响公司的股利分配。所以，一成不变地奉行固定股利支付率政策的公司在实际中并不多见，固定股利支付率政策只能适用于稳定发展的公司和公司财务状况较稳定的阶段。

三、固定股利或稳定增长股利政策

（一）固定股利或稳定的股利政策含义

固定股利或稳定的股利政策是公司将每年派发的股利额固定在某一特定水平上，然后在一段时间内不论公司的盈利情况和财务状况如何，派发的股利额均保持不变。只有当企业对未来利润增长确有把握，并且这种增长被认为是不会发生逆转时，才增加每股股利额。这一政策的特点是，不论经济状况如何，也不论企业经营业绩好坏，将每期的股利固定在某一水平上保持不变，只有当公司管理当局认为未来盈利将显著地、不可逆转地增长时，才会提高股利的支付水平。

（二）采用固定股利或稳定增长股利政策的原因

采用该政策的理论依据是"一鸟在手"理论和信号传递理论。其原因是：

（1）股利政策向投资者传递重要信息。如果公司支付的股利稳定，就说明该公司的经营业绩比较稳定，经营风险较小，有利于股票价格上升；如果公司的股利政策不稳定，股利忽高忽低，这就给投资者传递企业经营不稳定的信息，导致投资者对风险的担心，进而使股票价格下降。

（2）稳定的股利政策，是许多依靠固定股利收入生活的股东更喜欢的股利支付方式，它更利于投资者有规律地安排股利收入和支出。普通投资者一般不愿意投资于股利支付额忽高忽低的股票，因此，这种股票不大可能长期维持在相对较高的价位。

（3）股票市场会受到多种因素的影响，其中包括股东的心理状态和其他要求，稳定的股利可能比降低股利或降低股利增长率对稳定股价更为有利。

（三）固定股利或稳定增长股利政策的缺陷

（1）公司股利支付与公司盈利相脱离。即不论公司盈利多少，都要支付固定的或按固定比率增长的股利，这可能导致企业资金短缺，财务状况恶化。

（2）在企业无利可分的情况下，若依然实施固定或稳定增长的股利政策，会侵蚀公司留存利润和公司资本，是违反《公司法》的行为。

因此，采用固定股利或稳定增长股利政策，要求公司对未来的盈利和支付能力能作出准确的判断。一般来说，公司确定的固定股利额不宜太高，以免陷入无力支付的被动局面。固定股利或稳定增长股利政策通常适用于经营比较稳定或正处于成长期的企业，但很难长期采用该政策。

四、低正常股利加额外股利政策

（一）低正常股利加额外股利政策含义

低正常股利加额外股利政策是公司事先设定一个较低的经常性股利额，一般情况下，公司每期都按此金额支付正常股利，只有企业盈利较多时，再根据实际情况发放额外股利。

低正常股利加额外股利政策的理论依据是"一鸟在手"理论和信号传递理论。将公司派发的股利固定地维持在较低的水平，则当公司盈利较少或需用较多的保留盈余进行投资时，公司仍然能够按照既定的股利水平派发股利，体现了"一鸟在手"理论。而当公司盈利较大且有剩余现金，公司可派发额外股利，体现了信号传递理论。公司将派发额外股利的信息传播给股票投资者，有利于股票价格的上扬。可以用一下公式表示：

$$Y = a + bX$$

其中，Y 为每股股利，X 为每股收益，a 为低正常股利，b 为额外股利支付比率。

（二）低正常股利加额外股利政策优缺点

1. 低正常股利加额外股利政策优点

（1）低正常股利加额外股利政策可以赋予企业较大的灵活性。当企业盈余较少或投资需要较多资金时，可以维持设定的较低的但正常的股利，股东不会有跌落感；而当盈余有较大幅度增加时，可适度增发股利，把企业经济繁荣的部分利益分配给股东，使他们增强对公司的信心，这有利于稳定股票的价格。

（2）低正常股利加额外股利政策，既可以维持股利的一定稳定性，吸引那些依靠股利度日的股东，又有利于企业的资本结构达到目标资本结构，使灵活性与稳定性较好地相结合，因而为许多企业所采用。

2. 低正常股利加额外股利政策的缺点

（1）股利派发仍然缺乏稳定性，额外股利随盈利的变化，时有时无，给人漂浮不定的印象；

（2）如果公司较长时期一直发放额外股利，股东就会误认为这是"正常股利"，一旦取消，极易造成公司"财务状况"逆转的负面影响，股价下跌在所难免。

相对来说，对那些盈利随着经济周期而波动较大的公司或者盈利与现金流量很不稳定时，低正常股利加额外股利政策也许是一种不错的选择。

【例 6-4】 假设羽裳服装公司 2016 年度实现的净利润为 1 000 万元，分配现金股利 550 万元，提取盈余公积 450 万元（所提盈余公积均已指定用途）。2017 年实现的净利润为 900 万元（不考虑计提法定盈余公积的因素）。2018 年计划增加投资，所需资金为 700 万元。假定公司目标资本结构为自有资金占 60%，借入资金占 40%。

（1）在保持目标资本结构的前提下，2018 年投资方案所需的自有资金额和需要从外部借入的资金额为：

所需的自有资金额 = 700 × 60% = 420（万元）

表 6-1　　　　　　　　　　　公司股利分配政策的选择

公司发展阶段	特　　点	适应的股利政策
公司初创阶段	公司经营风险高，融资能力差	剩余股利政策
公司高速发展阶段	产品销量急剧上升，需要进行大规模的投资	低正常股利加额外股利政策
公司稳定增长阶段	营业收入稳定增长，公司的市场竞争力增强，行业地位已经巩固，公司扩张的投资需求减少，广告开支比例下降，净现金流入量稳步增长，每股净利呈上升态势	稳定增长型股利政策
公司成熟阶段	产品市场趋于饱和，营业收入难以增长，但盈利水平稳定，公司通常已积累了相当的盈余和资金	固定型股利政策
公司衰退阶段	营业收入锐减，利润严重下降，股利支付能力日趋下降	剩余股利政策

所需从外部借入的资金额 = 700 × 40% = 280（万元）

（2）在保持目标资本结构的前提下，如果公司执行剩余股利政策，则：

2017 年度应分配的现金股利 = 净利润 - 2014 年投资方案所需的自有资金额

= 900 - 420 = 480（万元）

（3）在不考虑目标资本结构的前提下，如果公司执行固定股利政策，则：

2017 年度应分配的现金股利 = 上年分配的现金股利 = 550（万元）

可用于 2018 年投资的留存收益 = 900 - 550 = 350（万元）

2018 年投资需要额外筹集的资金额 = 700 - 350 = 350（万元）

（4）不考虑目标资本结构的前提下，如果公司执行固定股利支付率政策，则：

该公司股利支付率 =（550 ÷ 1 000）× 100% = 55%

2017 年度应分配的现金股利 = 900 × 55% = 495（万元）

资本利得税

资本利得税（Capital Gains Tax，CGT），是对资本利得（低买高卖资产所获收益）征税。常见的资本利得如买卖股票、债券、贵金属和房地产等所获得的收益，但并不是所有国家都征收资本利得税。

为了避免征税对投资产生的抑制作用，资本利得税一般采用较低的比例税率。有些国家则把对已实现的资本利得课税并入个人所得和公司所得中一起计税，而没有另立资本利得税。

在我国，虽然没有开征单独的资本利得税的税种，但是所得税的征税范围中，包含了对部分资本利得项目的征税。

任务三 股票股利、股票分割与回购

羽裳服装公司发行在外的普通股为1 000万股,每股面值15元。为促进股票流通和交易,向股票市场和广大投资者传递公司业绩好、增长潜力大的信息,公司决定降低每股市价,按五股换一股的比例进行股票分割。股票分割完成后,每股面值为3元,普通股股数为5 000万股。

任务处理

一、股票股利

股票股利是公司将应分配给股东的股利以股票的形式发放。在我国股票股利通常称为红股,发放股票股利又称为送股或送红股。股票股利是股利分配的主要形式之一。股票股利不会导致公司现金的流出或负债的增加,同时也并不因此增加公司的财产,但会引起所有者权益各项目的结构发生变化,即将公司的留存收益转化为股本。

【例6-5】假设羽裳服装公司在2018年发放股票股利前,其资产负债表上的股东权益情况如表6-2所示。

表6-2 单位:万元

普通股(面值10元,流通在外1 000万股)	10 000
资本公积	20 000
盈余公积	4 000
未分配利润	5 000
股东权益合计	39 000

假设该公司宣布发放30%的股票股利,即现有股东每持有10股,即可获得赠送的3股普通股。随着股票股利的发放,"未分配利润"项目划转出的资金为:

10 000×30% = 3 000(万元)

发放股票股利后的资产负债表上的股东权益情况如表6-3所示。

表 6-3   单位：万元

普通股（面值10元，流通在外1 300万股）	13 000
资本公积	20 000
盈余公积	4 000
未分配利润	2 000
股东权益合计	39 000

可见，发放股票股利，不会对公司股东权益总额产生影响，但会发生资金在各股东权益项目间的再分配。

发放股票股利虽不直接增加股东财富，也不增加企业价值，但对股东和公司都有特殊意义。

对股东来说，股票股利的优点主要有：

（1）派发股票股利后，理论上每股市价会成比例下降，但实务中这并非必然结果。因为市场和投资者普遍认为，发放股票股利往往预示着公司会有较大的发展和成长，这样的信息传递会稳定股价或使股价下降比例减小甚至不降反升，股东便可获得股票价值相对上升的好处。

（2）由于股利收入和资本利得税率的差异，如果股东把股票出售，还会带来资本利得纳税上的好处。

对公司来说，股票股利的优点主要有：

（1）发放股票股利不需要向股东支付资金，在再投资机会较多的情况下，公司可以为再投资提供成本较低的资金，有利于公司的发展。

（2）发放股票股利可以有效地降低每股市价，增加股票的流动性，有效地提高投资者的兴趣，进而使股权更分散，有效防止公司被恶意控制。

（3）发放股票股利可以传递公司未来经营前景良好的信息，从而增强投资者对公司的信心，在一定程度上稳定股票价格。

小提示

发放股票股利对股东权益的内部结构的影响有以下两种做法：

1. 股票股利按市价确定

未分配利润按市价减少（增加的股数×每股市价），股本按面值增加（增加的股数×每股面值），差额作为资本公积。

2. 股票股利按面值价确定

未分配利润按面值减少（增加的股数×每股面值价），股本按面值增加（增加的股数×每股面值），不产生股本溢价，资本公积不变。

二、股票分割

（一）股票分割的含义及特点

股票分割又称拆股，是公司管理当局将某一特定数额的新股按一定比例交换一定数量的流通在外普通股的行为。例如，三股换一股的股票分割是指三股新股换取一股旧股。

股票分割对公司的资本结构和股东权益不会产生任何影响，一般只会使发行在外的股票总数增加，每股面值降低，并由此引起每股市价下跌，而资产负债表中股东权益各账户的余额都保持不变，股东权益的总额也维持不变。

> 反分割又称股票合并或逆向分割，是指将多股股票合并为一股股票的行为。反分割显然会降低股票的流通性，提高公司股票投资的门槛，它向市场传递的信息通常都是不利的。

小提示

【例6-6】假设羽裳服装公司原发行在外的普通股为1 000万股，每股面值为10元，公司按五股换一股的比例进行股票分割。股票分割前后的股东权益如表6-4所示。

表6-4　　　　　　　　　　　股票分割前后的股东权益　　　　　　　　　　单位：万元

股票分割前		股票分割后	
普通股（1 000万股，面值10元）	10 000	普通股（5 000万股，面值2元）	10 000
资本公积	5 000	资本公积	5 000
留存收益	15 000	留存收益	15 000
股东权益合计	30 000	股东权益合计	30 000

（二）股票分割的作用

（1）降低股票价格，促进股票流通和交易。股票分割可以增加公司股票股数，从而使每股市价降低，吸引更多的投资者。同时，流通性的提高和股东数量的增加，会在一定程度上加大对公司恶意收购的难度。

（2）向股票市场和广大投资者传递公司业绩好、利润高、增长潜力大的信息，从而提高投资者对公司的信心。

与股票分割相反，如果公司认为其股票价格过低，为了提高股价，会采取反分割措施。反分割又称股票合并或逆向分割，是指将数股面值较低的股票合并为一股面值较高的股票。例如，假设原面值1元、发行200 000股、市价10元的股票，按2股换成1股的比例进行反分割，该公司的股票面值将成为2元，股数将成为100 000股，市价也将上升。反分割会降低股票的流通性，提高公司股票投资的门槛，其向市场传递的信息通常是不利的。

三、股票回购

（一）股票回购的定义及动机

股票回购是指股份公司出资将其发行流通在外的股票以一定价格购回予以注销或作为库存股的一种资本运作方式。公司不得随意收购本公司的股票，只有满足相关法律规定的情形才允许股票回购。

股票回购的方式主要包括公开市场回购、要约回购和协议回购三种。公开市场回购是指公司在公开交易市场上以当前市价回购股票。要约回购是指公司在特定期间向股东发出的以高于当前市价的某一种价格回购既定数量股票的要约。协议回购是指公司以协议价格直接向一个或几个主要股东回购股票。

股票回购的动机可概括为以下几点：

1. 与现金股利相比，股票回购对投资者可产生节税效应

对股东而言，股票回购后股东得到的资本利得需缴纳资本利得税，发放现金股利后股东需缴纳股息税。在前者低于后者的情况下，股东可得到纳税上的好处。

2. 向市场传递股价被低估的信息

如果公司管理层认为公司目前的股价被低估，通过股票回购，向市场传递积极信息。股票回购的市场反映通常是提高了股价，有利于稳定公司股票价格。

3. 增加每股盈利水平

当公司可支配的现金流明显超过投资项目所需的现金流时，可以用自由现金流进行股票回购，有助于增加每股盈利水平。

4. 发挥财务杠杆作用

如果公司认为资本结构中权益资本的比例较高，可以通过股票回购通过负债比率，改变公司的资本结构，并有助于降低加权平均资本成本。

5. 降低公司被收购风险

通过股票回购，可以减少外部流通股的数量，提高了股票价格，在一定程度上降低了公司被收购的风险。

（二）股票回购可能对上市公司经营造成的负面影响

（1）股票回购需要大量资金支付回购的成本，易造成资金紧缺，资产流动性变差，影响公司发展。上市公司进行股票回购首先必须要有资金实力为前提，如果公司负债率较高，再举债进行回购，将使公司资产流动性劣化，巨大的偿债压力，将进一步影响公司正常的生产经营和发展。

（2）股票回购无异于股东退股和公司资本的减少，也可能使公司的发起人股东更注重创业利润的实现，从而不仅在一定程度上削弱了对债权人利益的保护，而且忽视公司长远的发展，损害公司的根本利益。

（3）股票回购容易导致内幕操纵股价。股份公司拥有本公司最准确、最及时的信息，如果允许上市公司回购本公司股票，易导致其利用内幕消息进行炒作，使大批普通投资者蒙受损失，甚至有可能出现借回购之名、行炒作本公司股票的违规之实。

股权激励

股权激励是一种通过经营者获得公司股权形式，使他们能够以股东的身份参与企业决策、分享利润、承担风险，从而勤勉尽责地为公司的长期发展

服务的一种激励方法。现阶段，股权激励模式主要有：股票期权模式、限制性股票模式、股票增值权模式、业绩股票激励模式和虚拟股票模式等。

1. 股票期权模式

股票期权是指股份公司赋予激励对象（如经理人员）在未来某一特定日期内以预先确定的价格和条件购买公司一定数量股份的选择权。持有这种权利的经理人可以按照该特定价格购买公司一定数量的股票，也可以放弃购买股票的权利，但股票期权本身不可转让。

2. 限制性股票模式

限制性股票指公司为了实现某一特定目标，先将一定数量的股票赠与或以较低价格售予激励对象。只有当实现预定目标后，激励对象才可将限制性股票抛售并从中获利；若预定目标没有实现，公司有权将免费赠与的限制性股票收回或者将售出股票以激励对象购买时的价格回购。

3. 股票增值权模式

股票增值权模式是指公司授予经营者一种权利，如果经营者努力经营企业，在规定的期限内，公司股票价格上升或业绩上升，经营者就可以按一定比例获得这种由股价上扬或业绩提升所带来的收益，收益为行权价与行权日二级市场股价之间的差价或净资产的增值额。激励对象不用为行权支付现金，行权后由公司支付现金、股票或股票和现金的组合。

4. 业绩股票激励模式

业绩股票激励模式指公司在年初确定一个合理的年度业绩目标，如果激励对象经过大量努力后，在年末实现了公司预定的年度业绩目标，则公司给予激励对象一定数量的股票，或奖励其一定数量的奖金来购买本公司的股票。业绩股票在锁定一定年限以后才可以兑现。

项目小结

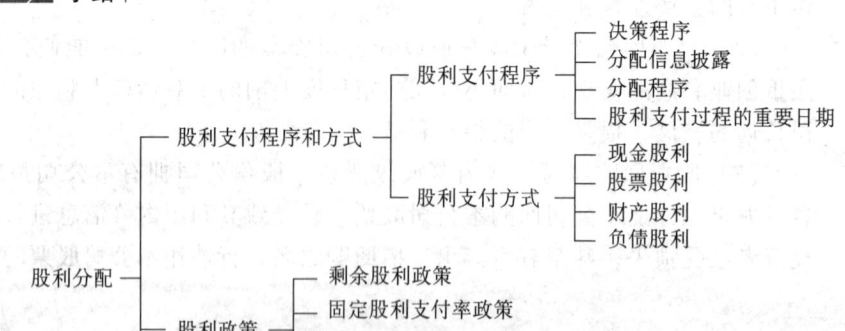

项目七 预算管理

 知识学习目标

1. 会编制弹性预算和零基预算
2. 能理解固定预算、增量预算、定期预算和滚动预算的编制方法和编制程序
3. 会编制营业预算和资本支出预算
4. 会编制现金预算、预计利润表、预计资产负债表

 技能训练目标

1. 学会运用电子表格编制预算的能力
2. 明确让员工接受预算的重要性

任务一 预算的编制方法

郭先生曾经是一家跨国公司的部门经理,由于他所在的公司规模庞大,因而其预算系统非常复杂,各项预算都做得极为细致。跨国公司的预算管理方法得当,运行顺利。作为部门经理,郭先生也是预算系统中的执行者,他亲身体验到了制定预算给工作带来的好处。

后来,郭先生离开了跨国公司,创办了××公司,他决定在自己的公司实行全面预算,并专门聘请了一位熟知预算编制的财务总监李先生,负责公司全面预算的编制。

请思考:你是否了解我国企业运用全面预算管理的情况?

知识准备

一、预算的含义

预算是企业根据战略规划、经营目标和资源状况，运用系统方法编制的企业整体经营、资本、财务等一系列业务管理标准和行动计划。

预算是一种管理工具，也是一套系统的管理方法。预算是计划工作的成果，它既是决策的具体化，又是控制生产经营活动的依据。

预算具有两个特征：首先，预算与企业的战略或目标保持一致，因为预算是为实现企业目标而对各种资源和企业活动做出的详细安排；其次，预算是数量化的并具有可执行性，因为预算作为一种数量化的详细计划，它是对未来活动细致、周密的安排，是未来经营活动的依据。因此，数量化和可执行性是预算最主要的特征。

二、预算的作用

预算是对企业未来的系统规划，对企业的未来发展和业务工作具有直接的作用。

（一）明确工作目标

预算是企业全部未来计划的数量说明，规定了企业一定时期的总目标和各级各部门的具体目标。通过预算，可使各个部门从价值上了解本单位的经济活动与整个企业经营目标之间的关系，明确各自的职责和努力方向，从本部门的角度去完成企业总的战略目标。如果说目标是目的地，那么全面预算是指引我们到达目的地的地图。

（二）协调部门关系

预算是企业未来的行动计划，它把企业各部门的工作纳入统一计划，促使各部门的预算相互协调，相互衔接，在保证企业整体目标最优的前提下，组织各自的生产经营活动。例如，预算迫使采购人员将他们的计划与生产需求相整合，而生产经理用销售预算来帮助他们对所需材料和员工做出预测和计划；财务人员用销售预算和材料预算等来预测企业的现金需求。

（三）控制日常活动

预算是企业控制日常经营活动的依据。在预算的执行过程中，各部门应将实际执行结果与预算标准进行对比分析，找出差距，分析原因，采取措施，保证预算目标的顺利完成。

（四）考核业绩标准

预算所确定的各项指标，也是考核各部门工作业绩的基本尺度，是实施激励措施的重要依据，是奖勤罚懒、评估优劣的准绳。

三、预算的分类

企业的预算一般包括营业预算、资本预算和财务预算三大类。其中,营业预算和财务预算主要为预算期在一年以内的短期预算,如年度预算、季度预算和月度预算;资本预算主要为预算期在一年以上的长期预算。

(一)营业预算的构成

营业预算又称经营预算,是与企业日常经营业务直接相关的各种预算,属于短期预算。营业预算通常与企业经营业务各环节相结合。就制造业企业而言,营业预算一般包括销售预算、生产预算、成本预算、费用预算等。

(二)资本预算的构成

资本预算是对企业投资和筹资业务的预算,属于长期预算。资本预算包括长期投资预算和长期筹资预算。

(三)财务预算的构成

财务预算是对企业财务状况、经营成果和现金流量的预算,属于短期预算。财务预算是企业的综合预算,营业预算和资本预算最终大都可以反映在财务预算中,所以财务预算又称为"总预算";各种营业预算和资本预算则称为"分预算"。为便于与企业财务会计报表相比较,财务预算一般包括现金预算、利润预算、财务状况预算等。

四、预算的体系

各种预算是一个有机联系的整体。一般将由营业预算、资本预算和财务预算组成的预算体系,称为全面预算体系。其结构如图7-1所示:

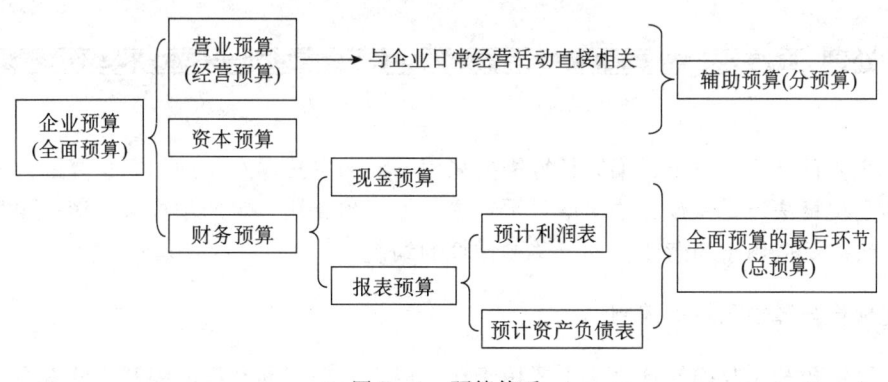

图7-1 预算体系

五、预算的编制程序

企业编制预算,一般应按照"上下结合、分级编制、逐级汇总"的程序进行。

（一）下达目标

企业决策机构（如董事会或经理办公室）根据企业发展战略和预算期经济形势的初步预测，在决策的基础上，提出下一年度企业预算目标，包括销售或营业目标、成本费用目标、利润目标和现金流量目标，并确定预算编制的政策，由预算委员会下达各预算执行单位。

（二）编制上报

各预算执行单位提出详细的本单位预算方案，上报企业财务管理部门。

（三）审查平衡

企业财务管理部门对上报的财务预算方案进行审查、汇总，提出综合平衡的建议。在审查、平衡过程中，预算委员会应当进行充分协调，对发现的问题提出初步调整意见，并反馈给有关预算执行单位予以修正。

（四）审议批准

企业财务管理部门在有关预算执行单位修正调整的基础上，编制出企业预算方案，报财务预算委员会讨论。对于不符合企业发展战略或者预算目标的事项，企业预算委员会应当责成有关预算执行单位进一步修订、调整。在讨论、调整的基础上，企业财务管理部门正式编制企业年度预算方案，提交决策机构审议批准。

（五）下达执行

企业财务管理部门对决策机构审议批准的年度总预算，一般在次年 3 月底以前，分解成一系列的指标体系，由预算委员会逐级下达各预算执行单位执行。

■ 任务处理

企业预算比较复杂，编制预算需要采用不同的方法。常见的编制预算的方法主要包括固定预算法与弹性预算法、增量预算法与零基预算法、定期预算法与滚动预算法，这些方法广泛应用于与营业活动有关的预算的编制。

一、固定预算与弹性预算的编制

固定预算法与弹性预算法主要用于产品成本、费用和利润的编制，两者之间存在静态与动态之别。

（一）固定预算法

固定预算法又称静态预算法（Static Budgeting），是按照某一固定的业务量（如生产量、销售量等）编制预算的方法。固定预算通常是用于业务量水平较为稳定的生产和销售业务的成本费用预算的编制，如直接材料预算、直接人工预算和制造费用预算等。

固定预算法的缺点表现在两个方面：①适应性差。固定预算法编制预算的业务量基础是事先假定的某个业务量，不论预算期内业务量水平实际可能发生哪些变动，只能按此业务量水平作为预算编制的基础。②可比性差。当实际的业务量与编制预算所依据的业务量发生较大差异时，有关预算指标的实际数与预算数就会因业务量基础不同而失去可比性。例如，某企业预计业务量为销售 20 万件产品，按此业务量给销售部门的预算费用为 10 000 元。如果该销售部门实际销售量达到 23 万件，超出预算业务量，固定预算的费用预算仍为 10 000 元。

(二) 弹性预算法

1. 弹性预算的特点

弹性预算法又称动态预算法（Flexible Budgeting），是在成本性态分析的基础上，以业务量、成本和利润之间的依存关系为依据，以预算期可预见的各种业务量水平为基础，编制能够适用多种情况预算的一种方法，它是为克服固定预算法的缺点而设计的。弹性预算法主要用于成本费用预算和利润预算，尤其是成本费用预算。

编制弹性预算，要选用一个最能代表生产经营活动水平的业务量计量单位，可以是产量、销售量、直接人工工时、机器工时、材料消耗量等。

弹性预算法所采用的业务量范围，视企业或部门的业务量变化情况而定，务必使实际业务量不至于超出相关的业务量范围。一般来说，可定在正常生产能力的 70% ~ 110% 之间，或以历史最高业务量和最低业务量为其上下限。弹性预算法编制预算的准确性，在很大程度上取决于成本性态分析的可靠性。与按特定业务量水平的固定预算相比，弹性预算有两个显著的特点：

(1) 弹性预算是按照一系列业务量水平编制的，从而扩大了预算的适用范围；

(2) 弹性预算是按成本性态分类列示的，在预算执行中可以计算"实际业务量的预算成本"，便于预算执行的评价与考核。

【例 7-1】 ××公司生产甲产品，其编制的弹性预算如表 7-1 所示。

表 7-1　　　　　　　　××公司甲产品弹性预算成本表　　　　　　　　单位：元

业务量（台）	700	800	900	1 000	1 100
占正常生产能力百分比	70%	80%	90%	100%	110%
变动成本：					
直接材料（100 元/台）	70 000	80 000	90 000	100 000	110 000
直接人工（70 元/台）	49 000	56 000	63 000	70 000	77 000
变动制造费用（30 元/台）	21 000	24 000	27 000	30 000	33 000
小　　计	140 000	160 000	180 000	200 000	220 000
固定制造费用	90 000	90 000	90 000	90 000	90 000
合　　计	230 000	250 000	270 000	290 000	310 000

表7-1说明了弹性预算的编制过程。其业务量的适用范围为700~1 100台之间，即正常生产能力的70%~110%之间。如果实际产量在这一范围内，固定成本相对不变，变动成本与业务量成比例变动。

2. 弹性预算的编制方法

编制弹性预算时，首先要将预算中的全部成本费用划分为固定成本和变动成本两部分（不容易划分的也可以保留混合成本）。由于固定成本本身的特点，不会随着业务量的增减变化而变化，因此在编制弹性预算表时，不论业务量多少，都无需变动原固定预算数；而变动成本会随着业务量的增减变动成正比例变动，在编制弹性预算表时，应按照不同的业务量对原有的预算数进行调整。

运用弹性预算法编制预算的基本步骤如下：

（1）选择业务量的计量单位；

（2）确定适用的业务量范围；

（3）逐项研究并确定各项成本和业务量之间的数量关系；

（4）计算各项预算成本，并用一定的方式来表达。

弹性预算法分为列表法和公式法两种具体编制方法。

（1）列表法。列表法是在预计的业务量范围内，将业务量分为若干个水平，然后按不同的业务量水平编制预算。

应用列表法编制预算，首先要在确定的业务量范围内，划分出若干个不同水平，然后分别计算各项预算值，汇总列入一个预算表格。

【例7-2】××公司采用列表法编制的2018年9月份的制造费用预算如表7-2所示。

表7-2　　　　　　　　　　××公司制造费用预算　　　　　　　　　　单位：元

业务量（直接人工工时）	700	800	900	1 000	1 100
占正常生产能力百分比	70%	80%	90%	100%	110%
变动成本：					
辅助人员工资（b=1）	700	800	900	1 000	1 100
材料费用（b=0.5）	350	400	450	500	550
电力费用（b=0.5）	350	400	450	500	550
合　　计	1 400	1 600	1 800	2 000	2 200
混合成本：					
修理费用	1 700	1 800	1 900	2 000	2 100
水电费用	1 500	1 600	1 700	1 800	1 900
合　　计	3 200	3 400	3 600	3 800	4 000
固定成本：					
折旧费用	5 000	5 000	5 000	5 000	5 000
管理人员工资	6 000	6 000	6 000	6 000	6 000
合　　计	11 000	11 000	11 000	11 000	11 000
总　　　计	15 600	16 000	16 400	16 800	17 200

在以上预算中，业务量的间隔为 10%，这个间隔可以更大些，也可以更小些。间隔较大，水平级别就少一些，可简化预算编制工作，但间隔过大就会失去弹性预算的优点；间隔较小，用以控制成本较为准确，但会增加编制预算的工作量。

列表法的优点是：不管实际业务量多少，不必经过计算即可找到与业务量相近的预算成本；混合成本中的阶梯成本和曲线成本，可按总成本性态模型计算填列，不必用数学方法修正为近似的直线成本。但是，运用列表法编制预算，在评价和考核实际成本时，往往需要使用内插法来计算"实际业务量的预算成本"，比较麻烦。

以表 7-2 提供的资料来说，如按 800 直接人工工时来编制，就成为固定预算，其总额为 16 000 元。这种预算只有在实际业务量接近 800 小时的情况下，才能发挥作用。如果实际业务量与作为预算基础的 800 小时相差很多，而仍用 16 000 元去控制和评价成本，显然是不合适的。在这种情况下，就需要用内插法来计算"实际业务量的预算成本"。

假设实际业务量为 850 小时，辅助人员工资等变动成本可用实际工时数乘以单位业务量变动成本来计算，即，

变动总成本 $= 850 \times 1 + 850 \times 0.5 + 850 \times 0.5 = 1\,700$（元）

固定总成本不随业务量变动，仍为 11 000 元。混合成本可用内插法逐项计算：850 小时处在 800~900 小时之间，修理费用应在 1 800 元 ~ 1 900 元之间，设实际业务的预算修理费为 x，则：

$$\frac{850-800}{900-800} = \frac{x-1\,800}{1\,900-1\,800}$$

$x = 1\,850$（元）

水电费用在 800 小时和 900 小时分别为 1 600 元和 1 700 元，850 小时应为 1 650 元。可见：

850 小时的预算成本 $= 1\,700 + 11\,000 + 1\,850 + 1\,650 = 16\,200$（元）

这样计算出来的预算成本比较符合成本的变动规律，可以用来评价和考核实际成本，比较确切并容易为被考核人所接受。

（2）公式法。公式法是运用总成本性态模型，测算预算期的成本费用数额，并编制成本费用预算的方法。根据成本性态，成本与业务量之间的数量关系可用公式表示为：

$y = a + bx$

其中，y 表示某项预算成本总额，a 表示该项成本中的预算固定成本额，b 表示该项成本中的预算单位变动成本额，x 表示预计业务量。

【例 7-3】××公司采用公式法编制的 2018 年 9 月份的制造费用预算如表 7-3 所示。

公式法的优点是便于计算一定范围内任何业务量的预算成本，可比性和适应性强，编制预算的工作量相对较小。缺点是按公式进行成本分解比较麻烦，对每个费用子项目甚至细目逐一按成本性态进行分解，工作量很大。另外，对于阶梯成本和曲线成本，只能先用数学方法修正为直线，以便用 $y = a + bx$ 来表示。必要时，还要在备注中说明适用不同业务量范围的固定成本和单位变动成本。

表 7-3　　　　　　　　　　　××公司制造费用预算　　　　　　　　　　单位：元

业务量范围（人工工时）	700~1 100 工时	
项　目	固定成本（元/月）	变动成本（元/人工小时）
辅助人员工资	—	1
材料费用	—	0.5
电力费用	—	0.5
修理费用	1 000	1
水电费用	500	2
折旧费用	5 000	—
管理人员工资	6 000	—
合　计	12 500	5
备　注	当业务量超过 1 000 工时后，修理费的固定部分上升为 1 200 元	

二、增量预算与零基预算的编制

增量预算法与零基预算法广泛应用于与营业活动有关的预算的编制，两者的差别在于编制预算的基础不同。

（一）增量预算法

1. 增量预算法的含义

增量预算法又称调整预算法，它是以基期水平为基础，分析预算期业务量水平及有关因素的影响因素的变动情况，通过调整基期项目及数额，编制相关预算的方法。

2. 增量预算法的前提条件

（1）企业现有业务活动是合理的，无需进行调整；

（2）企业现有各项业务活动的开支水平是合理的，在预算期予以保持；

（3）以现有业务活动和各项活动的开支水平，确定预算期各项活动的预算数。

如果不具备以上三个前提条件，如预算期的情况发生变化，预算数额受到基期不合理因素的干扰，可能导致预算的不准确，不利于调动各部门降低费用的积极性。

【例 7-4】××公司 2017 年的制造费用为 40 000 元，2018 年预计生产任务将增加 10%，按增量预算编制计划年度 2010 年的制造费用预算为：

2018 年制造费用预算 = 40 000 ×（1 + 10）= 44 000（元）

3. 增量预算法的特点

增量预算法的方法比较简单，但该方法是以过去的水平为基础，不加分析地保留和接受原有的费用项目，实际上是承认过去的支出是合理的，无需改进，所以增量预算最容易掩盖低效率和浪费。采用此预算方法，高层管理者只审查预算增加的部分，结果是某些项目分配到的资金远超过实际的需求。

（二）零基预算法

1. 零基预算法的含义

零基预算法是"以零为基础编制预算"的方法，主要用于销售费用、管理费用等预算的编制。采用零基预算法在编制费用预算时，不考虑以往期间的费用项目和费用数额，主要根据预算期的需要和可能，分析费用项目和费用数额的合理性，综合平衡编制费用预算。

应用零基预算法编制费用预算，不受前期费用项目和费用水平的制约，能够调动各部门降低费用的积极性。但是，由于一切从零开始，所以预算编制的工作量大，重点不突出，编制时间长。

2. 零基预算法的编制程序

(1) 划分基层预算单位，进行动员和讨论。企业内部各级部门的员工，根据企业的生产经营目标，详细讨论预算期内应该发生的费用项目，对每一费用项目编制预算方案，提出费用目的及数额。

(2) 确定有关费用存在的必要性，划分不可避免费用和可避免费用。在编制预算时，对不可避免费用项目必须保证资金供应；对可避免费用项目，则需要逐项进行成本效益分析，尽量控制可避免项目纳入预算中。

(3) 确定费用的轻重缓急，划分不可延缓费用和可延缓费用。编制预算时，在将预算期内可供支配的资金在各费用项目之间分配时，应优先安排不可延缓费用的支出，再根据需要按照费用项目的轻重缓急确定可延缓项目的开支。

【例7-5】××公司为实现2018年的利润目标，决定开源节流，降低费用开支水平。多年来，公司的业务招待费等严重超支，因此，公司决定对业务招待费、劳动保护费、办公费、广告费和保险费等间接费用项目按照零基预算方法编制预算。

经过多次讨论研究，预算编制人员确定上述费用在预算年度开支水平如表7-4所示。

表7-4　　　　　　　　××公司预计费用项目及开支金额　　　　　　　　单位：元

费用项目	开支金额
业务招待费	250 000
劳动保护费	150 000
办公费	50 000
广告费	300 000
保险费	50 000
合　计	800 000

经过充分论证，得出以下结论：上述费用中除业务招待费和广告费以外都不能再压缩了，必须得到全额保证。而对于业务招待费和广告费，通过成本—效益分析，得到两者的成本效益比例为4:6。

这样，我们就可以对以上各项费用开支的轻重缓急排出层次和顺序：

(1) 劳动保护费、办公费和保险费在预算期必不可少，需要全额得到保证，属于不可避免的约束性固定成本，所以应列为第一层次；

(2) 业务招待费和广告费可根据预算期间企业财力情况酌情增减，属于可避免项目。其中广告费的成本—效益较大，应列为第二层次；业务招待费的成本—效益相对较小，应列为第三层次。

假设该公司预算年度对上述各项费用可动用的财力资源只有 650 000 元，根据以上排列的层次和顺序，分配资源，最终落实的资金数额如下：

（1）确定不可避免项目的预算金额：

150 0000 + 50 000 + 50 000 = 250 000（元）

（2）确定可分配的资金数额：

650 0000 - 250 000 = 400 000（元）

（3）按成本—效益比重将可分配的资金数额在业务招待费和广告费之间进行分配：

$$业务招待费可分配金额 = 400\ 000 \times \frac{4}{4+6} = 160\ 000（元）$$

$$广告费可分配金额 = 400\ 000 \times \frac{6}{4+6} = 240\ 000（元）$$

为了克服零基预算的缺点，简化预算编制的工作量，可以与增量预算相结合。企业不需要每年都按零基预算法编制预算，而是每隔 3 年~5 年编制一次零基预算，在以后几年内再做适当调整，这样既简化预算编制的工作量，又能适当控制费用。

三、定期预算法与滚动预算法

定期预算法和滚动预算法是根据预算期间的固定性和滚动性而区分的两种预算编制方法。

（一）定期预算法

定期预算法（Periodic Budgeting）是以固定不变的会计期间（如年度、季度、月份）作为预算期编制预算的方法。采用此法编制预算，保证预算期间与会计期间在时期上配比，便于依据会计报告的数据与预算相比较，考核和评价预算的执行结果。但不利于前后各个期间的预算衔接，不能适用连续不断的业务活动过程的预算管理，容易导致决策者的短期行为。

（二）滚动预算法

滚动预算法又称连续预算法或永续预算法（Continuous Budgeting），是在编制预算时，将预算期与会计年度相脱离，随着预算的执行不断延伸补充预算，逐期向后滚动，使预算期永远保持一个固定期间的一种预算编制方法。

采用滚动预算法编制预算，按照滚动的时间单位不同，可分为逐月滚动、逐季滚动和混合滚动。

按月滚动的滚动预算编制方式如图 7-2 所示。

运用滚动预算法编制预算，使预算期间依时间顺序向前滚动，能够保持预算的连续性，有利于结合企业的近期目标和长期目标来考虑企业的业务活动；使预算随时间的推进不断加以调整和修正，能够使预算与实际情况更相适用。因此，滚动预算法尤其适用于连续性强的业务或项目的预算安排。

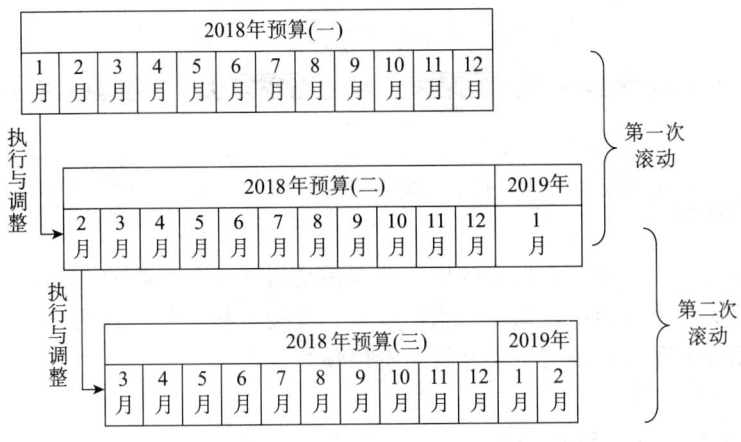

图 7-2 滚动预算示意图

任务二
全面预算的编制

在任务一的引导案例中，××公司通过长期决策和短期决策，确定了最优方案，为企业生产、销售、管理等各有关方面的活动确定了具体的目标。但是，羽裳服装公司为完成既定目标，还必须研究实现目标的途径和方法，这就需要公司编制全面预算。公司财务总监李先生，有着丰富的全面预算管理经验，他决定在公司实行全面预算管理。第一步，就是要编制全面预算。全面预算的编制是一项工作量很大的工作，涉及公司的各个部门，而且只有执行人参与预算的编制，才能使预算成为他们自愿努力完成的目标。于是，他就采取了"上下结合，分级编制，逐级汇总"的方法，不断反复和修改，最后由企业成立的预算审查委员会综合平衡，并以书面形式传达，作为正式的预算下达到各级各部门执行。××公司以销售预算为起点，对企业全部经济活动的编制了一整套以数据说明的详细的计划，即全面预算。对销售、生产、原材料供应、人工成本、制造费用、销售费用及管理费用、经营成果、财务状况等方面预先提出了目标要求，企业上下明确目标并达成共识。第二步，就是要执行预算。在实施预算时，又加强对预算的控制，确保预算得以严格执行。这样年初提出的各项目标很好地实现了。公司上下深深体会到了预算对企业管理的重要性。如果说目标是目的地，预算是指引我们到达目的地的地图。没有目的和目标，公司经营将失去方向。第三步，根据预算的执行情况进行业绩评价，预算为评价企业"参赛者"和为其"判分"提供了标准。

请思考：为什么要让员工接受预算？

■ 任务处理

一、营业预算的编制

营业预算是指企业日常发生的生产经营活动的预算,企业的营业活动涉及供产销各个环节。营业预算包括销售预算、生产预算、直接材料预算、直接人工预算、制造费用预算、产品成本预算、销售费用及管理费用预算等。

(一)销售预算的编制

销售预算是在销售预测的基础上,根据预计的销售数量、销售价格、销售收入等参数,来确定预算期内销售计划和目标的一种业务预算。销售预算是编制全面预算的起点,也是编制其他有关预算的基础。因为现代企业都是以销定产,根据预期的商品销售数量,来确定企业产品的生产数量、材料、人工、和资金等的需要量。在企业存在不同的销售品种、销售市场分区和营销人员分工的情况下,应按照销售品种、销售市场区域和营销人员分别编制具体的销售预算,并汇总编制企业全部销售预算。

销售预算中的销售数量是根据市场预测、销货合同、生产能力等因素确定的。销售单价是根据供求关系和竞争策略等因素确定的。销售收入是由销售数量和销售单价所决定的。

销售预算中通常还列出销售产生的现金流入,以便为编制现金预算提供必要的资料。其中,各期的现金流入应包括上期销售收入中于本期收到的货款部分和本期销售收入中可于本期收到的货款部分。

【例7-6】假定××公司于计划年度2018年只生产和销售一种产品。其每季度的销售收入中,60%货款于本季度收到,另40%货款将于下一季度收到。2017年年末该公司应收账款余额为5 000元。该企业2018年分季度销售预算如表7-5所示。

表7-5　　　　　　　　　　××公司2018年度销售预算　　　　　　　　　　单位:元

项目		第一季度	第二季度	第三季度	第四季度	合计
预计销售量(件)		100	150	180	200	630
预计销售单价		200	200	200	200	200
预计销售收入		20 000	30 000	36 000	40 000	126 000
预计现金收入	上年应收账款	5 000	—	—	—	5 000
	第一季度现销收入	12 000	8 000	—	—	20 000
	第二季度现销收入	—	18 000	12 000	—	30 000
	第三季度现销收入	—	—	21 600	14 400	36 000
	第四季度现销收入	—	—	—	24 000	24 000
	现金收入合计	17 000	26 000	33 600	38 400	115 000

(二) 生产预算的编制

生产预算是在销售预算的基础上确定预算期内生产数量的一种业务预算。生产预算是所有营业预算中唯一只使用实物量计量单位的预算,要结合预算期期初存量,考虑预算期期末存量来编制。在企业存在不同的产品品种和生产车间的情况下,应按照产品品种和生产车间分别编制具体的生产预算,并汇总编制企业全部生产预算。

由于产品的生产和销售往往很难做到"同步同量",因而需要保有一定的存量,以保证在发生意外情况时按时供货,保证生产均衡,避免因赶工而发生额外费用。产品的生产量与销售量之间的关系公式为:

$$本期生产数量 = (本期销售数量 + 期末存量) - 期初存量$$

产品"期末存量"通常按下期销售数量的一定百分比确定,"期初存量"是上期的期末余额。年初存量是编制预算时估计的,年末存量根据长期销售趋势确定。

【例 7-7】 承上例,假设××公司预算年度内每季度的期末存量按下季度的 10% 来确定,每季度的期末存量即下季度的期初存量。假设 2018 年年初存货量为 10 件,年末存货量为 20 件。

××公司编制的 2018 年分季度生产预算如表 7-6 所示。

表 7-6　　　　　　　　　　××公司 2018 年度生产预算　　　　　　　　　　单位:件

项　目	第一季度	第二季度	第三季度	第四季度	全　年	资料来源
产品销售数量	100	150	180	200	630	表 7-5
加:期末存量	15	18	20	20	20*	已知条件
产品需要数量	115	168	200	220	650	
减:期初存量	10	15	18	20	10*	已知条件
预计生产数量	105	153	182	200	640	

编制生产预算不仅要以销售预算为基础,还要结合生产能力和仓库容量等条件,同时要考虑成本费用等因素。此外,有些产品的生产和销售客观上存在季节性或周期性,需要合理安排生产进度。

(三) 直接材料预算的编制

直接材料预算是预算期产品生产直接耗用原材料及原材料采购的预算。企业在安排好生产数量和进度之后,应根据生产预算编制直接材料的采购预算。在产品生产需用多种原材料的情况下,应按照原材料品种分别编制具体的直接材料预算,并汇总编制企业全部直接材料预算。

直接材料预算是以生产预算为基础编制的,还要考虑预算期期初、期末的原材料存量。其主要内容有原材料单位产品用量、生产耗用数量、期初和期末存量等。

其中,"产品生产数量"的数据来自生产预算,"单位产品材料用量"的数据来自标准成本或消耗定额资料,则有:

$$生产需用材料数量 = 产品生产数量 \times 单位产品材料用量$$

年初和年末的材料存货量,是根据当前情况和长期销售预测估计的。各期"期末材料存货量"根据下期生产数量的一定百分比确定;各期"期初材料存量"是上期的期末存量。则有:

本期材料采购数量 =(本期生产需用材料数量 + 期末存量)- 期初存量

本期材料采购金额 = 本期材料采购数量 × 材料采购单价

由于原材料采购一般需用现金,为编制现金预算,直接材料预算还要预计各期原材料采购的现金流出。各期的现金流出包括偿付上期应付货款和本期应支付的采购货款。

【例 7-8】承上例,假设××公司单位产品直接材料耗用定额为 10 千克,预计材料单价为 10 元/千克。预算期内每季度末的材料存量为下季度生产需用量的 20%。2018 年年初材料存量为 300 千克,年末存量为 400 千克。各季度购料货款 50% 当季付清,另外 50% 下季度付清。该公司 2018 年年初应付账款余额为 2 560 元。

××公司 2018 年度直接材料预算如表 7-7 所示。

表 7-7　　　　　　　　××公司 2018 年度直接材料预算　　　　　　　单位:元

项目		第一季度	第二季度	第三季度	第四季度	全年	资料来源
预计生产量(件)		105	153	182	200	640	表 7-6
单位产品材料用量(千克/件)		10	10	10	10	10	已知条件
预计生产用料总量(千克)		1 050	1 530	1 820	2 000	6 400	—
加:期末存量(千克)		306	364	400	400	400	已知条件
合计		1 356	1 894	2 220	2 400	6 800	—
减:期初存量(千克)		300	306	364	400	300	已知条件
材料采购总量(千克)		1 056	1 588	1 856	2 000	6 500	—
材料采购单价(元/千克)		10	10	10	10	10	已知条件
材料采购金额(元)		10 560	15 880	18 560	20 000	65 000	—
预计现金支出	上期应付采购货款	2 560	—	—	—	2 560	已知条件
	第一季度购料现金支出	5 280	5 280	—	—	10 560	—
	第二季度购料现金支出	—	7 940	7 940	—	15 880	—
	第三季度购料现金支出	—	—	9 280	9 280	18 560	—
	第四季度购料现金支出	—	—	—	10 000	10 000	—
	现金支出合计	7 840	13 220	17 220	19 280	57 560	—

(四)直接人工预算的编制

直接人工预算是确定预算期产品生产直接耗用人工及费用的预算。该预算也是以生产预算为基础编制的,根据生产预算中的预计生产量以及单位产品所需的直接人工小时数和小时工资率进行编制的。通常情况下,企业生产产品耗用的直接人工工种往往不止一种,不同的工种,工资率不同,在企业存在不同的人工工种的情况下,应按照工种类别分别计算,并汇总编制企业直接人工预算总数。

直接人工预算的主要编制依据是:预计生产量、单位产品定额工时、单位工时工资率等。其计算公式为:

直接人工工时总量 = 单位产品定额工时 × 预计生产量

直接人工费用总额 = 单位工时工资率 × 直接人工工时总量

预计生产量数据来自生产预算，单位产品定额工时和单位工时工资率数据，来自标准成本资料。

需要注意的是，企业生产产品所耗用的直接人工费用通常以现金支付，因此不需另外预计现金支出，可直接参加现金预算的汇总。

【例 7-9】承上例，假设××公司只有一个直接人工工种，单位产品定额工时为 4 小时，单位工时工资率为 5 元。

××公司 2018 年度直接人工预算如表 7-8 所示。

表 7-8　　　　　　　　　××公司 2018 年度直接人工预算　　　　　　　　单位：元

项目	第一季度	第二季度	第三季度	第四季度	全年	资料来源
预计生产量	105	153	182	200	640	表 7-6
单位产品定额工时	4	4	4	4	4	已知条件
直接人工工时总量	420	612	728	800	2 560	—
单位工时工资率	5	5	5	5	5	已知条件
直接人工费用总额	2 100	3 060	3 640	4 000	12 800	—

（五）制造费用预算的编制

制造费用预算是预算期产品生产所需制造费用的预算。在企业存在不同的产品品种和基本生产车间、辅助生产车间的情况下，应按照产品品种和生产车间分别编制具体的制造费用预算，并汇总编制企业全部制造费用预算。

当以变动成本法为基础编制制造费用预算时，可按变动制造费用和固定制造费用两部分内容分别编制。

变动制造费用是根据单位产品预算分配率乘以预计的生产量或预计直接人工工时总数进行预计，在多品种条件下，一般按后者进行分配。变动制造费用预算分配率的计算公式为：

$$变动制造费用预算分配率 = \frac{变动制造费用预算总额}{相关分配标准预算总数}$$

固定制造费用可在上年的基础上根据预期变动加以逐项调整进行预计，通常与本期产量无关，根据每季度实际需要的支付额预计，然后求出全年数。

为了便于以后编制产品成本预算，需要计算制造费用小时费用率。为了便于编制现金预算，还需要预计现金支出。在制造费用中，固定资产折旧费用属于非付现成本，不会引起现金流出，计算预算现金支出数时应予以扣除。

【例 7-10】承上例，××公司编制的 2018 年度制造费用预算如表 7-9 所示。

为便于编制产品成本预算，需要计算小时费用率。根据直接人工预算，直接人工工时总量为 2 560 小时。

$$变动制造费用分配率 = \frac{2\ 560}{2\ 560} = 1\ （元/小时）$$

表 7-9　　　××公司 2018 年度制造费用预算　　　　　　　　单位：元

项　目	第一季度	第二季度	第三季度	第四季度	全　年
变动制造费用					
间接人工	105	125	130	140	500
间接材料	200	180	180	205	765
修理费	200	230	220	205	855
水电费	120	110	100	110	440
小　计	625	645	630	660	2 560
固定制造费用					
管理人员工资	400	400	400	400	1 600
折旧费用	1 000	1 000	1 000	1 000	4 000
保险费	200	180	210	210	800
小　计	1 600	1 580	1 610	1 610	6 400
合　计	2 225	2 225	2 240	2 270	8 960
减：折旧费	1 000	1 000	1 000	1 000	4 000
现金支出（付现）合计	1 225	1 225	1 240	1 270	4 960

注：每季折旧费 = 年折旧费总额 ÷ 4 = 4 000 ÷ 4 = 1 000（元）

$$\text{固定制造费用分配率} = \frac{6400}{2560} = 2.5 \text{（元/小时）}$$

（六）产品成本预算的编制

产品成本预算是预算期产品生产成本的预算，是生产预算、直接材料预算、直接人工预算和制造费用预算的汇总。其主要内容是产品的单位成本和总成本。单位产品成本的有关数据，来自直接材料预算、直接人工预算和制造费用预算。生产数量、期末存量来自生产预算，销售数量来自销售预算。生产成本、存货成本和销货成本等数据，根据单位成本和有关数据计算得出。

【例 7-11】 承上例，根据已经编制的生产预算、直接材料预算、直接人工预算和制造费用预算，羽裳服装公司按变动成本法和完全成本法编制的 2018 年度产品成本预算分别如表 7-10、表 7-11 所示。

表 7-10　　　××公司 2018 年度产品成本预算（按变动成本法编制）　　　　　单位：元

项　目	单位成本			生产总成本	期末存量	销货成本
	单价（元）	耗用量	成本（元）			
产品数量（件）	—	—	—	640	20	630
直接材料	10	10 千克	100	64 000	2 000	63 000
直接人工	5	4 小时	20	12 800	400	12 600
变动制造费用	1	4 小时	4	2 560	80	2 520
合计			124	79 360	2 480	78 120

（七）销售费用和管理费用预算的编制

该项预算应包括构成产品成本的料、工、费预算以外预计发生的各种费用项目。在

表 7-11　　　　　××公司 2017 年度产品成本预算（按完全成本法编制）　　　　单位：元

项　目	单位成本		生产总成本	期末存量	销货成本
	单价（元）	耗用量	成本（元）		
产品数量（件）	—	—	640	20	630
直接材料	10	10 千克	100	64 000	2 000	63 000
直接人工	5	4 小时	20	12 800	400	12 600
变动制造费用	1	4 小时	4	2 560	80	2 520
固定制造费用	2	4 小时	8	5 120	160	5 040
合计	—	—	132	84 480	2 640	83 160

编制预算的过程中，要区分变动费用和固定费用。销售费用预算是企业预算期有关产品销售费用的预算，是以销售预算为基础编制的。其编制方法与制造费用预算的编制方法类似。销售费用按其成本性态可区分为变动销售费用预算和固定销售费用预算两部分：销售费用随着销售数量的变化成正比例变动的那部分属于变动销售费用；不随销售数量的变化成正比例变动的部分则属于固定销售费用。

管理费用预算是企业一般管理费用的预算。管理费用多属于固定成本，一般以过去的实际开支为基础，按预算期的可预见变化来调整。在编制管理费用预算时，要考虑企业的实际经济状况，务必做到费用合理化。

销售费用和管理费用通常以现金支付，为便于以后编制现金预算，销售费用和管理费用预算要编制现金支出预算。

【例 7-12】 承上例，假定××公司 2018 年固定销售及管理费用全年预算数为 17 500 元，每季度为 4 375 元，其中每季度折旧费为 1 375 元；变动性销售及管理费用预算分配率为每件 5 元。

××公司 2018 年度销售及管理费用预算如表 7-12 所示。

表 7-12　　　　　　××公司 2018 年度销售及管理费用预算　　　　　　单位：元

项　目	第一季度	第二季度	第三季度	第四季度	全　年	资料来源
预计销售量	100	150	180	200	630	表 7-5
变动销售及管理费用分配率	5	5	5	5	5	各季可变动
变动销售及管理费用	500	750	900	1 000	3 150	—
固定销售及管理费用	4 375	4 375	4 375	4 375	17 500	已知条件
销售及管理费用合计	4 875	5 125	5 275	5 375	20 650	—
减：固定资产折旧	1 375	1 375	1 375	1 375	5 500	已知条件
销售及管理费用现金支出数	3 500	3 750	3 900	4 000	15 150	—

二、资本支出预算的编制

资本支出预算又称投资决策预算或专门决策预算，通常是指与项目投资决策密切相关的特种决策预算。由于这类预算涉及到长期建设项目的资金投放与筹措，并经常跨年度，因此，除个别项目外一般不纳入营业预算，但应计入与此有关的现金预算与预计资产负债表。

【例 7-13】 为了形成开发新产品的生产能力,羽裳服装公司决定 2018 年度建造一条新的生产线,年内安装调试完毕,年末交付使用。该固定资产的明细项目及分次支付时间表如表 7-13 所示。预计发生固定资产投资 10 000 元。

为筹措该项投资所需资金,××公司决定于年初发行票面利率为 8%、每年末支付一次利息、预计发行收入为 5 000 元的公司债券(建设期利息计入固定资产原值);于第二季度增发股本为 10 000 元的普通股(假定不因此而形成资本公积)。

羽裳服装公司根据以上资料编制的 2018 年度资本支出预算如表 7-13 所示。

表 7-13　　　　　××公司 2018 年度资本支出预算表及资金筹措方案　　　单位:元

项　目	第一季度	第二季度	第三季度	第四季度	全　年
固定资产投资					
勘察设计费	500	500			1 000
土建工程	1 000	500			1 500
设备购置			6 000	1 000	7 000
安装工程				500	500
固定资产投资合计	1 500	1 000	6 000	1 500	10 000
资金筹措					
发行公司债券	5 000				5 000
增发普通股		10 000			10 000
资金筹措合计	5 000	10 000	0	0	15 000

该项目的建设期为 1 年,2018 年度应付公司债券的利息为 400 元(5 000×8%×1),该利息必须资本化,计入固定资产原值,则:

预算期完工的固定资产价值 = 10 000 + 400 = 10 400(元)

三、财务预算的编制

(一) 现金预算的编制

现金预算又称现金流量预算,它是以日常营业预算和特种决策预算为基础所编制的反映现金收支情况的预算,是企业的一种综合性预算。

现金预算的编制主要包括现金收入、现金支出、现金多余或不足,以及现金的筹措与运用四个部分。

"期初现金余额"是在编制预算时预计的,"销货现金收入"的数据来自销售预算,"可供使用的现金"是期初现金余额与本期销货现金收入之和。

"期初现金余额"是编制预算时预计的,下一季度的期初现金余额等于上一季度的期末现金余额,全年的期初现金余额指的是年初的现金余额,等于第一季度的期初现金余额。"销货现金收入"的数据来自销售预算。

"现金支出"包括预算期的各项现金支出,其有关数据分别来自直接材料预算、直接人工预算、制造费用预算、销售及管理费用预算等,此外还有缴纳所得税、购置固定资产、支付股利等事项。

"现金多余或不足"列示现金收入合计与现金支出合计的差额。差额为正,说明收入大于支出,现金有多余,可用于偿还过去向银行取得的借款或用于短期投资;差额为负,说明支出大于收入,现金不足,需要筹措资金。

"现金的筹措与运用"这部分是以现金余缺为出发点,包括计划期内需要在期初向银行借款的数额,以及在期末归还借款和偿付利息等事项。

现金预算实际上是其他预算有关现金部分的汇总,以及收支平衡措施的具体计划。通过完成初步的现金预算后,财务主管人员就可以知道企业在计划期间需要多少经营资金,就可以据以预先安排和筹措,来满足各个时期的资金需要。

【例7-14】××公司2018年度在上述营业预算和资本支出预算的基础上,编制现金预算。假设2018年年初现金余额为4 000元,第一季度预交企业所得税500元,以后每季度预交1 000元,第二季度支付股利4 000元,短期借款期初借入,每季末支付利息。每季度末现金余额的额定范围为4 000~5 000元。

××公司2018年度现金预算如表7-14所示。

表7-14　　　　　　　　××公司2018年度现金预算表　　　　　　　　单位:元

项目	第一季度	第二季度	第三季度	第四季度	全年	资料来源及计算依据
期初现金余额	4 000	4 835	4 580	4 015	4 000	第1季度数为年初数
加:销货现金收入	17 000	26 000	33 600	38 400	115 000	表7-5
可供使用现金	21 000	30 835	38 180	42 415	119 000	
减:现金支出						
直接材料采购	7 840	13 220	17 220	19 280	57 560	表7-7
直接人工工资	2 100	3 060	3 640	4 000	12 800	表7-8
制造费用	1 225	1 225	1 240	1 270	4 960	表7-9
销售及管理费用	3 500	3 750	3 900	4 000	15 150	表7-12
所得税费用	500	1 000	1 000	1 000	3 500	预交3 500元
购买设备	1 500	1 000	6 000	1 500	10 000	表7-13
股利支付		4 000			4 000	第2季度支付4 000元
现金支出合计	16 665	27 255	33 000	31 050	107 970	
现金多余或不足	4 335	3 580	5 180	11 365	11 030	
资金筹措及运用						
加:短期借款			11 000		11 000	每期期初借款
长期借款						
发行普通股		10 000			10 000	表7-13
发行公司债券	5 000				5 000	表7-13
减:支付短期借款利息			165	165	330	年利率6%,季末支付
支付长期借款利息			2 000		2 000	利息于还款时支付
支付公司债券利息				400	400	利率8%,年末一次付
归还短期借款本金				11 000	11 000	
归还长期借款本金			10 000		10 000	归还以前长期借款
归还公司债券本金						
购买有价证券	4 500	9 000		-5 000	8 500	资金调剂
资金筹措及运用合计	500	1 000	-1 165	-6 565	-6 230	
期末现金余额	4 835	4 580	4 015	4 800	4 800	

注:向银行借款数除了需抵补现金余缺的不足数外,还要保证期末最低限额。

（二）预计利润表的编制

预计利润表又称利润预算，是企业预算期营业利润、利润总额和税后利润的预算。利润预算是一种综合性预算，是在销售预算、产品成本预算、销售及管理费用费用预算、现金预算的基础上汇总编制的。利润表预算与实际利润表的内容、格式相同，不同的是数据仅是面向预算期的。通过编制利润表预算，可以了解企业预算期的盈利水平，并且可以将预算利润与企业目标利润进行比较，一旦出现较大不一致，企业就需要调整部门预算，设法达到目标，或者修正相应的目标利润。

"销售收入"的数据来自销售收入预算，"销售成本"数据来自产品成本预算，"销售及管理费用"数据来源于销售及管理费用预算，"利息"数据来源于现金预算。

需要注意的是，"所得税费用"是在利润规划时估计的，并已列入现金预算。它通常不是根据"利润"和所得税税率计算出来的，因为有诸多纳税调整的事项存在。

【例 7-15】××公司在上述各种预算的基础上，采用变动成本法和完全成本法，编制 2018 年度的预计利润表如表 7-15、表 7-16 所示。

表 7-15　　　　××公司 2018 年度预计利润表（按变动成本法编制）　　　　单位：元

项目	金额	资料来源
销售数量	630	表 7-5
销售收入	126 000	表 7-5
减：变动销售成本	78 120	表 7-10
变动销售及管理费用	3 150	表 7-12
边际贡献	44 730	
减：固定制造费用	6 400	表 7-9
固定销售及管理费用	17 500	表 7-12
息税前利润	20 830	
减：利息费用	2 330	表 7-14
税前利润	18 500	
减：所得税费用（估计）	3 500	表 7-14
税后利润	15 000	—

表 7-16　　　　××公司 2018 年度预计利润表（按完全成本法编制）　　　　单位：元

项目	金额	资料来源
销售数量	630	表 7-5
销售收入	126 000	表 7-5
减：销售成本	83 160	表 7-11
销售毛利	42 840	
减：销售及管理费用	20 650	表 7-12
息税前利润	22 190	
减：利息费用	2 330	表 7-14
税前利润	19 860	
减：所得税费用（估计）	3 500	表 7-14
税后利润	16 360	

(三) 预计资产负债表的编制

预计资产负债表是总括反映预算期期末企业的资产、负债和所有者权益状况的一种报表。资产负债表预算与实际的资产负债表内容、格式相同,只不过数据是反映预算期期末的财务状况。它是以预算期期初的资产负债表为基础,然后根据计划期各项预算的有关数据进行分析、计算和填列。

【例 7-16】 依据上述各例,假设××公司年初的资产负债表数据已经确定,其编制的 2018 年度简化的预计资产负债表如表 7-17 所示。

表 7-17　　　　　　　××公司 2018 年度预计资产负债表　　　　　　　单位:元

资产			负债及所有者权益		
项　目	年初数	年末数	项　目	年初数	年末数
流动资产			流动负债		
货币资金	4 000	4 800	短期借款	0	0
交易性金融资产	0	8 500	应付账款	2 560	10 000
应收账款	5 000	16 000	流动负债合计	2 560	10 000
存货	4 240	6 480	长期负债		
流动资产合计	13 240	35 780	长期借款	20 000	10 000
固定资产			应付债券	0	5 000
固定资产原值	60 000	70 400	长期负债合计	20 000	15 000
减:累计折旧	8 000	17 500	负债合计	22 560	25 000
固定资产净值	52 000	52 900	所有者权益		
固定资产合计	52 000	52 900	股本	30 000	40 000
			未分配利润	12 680	23 680
资产总计	65 240	88 680		65 240	88 680

注:预计资产负债表中各项目有关数字说明:

(1) 货币资金,见表 7-14 中的期末现金余额为 4 800 元。

(2) 交易性金融资产,见表 7-14,年末余额为 8 500 元。

(3) 应收账款,见表 7-5,预算期期初应收账款为 5 000 元,预算期末余额为 16 000 元(40 000×40%)。

(4) 存货,有两部分构成:

①材料存货成本,见表 7-7,期初材料存货成本 3 000 元(300×10);期末材料存货成本 4 000 元(400×10)。

②产成品存货成本,见表 7-6 和表 7-10,期初产成品存货成本 1 240 元(10×124);期末产成品存货成本 2 480 元(20×124)。

由此,期初存货成本 4 240 元(3 000+1 240);期末存货成本 6 480 元(4 000+2 480)。

(5) 固定资产原值,见表 7-13,年末数为期初数加上购建固定资产价值 10 400 元,即 70 400 元。

(6) 累计折旧,见表 7-9 和表 7-12,年末数为期初数 8 000 元加上本年折旧数 4 000 元和 5 500 元,即 17 500 元。

(7) 短期借款,见表 7-14,期末数为 11 000-11 000=0(元)。

(8) 应付账款,见表 7-7,期末数为 10 000 元(20 000×50%)。

(9) 长期借款,见表 7-14,期末数为 20 000-10 000=10 000(元)。

(10) 应付债券,见表 7-13,期末数为 5 000(元)。

(11) 股本,见表 7-13,期末数为 30 000+10 000=40 000(元)。

(12) 未分配利润,见表 7-14 和表 7-15,期末数=12 680+15 000-4 000=23 680(元)。

(13) 以上预计资产负债表中凡是涉及的预算数据有按变动成本法编制和按完全成本法编制的,均采用变动成本法编制的数据。

电子表格在预算编制中的应用

全面预算的编制，涉及企业的各个部门，包括各项财务指标的计算，各项指标之间勾稽关系复杂，如果采用传统的预算编制方式，即手工编制，将耗费大量的人力、物力。因此，采用信息系统与企业全面预算管理的融合，显得尤为必要。

电子表格软件是强大而灵活的预算工具。电子表格的一个明显的优点是：几乎不会产生计算错误。根据各个基础预算之间的数据勾稽关系，建立单元格、报表间的链接，输入必要的基础数据，含有链接关系的数据会自动生成，预算数据更新工作也可以同步完成，可以避免手工大量繁琐的计算。

许多企业还开发了编制全面预算的专门财务软件，以较低的成本重复使用，并快速分析和评价有关因素变化给编制的预算带来的影响，具有较强的分析能力。有的企业实现了全面预算管理系统与财务核算系统的对接，共享全面预算数据与财务核算数据。

项目小结

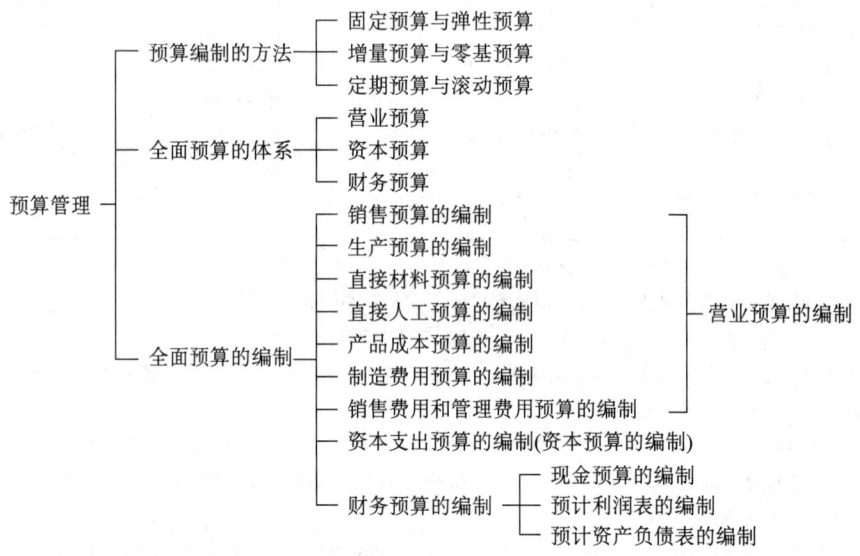

项目八 财务分析

 知识学习目标

1. 能根据实际需要运用不同的方法进行财务分析
2. 能进行偿债能力分析
3. 能进行营运能力分析
4. 能进行盈利能力分析法
5. 能进行发展能力分析
6. 能运用杜邦分析体系全面评价企业的财务状况和盈利能力

 技能训练目标

1. 学会与不同的报表使用者进行沟通与协调
2. 学会与企业管理层进行沟通,并能够及时提供其所需要的相关信息
3. 会根据企业的不同情况判断运用不同的财务分析方法
4. 能根据企业的实际需要灵活计算相关财务指标
5. 要具备一定的文字表达能力,能根据分析结果撰写财务分析报告

任务一 财务分析方法

小于是一名刚毕业的大学生,在大学里学的是会计学专业。他应聘到羽裳服装公司财务部做财务工作。上班的第一天,财务总监李先生将羽裳服装公司2018年上半年的半年报交给小于,让他在两天之内做一份2 000字左右的财务分析报告,以此来测试小于对会计和财务管理知识的掌握程度以及运用理论知识解决实际问题的能力。

请思考:你能否根据学过的相关会计知识,对财务报表的数据进行分析以发现有关问题?

知识准备

一、财务分析的含义

财务分析是以企业财务报告及其他相关资料为依据,对企业的财务状况和经营成果进行评价和剖析,反映企业在运营过程中的利弊得失和发展趋势,从而为改善企业财务管理工作和优化经济决策提供重要的财务信息。财务分析既是已完成的财务活动的总结,又是财务预测的前提,在财务管理的循环中起着承上启下的作用。

二、财务分析的依据

开展财务分析需要依据一定的财务数据和其他信息,这些数据和信息包括财务会计报告(由会计报表、会计报表附注、财务情况说明书组成)以及注册会计师的意见、管理层的解释、专家评论、社会责任报告等。

财务会计报告是财务分析最直接、最主要的依据。但是,由于财务会计本身的局限性,财务会计对企业财务状况和经营业绩的反映是速写而不是照相,从而使得财务报告也相应存在局限性,如财务报告没有披露企业的全部信息;已经披露的信息存在会计估计误差;管理层的会计政策选择使财务会计报告扭曲企业的实际情况等。因此,我们在进行财务分析时,应尽可能地收集可能获得的各种信息,既要收集财务信息,也要收集非财务信息;既要收集公开披露信息,也要收集内部信息;既要收集静态信息,也要收集动态信息,以防止片面性。

三、财务分析的目的

财务分析信息的需求者主要包括企业投资者、企业债权人、企业经营决策者和政府等。不同主体出于不同的利益考虑,对财务分析信息有着不同的需求。财务分析的目的是要通过分析,满足不同利益主体对财务分析信息的不同需求。

1. 投资者

投资者包括企业现有的和潜在的股东。投资者为决定是否投资,需要分析企业的未来盈利能力和经营风险;为考察经营者业绩,需要分析资产盈利水平、破产风险和竞争能力;为决定股利分配政策,需要分析筹资状况等。

2. 债权人

债权人是指银行、债券持有者和其他一些贷款给企业的机构或人员。银行等贷款人为决定是否给企业贷款,需要分析公司是否有定期支付利息并到期偿还本金的能力,据此决定是否贷款并制定债务条款;为了了解债务人的短期偿债能力,要分析其流动状况;为了了解债务人的长期偿债能力,需要分析其盈利状况和资本结构。

3. 经营决策者

为满足不同利益主体的需要,协调各方面的利益关系,经营决策者必须对企业经营理财的各个方面,包括运营能力、偿债能力、获利能力等全部信息予以详尽地了解和掌握,以及时发现问题,采取对策。

4. 政府

政府兼具多重身份,既是宏观管理者,又是国有企业的所有者和重要的市场参与者,因此政府对企业财务分析的关注点因所具身份的不同而不同。为履行政府职能,需要了解企业纳税情况、遵守政府法规和市场经济秩序情况以及职工收入和就业状况。

此外,财务分析信息的使用者还包括注册会计师、公司雇员、供应商、顾客、社会公众等,他们对财务分析信息的需求各有侧重点。

任务处理

小于要进行财务分析,可以采用以下步骤和方法:

一、财务分析的步骤

1. 明确财务分析的目的

财务分析信息的需求者主要包括企业所有者、企业债权人、企业经营决策者和政府等。不同主体出于不同的利益考虑,对财务分析信息有着不同的需求。所以我们在进行财务分析时,要有针对性地收集相关资料,确定分析方法,建立相关分析指标。

2. 收集财务分析资料

在明确财务分析的目的之后,应有针对性地收集相关资料。具备系统、完整和准确的财务资料是保证财务分析质量的重要条件。由于分析的主体不同,获得信息的数量和难度也不尽相同,但分析者应尽可能地收集可能获得的各种信息,防止片面性。同时,要遵循成本—效益原则,收集资料并非多多益善,而是适当就好。

3. 整理分析资料

评价人员应运用其专业知识和职业敏感性,对所收集的信息进行整理和分析,去伪存真、去粗取精,筛选出有用的财务信息。

4. 确定财务分析方法

进行财务分析的方法很多,计算出的财务指标也很多,财务分析人员要根据财务分析的目的和所收集的财务资料,选择适当的财务分析方法。

5. 正确计算相关财务比率

在进行财务分析时,有反映企业财务状况和经营成果等方面的各种财务比率。财务比率的选择和计算要符合可比性的要求,并与评价目的相结合;同时,指标的内涵和外延要与构成同一财务比率的其他指标具有内在关联性。财务比率的正确计算是信息使用者对企业进行客观评价的基础。

6. 进行比较分析和因素分析

单独考察某一企业在某一期间的财务比率,只能了解该企业在此期间的财务情况,这并不能满足不同利益主体对财务分析信息的需求,因此需要对各种财务比率进行比较分析和因素分析。

7. 撰写财务分析报告

财务分析报告是财务分析工作的总结,是财务分析的最后步骤。它将财务分析的对象、目的、分析程序、分析方法、计算数据和改进措施以书面形式表达出来。财务分析报告专业性比较强,为了能够使不同利益主体运用财务分析报告指导自己的相关决策,要求财务分析人员尽量用通俗易懂的语言来表达,用数据来说明问题。

二、财务分析的方法

财务分析的方法有很多种。不同的财务分析者出于不同的目的,会使用不同的财务分析方法。一般来说,有比较分析法和因素分析法两种。

(一) 比较分析法

比较分析法是对两个或几个有关的可比数据进行对比,从而揭示趋势或差异。

1. 比较分析按比较对象(和谁比)划分

(1) 与本企业历史比,即不同时期(2年~10年)指标相比,也称为"趋势分析"。

(2) 与同类企业比,即与行业平均数或竞争对手比较,也称"横向比较"。

(3) 与计划预算比,即实际执行结果与计划指标比较,也称"预算差异分析"。

2. 比较分析按比较内容划分

(1) 比较会计要素的总量。总量是指报表项目的总金额,例如,总资产、净资产、净利润等。总量比较主要用于时间序列分析,如研究利润的逐年变化趋势,分析其增长潜力。有时也用于同业对比,分析企业的相对规模和竞争地位的变化。

(2) 比较结构百分比。将资产负债表、利润表、现金流量表转换成结构百分比报表,例如,以收入为100%,分析利润表各项目的比重。结构百分比报表用于发现有显著问题的项目,揭示进一步分析的方向。

(3) 比较财务比率。财务比率是各会计要素之间的数量关系,反映它们的内在联系。财务比率是相对数,排除了规模的影响,具有较好的可比性,是最重要的分析比较内容。财务比率的计算相对简单,而对它们加以说明和解释却比较复杂和困难。

(二) 因素分析法

因素分析法是根据分析指标与其驱动因素的关系,从数量上确定各因素对分析指标的影响方向及程度的分析方法。这种分析方法的思路是,当有若干因素对分析指标发生影响时,在假设其他各个因素都不变的情况下,顺序确定每一个因素单独变化对分析指标所产生的影响。

因素分析法有连环替代法和差额分析法两种。

1. 连环替代法

连环替代法是指将分析指标分解为各个可以计量的因素,并根据各个因素之间的依存关系,顺次用各因素的比较值(通常即实际值)替代基准值(通常即标准值或计划值),据以测定各因素对分析指标的影响。

连环替代法的计算分析程序如下:

(1) 确定总指标的影响因素。一个指标的变动受许多因素的影响,找出其影响因素,并列出关系式。

(2) 顺序地把其中一个因素视为可变因素,其他因素暂时视为不变因素,依次逐项替代,每一次替代在上一次替代的基础上进行。

(3) 将每一次替代后的结果反向两两相减,测算出各项因素变动对总体指标的影响程度和影响方向。

假定某项财务指标 P 受 a、b、c 三个因素影响,它由 a、b、c 三个因素的乘积构成,即:

$$P = a \times b \times c$$

将构成 P 的 a、b、c 三个因素,由计划数分别顺序替换实际数,确定各因素变动对指标 P 的影响。其计算步骤如下:

计划指标:$P_0 = a_0 \times b_0 \times c_0$
第一次替代:$P_1 = a_1 \times b_0 \times c_0$
第二次替代:$P_2 = a_1 \times b_1 \times c_0$
第三次替代:$P_3 = a_1 \times b_1 \times c_1$
其中,$P_3 = a_1 \times b_1 \times c_1$ 是实际指标。
a 因素变动的影响:$\Delta P_a = P_1 - P_0$
b 因素变动的影响:$\Delta P_b = P_2 - P_1$
c 因素变动的影响:$\Delta P_c = P_3 - P_2$
各因素的影响合计:$\Delta P = \Delta P_a + \Delta P_b + \Delta P_c$

【例 8-1】假设羽裳公司生产某服装耗用某种布料,2018 年 3 月其产品产量、单位产品材料耗用量以及材料单价如表 8-1 所示。

表 8-1 某服装材料费用情况表

项 目	单 位	计划数	实际数
服装产量	件	100	120
单位服装材料消耗量	尺	9	8
材料单价	元	6	7
材料费用总额	元	5 400	6 720

根据表中资料,材料费用总额实际数较计划数增加 1 320 元,这是分析对象。运用连环替代法,计算各因素变动对材料费用总额的影响程度如下:

计划指标:$P_0 = 100 \times 9 \times 6 = 5\ 400$(元)
第一次替代:$P_1 = 120 \times 9 \times 6 = 6\ 480$(元)
第二次替代:$P_2 = 120 \times 8 \times 6 = 5\ 760$(元)
第三次替代:$P_3 = 120 \times 8 \times 7 = 6\ 720$(元)→实际指标
产品产量变动的影响:$\Delta P_a = P_1 - P_0 = 6\ 480 - 5\ 400 = 1\ 080$(元)
单位产品材料消耗量变动的影响:$\Delta P_b = P_2 - P_1 = 5\ 760 - 6\ 480 = -720$(元)
材料单价变动的影响:$\Delta P_c = P_3 - P_2 = 6\ 720 - 5\ 760 = 960$(元)
各因素的影响合计:$\Delta P = \Delta P_a + \Delta P_b + \Delta P_c = 1\ 080 - 720 + 960 = 1\ 320$(元)

以上分析表明，材料费用实际数比计划数增加 1 320 元，其中，因产量增加使材料费用增加了 1 080 元；因单位产品材料消耗量降低使材料费用减少了 720 元；因材料单价上涨使材料费用增加了 960 元。

2. 差额分析法

差额分析法是连环替代法的一种简化形式，它是利用各个因素的比较值与基准值之间的差额，来计算各因素对分析指标的影响。

【例 8 – 2】仍以表 8 – 1 所列数据为例，可采用差额分析法计算确定各因素变动对材料费用的影响。

（1）由于产量增加对材料费用的影响：

$(120 - 100) \times 9 \times 6 = 1\,080$（元）

（2）由于材料消耗节约对材料费用的影响：

$120 \times (8 - 9) \times 6 = -720$（元）

（3）由于价格提高对材料费用的影响：

$120 \times 8 \times (7 - 6) = 960$（元）

需要注意的是，差额分析法只适用于当综合指标等于各因素之间连乘或连除时；当综合指标是通过因素间"加"或"减"形成时，不能用差额分析法。

因素分析法可以全面分析各因素对某一经济指标的影响，又可以单独分析某个因素对某一经济指标的影响，在财务分析中应用颇为广泛。但在应用时，应注意以下几个方面的问题：

（1）因素分解的关联性

确定构成经济指标的因素，必须是客观上存在着因果关系，要能够反映形成该项指标差异的内在构成原因，否则就失去了其存在价值。

（2）因素替代的顺序性

替代因素时，必须按照各因素的依存关系，排列成一定的顺序并依次替代，不可随意加以颠倒，否则就会得出不同的计算结果。

（3）顺序替代的连环性

连环替代法在计算每一个因素变动的影响时，都必须是在前一次计算的基础上进行的，并采用连环比较的方法确定因素变化的影响结果。因为只有保持计算程序上的连环性，才能使各个因素影响之和等于分析指标的变动差异，以全面说明分析指标变动的原因。

（4）计算结果的假定性

运用这一方法在测定某一因素的影响时，是以假定其他因素不变为条件的。因此，计算结果只能说明是在某种假设条件下计算的结果。因此，在采用这种方法进行分析时，应力求使这种假定合乎逻辑，否则会妨碍分析的有效性。

三、财务分析的局限性

财务分析对于了解企业的财务状况和经营业绩，评价企业的偿债能力和经营能力，进行经济决策，作用显著。但是由于种种因素的影响，财务分析存在着一定的局限性。在分析中，应注意这些局限性的影响，以保证分析结果的正确性。

(一) 资料来源的局限性

1. 报表数据的时效性问题

财务报表中的数据,均是企业过去经济活动的结果,用于预测未来发展趋势,只有参考价值,并非绝对合理。

2. 报表数据的真实性问题

在企业形成其财务报表之前,信息提供者往往对信息使用者所关注的财务状况以及对信息的偏好进行仔细分析与研究,并尽力满足信息使用者对企业财务状况和经营成果信息的期望,其结果极有可能使信息使用者所看到的报表信息与企业实际状况相距甚远,从而误导信息使用者的决策。

3. 报表数据的可靠性问题

财务报表虽然是按照会计准则编制的,但不一定能准确反映企业的客观实际。例如:报表数据未按通货膨胀进行调整;某些资产以成本计价,并不代表其现在的客观实际;许多支出在记账时存在灵活性,既可以作为当期费用,也可以作为资本项目在以后年度摊销;很多资产以估计值入账,但未必客观;偶然事件可能扭曲本期的损益,不能反映盈利的正常水平。

4. 报表数据的可比性问题

根据会计准则的规定,不同的企业或同一个企业的不同时期都可以根据不同情况采用不同的会计政策和会计处理方法,使得报表上的数据在企业不同时期和不同企业之间的对比在很多时候失去意义。

5. 报表数据的完整性问题

由于报表本身的原因,其提供的数据是有限的。对报表使用者来说,可能很多需要的信息在报表或报表附注中根本找不到。

(二) 财务指标比较基础的局限性

在比较分析时,需要选择比较的参照标准,如同业数据、本企业历史数据或计划预算数据。

横向比较时,需要使用同业标准。同业平均数只有一般性的参考价值,未必具有代表性,或未必是合理的基准。选同行业一组有代表性的企业求平均数,作为同业标准,可能比整个行业的平均数更有意义。近年来,分析人员以一流企业作为标杆,进行对标分析;也有许多企业实行多种经营,没有明确的行业归属,同业比较更加困难。

趋势分析应以本企业历史数据为比较基础。历史数据代表过去,并不代表合理性。经营环境变化后,本年比上年利润提高了,未必说明已经达到应该达到的水平,甚至未必说明管理有了改进。

实际与预算比较分析应以预算为比较基础。实际与预算发生差异,可能是执行中有问题,也可能是预算不合理,两者的区分并非易事。

财务人员还要做什么

作为一名财务人员,除了要做会计报表外,还要做好以下几件事情:

1. 做好财务分析,计算出各个重要科目或比率的临界点

财务分析的内容包括偿债能力分析、运营能力分析、获利能力分析和发展能力分析等。不同主体出于不同的利益考虑,对财务分析信息的需求的侧重点不同。财务人员要将对于企业来说重要的财务比率全部计算出来,然后向领导汇报。这些比率,每月要计算一次,只要超过临界点就及时提醒领导,做到防患于未然。

2. 注重帮助老板解读重要的财务信息

很多老板是不懂财务的,或者说不太懂。如果财务人员只是把做成的财务报表原汁原味的送到老板那里,老板不懂又不好意思说。因此财务人员应主动做好信息解释工作,在一些重要数据边上用不同颜色的笔注明这些数据表示什么意思,并做好通俗易懂的报表分析说明。

3. 财务人员应主动向老板请示参加公司的营销会议

目前一个普遍的问题是财务人员不懂业务,业务人员不懂财务。很多公司的财务人员从来不参加营销会议,这就导致财务人员永远是被动的,他们不了解企业的发展和规划,不知道企业的销售计划和资金计划。因此,企业在召开重要的营销会议时,应该要求财务人员尤其是财务负责人列席会议。

4. 注意颜色管理

在财务报表上用不同的颜色把不同重要程度的信息进行区分,如重要的数据如果用绿色荧光笔涂上去,就表示正常;黄色的表示注意;红色的就表示十分严重了。

5. 按顺序排列自己公司最严重的财务危机,注意提醒老板

一般来说,一个公司最严重的财务危机有:①现金不足;②过多的应收账款没有收回来;③过多的存货没有卖出;④公司买了过多的房子和土地,占用了大量资金;⑤向银行借的钱都是短期贷款,每一年都要换单。

任务二　偿债能力分析

羽裳服装公司2017年12月31日的资产负债表和利润表如表8-2和表8-3(列示的资产负债表和利润表均为简化格式,仅用于示例)所示。小于根据报表对公司的偿债能力、运营能力、获利能力和发展能力进行了分

析，并将发现的问题和自己的想法都写入了财务分析报告。

表8-2　　　　　　　　　　　　　　资产负债表

编制单位：羽裳服装公司　　　　　　2017年12月31日　　　　　　　　　　　　单位：万元

资产	年末余额	年初余额	负债和股东权益	年末余额	年初余额
流动资产			流动负债		
货币资金	1 000	800	短期借款	2 200	2 000
交易性金融资产	500	1 000	应付账款	1 200	900
应收账款	1 200	1 100	预收账款	350	400
预付账款	60	20	其他应付款	120	50
存货	5 100	4 100	流动负债合计	3 870	3 350
其他流动资产	60	30	非流动负债		
流动资产合计	7 920	7 050	长期借款	2 500	2 000
非流动资产			非流动负债合计	2 500	2 000
持有至到期投资	400	400	负债合计	6 370	5 350
固定资产	15 000	13 000	股东权益		
无形资产	650	600	股本	13 000	13 000
非流动资产合计	16 050	14 000	盈余公积	1 600	1 600
			未分配利润	3 000	1 100
			股东权益合计	17 600	15 700
资产总计	23 970	21 050	负债及股东权益合计	23 970	21 050

表8-3　　　　　　　　　　　　　　利润表

编制单位：羽裳服装公司　　　　　　2017年度　　　　　　　　　　　　　　　单位：万元

项　　目	本期金额	上期金额
一、营业收入	24 000	20 000
减：营业成本	13 400	11 800
营业税金及附加	1 350	1 120
销售费用	2 000	1 620
管理费用	1 100	900
财务费用	450	350
加：投资收益	300	300
二、营业利润	6 000	4 510
加：营业外收入	200	150
减：营业外支出	600	500
三、利润总额	5 600	4 160
减：所得税费用	1 400	1 040
四、净利润	4 200	3 120

注：假设甲公司企业所得税税率为25%。

1. 指标计算规律

分母分子率：指标名称中前面提到的是分母，后面提到的是分子。比如资产负债率，资产是分母，负债是分子。分子比率：指标名称中前面提到的是分子。比如现金比率，现金及其等价物就是分子。

2. 指标计算应注意问题（见图8-1）

小提示

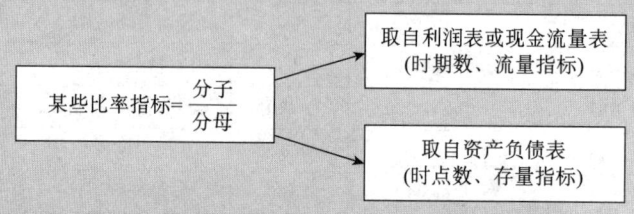

图8-1 比率指标

在比率指标计算，分子分母的时间特征必须一致。即同为时点指标，或者同为时期指标。若一个为时期指标，另一个为时点指标，则按理说应该把时点指标调整为时期指标，调整的方法是计算时点指标的平均值。如果题目中提示"为了简便，使用期末数计算"，则时期指标使用期末数计算，不用平均值。

▣ 任务处理

总结和评价企业财务状况与经营成果的分析指标包括偿债能力指标、营运能力指标、盈利能力指标和发展能力指标等。

偿债能力是指公司偿还到期债务（包括本息）的能力。由于债务按到期时间分为短期债务和长期债务，所以偿债能力分析包括短期偿债能力分析和长期偿债能力分析。

偿债能力的衡量方法有两种：一种是比较可供偿债资产与债务的存量，资产存量超过债务存量较多，则认为偿债能力较强；另一种是比较经营活动现金流量和偿债所需现金，如果产生的现金超过需要的现金较多，则认为偿债能力较强。

一、短期偿债能力分析

短期偿债能力是指公司流动资产对流动负债及时、足额偿还的保证程度。流动资产将在一年或一个营业周期内消耗或转变为现金，流动负债将在一年或一个营业周期内偿还，因此两者的比较可以反映短期偿债能力。

分析短期偿债能力的常用指标有两种：一种是差额比较，两者相减的差额称为营运资本；另一种是比率比较，包括流动比率、速动比率和现金比率等。

1. 营运资本

营运资本是流动资产超过流动负债的部分。其计算公式如下：

$$营运资本 = 流动资产 - 流动负债$$

根据羽裳公司的财务数据：

本年末营运资本 = 7 920 - 3 870 = 4 050（万元）

上年末营运资本 = 7 050 - 3 350 = 3 700（万元）

计算营运资本使用的"流动资产"和"流动负债"，数据通常可以直接取自资产负债表。资产负债表的资产和负债分为流动项目和非流动项目，并按流动性强弱排序，为计算营运资本和分析流动性提供了便利。

如果流动资产和流动负债相等，并不足以保证短期偿债能力没有问题，因为债务的到期与流动资产的现金生成，不可能同步同量。为维持经营，企业不可能清算全部流动资产来偿还流动负债，而是必须维持最低的现金、存货和应收账款等。

因此，企业必须保持流动资产大于流动负债，即保有一定数额的营运资本作为安全边际，以防止流动负债"穿透"流动资产。羽裳公司现存 3 870 万元流动负债的具体到期时间不易判断，现存 7 920 万元的流动资产生成现金的金额和时间也不好预测。营运资本 4 050 万元是流动负债"穿透"流动资产的"缓冲垫"。因此，营运资本越多，流动负债的偿还越有保障，短期偿债能力越强。

2. 流动比率

流动比率是流动资产与流动负债的比率，它表明企业每 1 元流动负债有多少流动资产作为偿还保证，反映企业可在短期内转变为现金的流动资产偿还到期流动负债的能力。其计算公式为：

$$流动比率 = 流动资产 \div 流动负债$$

一般情况下，流动比率越高，反映企业短期偿债能力越强，债权人的权益就越有保证。

对流动比率的分析要把握以下几点：

（1）从短期债权人的角度看，自然希望流动比率越高越好，这样可以保证他们及时、足额收回债权本息。对股东来说，不能及时偿债可能导致企业破产，但是提高流动性又必然降低盈利性，因此他们希望企业权衡收益和风险，保持适当的偿债能力。对企业管理层来说，为了能够取得贷款，他们必须考虑债权人对偿债能力的要求；为了股东的利益，他们必须权衡企业的收益和风险，保持适当的偿债能力；为了自身的利益，则更倾向于维持较高的偿债能力。因为企业破产，经理人不仅会丢掉职位，还会使他们作为"经理人"的无形资产大打折扣。

（2）虽然流动比率越高，企业偿还短期债务的流动资产保证程度越强，但这并不等于说企业已有足够的现金或存款来偿债。流动比率高也可能是存货积压、应收账款增多且收账期延长所致，而真正用来偿债的现金或存款却严重短缺。所以，企业应在分析流动比率的基础上，进一步对现金流量加以考察。

（3）不存在统一的、标准的流动比率数值。不同行业的流动比率，通常有明显差别。营业周期越短的行业，合理的流动比率越低。

【例 8-3】根据表 8-2 的资料，羽裳公司的流动比率计算如下：

上年流动比率 = 7 050 ÷ 3 350 = 2.10

本年流动比率 = 7 920 ÷ 3 870 = 2.05

计算结果表明，该公司 2016 年和 2017 年每 1 元的流动负债分别有 2.10 元和 2.05

元的流动资产作为偿还债务的保证。上年和本年的流动比率均略微超过2，说明该公司具有较强的短期偿债能力。

使用流动比率指标有某些局限性，应注意：流动比率假设全部流动资产都可以变为现金并用于偿债，全部流动负债都需要还清。实际上，有些流动资产的账面金额与变现金额有较大差异，如产成品等；经营性流动资产是企业持续经营所必需的，不能全部用于偿债；经营性应付项目可以滚动存续，无需动用现金全部还清。因此，流动比率是对短期偿债能力的粗略估计。

3. 速动比率

速动比率是指企业速动资产与流动负债的比率。它假设速动资产是可以用于偿债的资产，表明每1元流动负债由多少速动资产作为偿还保障。所谓速动资产，是指可以在较短时间内变现的资产，包括货币资金、交易性金融资产和各种应收款项等。另外的流动资产，包括存货、预付款项、一年内到期的非流动资产及其他流动资产等，称为非速动资产。

非速动资产的变现金额和时间具有较大的不确定性：首先存货的变现速度比应收账款要慢得多；部分存货可能已经报废损失、尚未处理；存货估价有多种方法，可能与变现金额相距甚远。其次，一年内到期的非流动资产及其他流动资产的金额由偶然性，不代表正常的变现能力。因此，将可偿债资产定义为速动资产，计算出的速动比率更加可信。

速动比率的计算公式为：

$$速动比率 = 速动资产 \div 流动负债$$

一般情况下，速动比率越高，表明企业偿还流动负债的能力越强。

对速动比率的分析要把握以下几点：

（1）由于从流动资产中剔除了存货等变现能力较弱且不稳定的资产，因此，速动比率较之流动比率能够更加准确、可靠地评价企业资产的流动性及其偿还短期债务的能力。

（2）一般情况下，如果速动比率比较低，必使企业面临较大的偿债风险；如果速动比率比较高，尽管偿还债务的安全性很高，但却会因企业现金及应收账款资金占用过多而大大增加企业的机会成本。

（3）与流动比率一样，不同行业的速动比率差别很大。例如，采用大量现金销售的商店，几乎没有应收账款，速动比率大大低于1很正常。相反，一些应收账款较多的企业，速动比率可能要大于1。

【例8-4】根据表8-2的资料，羽裳公司的速动比率计算如下：

上年速动比率 =（800 + 1 000 + 1 100）÷ 3 350 = 0.87

本年速动比率 =（1 000 + 500 + 1 200）÷ 3 870 = 0.70

计算结果表明，该公司2016年和2017年的速动比率都偏低，说明企业的短期偿债能力比较差。原因是该公司的流动资产中，存货所占比重太大。因此，企业应采取措施，降低不必要的存货，提高速动比率。

4. 现金比率

现金比率是指现金资产与流动负债的比率，它表明1元流动负债有多少现金资产作

为偿还保障。其计算公式为:

$$现金比率 = (货币资金 + 交易性金融资产) \div 流动负债$$

速动资产中,流动性最强、可直接用于偿债的资产,称为现金资产,包括货币资金、交易性金融资产等。与其他速动资产不同,现金资产可以直接用于偿还债务,而其他速动资产需要等待不确定的时间,才能转换为不确定数额的现金。

与流动比率和速动比率相比较,用现金比率来衡量企业的短期偿债能力更加准确。现金比率越高,企业的短期偿债能力越强。但是,现金比率并非越高越好,越高意味着企业拥有过多的获利能力较低的现金资产。因此,现金比率要适度,既要保证偿还短期债务的需要,又要尽可能降低持有过多现金资产的机会成本。

【例8-5】根据表8-2的资料,羽裳公司的现金比率计算如下:

上年现金比率 = (800 + 1 000) ÷ 3 350 = 0.54

本年现金比率 = (1 000 + 500) ÷ 3 870 = 0.39

计算结果表明,2016年的现金比率比较高,2017年的现金比率比较合适,现金资产得到了合理运用,资产使用效益提高。

小提示

经研究表明,0.2的现金比率是可以接受的。这一比率过高,就意味着企业过多资源占用在盈利能力较低的现金资产上,影响企业的盈利能力。

二、长期偿债能力分析

长期偿债能力是指企业偿还长期负债的能力,企业的长期负债主要有长期借款、应付长期债券、长期应付款等。对于企业的长期债权人和所有者来说,不仅关心企业短期偿还能力,更关心企业长期偿债能力。因此,在对企业进行短期偿债能力分析的同时,还需分析企业的长期偿债能力,以便于债权人和投资者全面了解企业的偿债能力及财务风险。

反映企业长期偿债能力的财务比率主要有:资产负债率,股东权益比率、权益乘数、产权比率和利息保障倍数等。

1. 资产负债率

资产负债率是企业负债总额与资产总额的比率,也称为负债比率,它反映企业的资产总额中有多少是通过举债而得到的,可以衡量企业清算时资产对债权人权益的保障程度。其计算公式为:

$$资产负债率 = \frac{负债总额}{资产总额} \times 100\%$$

资产负债率反映企业偿还债务的综合能力,这个比率越高,企业偿还债务的能力越差;反之,偿还债务的能力越强。资产负债率还代表企业的举债能力。一个企业的资产负债率越低,举债越容易。如果资产负债率高到一定程度,财务风险很高,就无人愿意提供贷款了。这表明企业的举债能力已经用尽。

企业的债权人、股东和企业经营者往往从不同的角度来评价资产负债率:

(1) 从债权人的角度,债权人最关心的是贷给企业的资金的安全性。如果这个比率过高,说明在企业的全部资产中股东提供的资本所占比重太低,这样,企业的财务风险就主要由债权人负担,其贷款的安全也缺乏可靠的保障,所以,债权人总是希望企业的负债比率低一些。

(2) 从企业股东的角度,最关心的是投资收益的高低,企业借入资金与股东投入的资金在生产经营中可以发挥同样的作用,如果企业负债所支付的利息率低于资产报酬率,股东就可以利用举债经营取得更多的投资收益。因此,股东所关心的往往是全部资产报酬率是否超过了借款的利息率。

(3) 从企业经营者的角度,既要考虑企业的盈利,也要顾及企业所承担的财务风险。资产负债率作为财务杠杆不仅反映了企业的长期财务状况,也反映了企业经营者的进取精神。当然,负债也必须有一定的限度,负债比率过高,企业的财务风险将加大,一旦资产负债率超过1,则说明企业资不抵债,有濒临倒闭的危险。

【例 8-6】根据表 8-2 的资料,羽裳公司的资产负债率计算如下:

$$上年资产负债率 = \frac{5\,350}{21\,050} \times 100\% = 25.42\%$$

$$本年资产负债率 = \frac{6\,370}{23\,970} \times 100\% = 26.57\%$$

计算结果表明,该公司 2016 年和 2017 年的资产负债率均不高,说明公司长期偿债能力较强,这样有助于增强债权人对公司出借资金的信心。

2. 股东权益比率与权益乘数

(1) 股东权益比率。股东权益比率是股东权益与资产总额的比率,该比率反映企业资产中有多少是所有者投入的。其计算公式为:

$$股东权益比率 = \frac{股东权益总额}{资产总额} \times 100\%$$

股东权益比率与资产负债率之和等于1。这两个比率从不同的侧面来反映企业长期财务状况,股东权益比率越大,资产负债比率就越小,企业财务风险就越小,偿还长期债务的能力就越强。

【例 8-7】根据表 8-2 的资料,羽裳公司的股东权益比率计算如下:

$$上年股东权益比率 = \frac{15\,700}{21\,050} \times 100\% = 74.58\%$$

$$本年股东权益比率 = \frac{17\,600}{23\,970} \times 100\% = 73.43\%$$

计算结果表明,该企业 2016 年和 2017 年的股东权益比率都比较高,说明企业长期偿债能力较强。

(2) 权益乘数

股东权益比率的倒数,称为权益乘数,即资产总额是股东权益的多少倍。其计算公式为:

$$权益乘数 = \frac{资产总额}{股东权益总额}$$

股东权益乘数越大,表明股东投入的资本在资产中所占比重越小,企业负债程度越高;反之,该比率越小,表明所有者投入企业的资本占全部资产的比重越大,企业的负债程度越低,债权人权益受保护的程度也越高。

【例8-8】根据表8-2的资料,羽裳公司的权益乘数计算如下:

$$上年权益乘数 = \frac{21\ 050}{15\ 700} = 1.34$$

$$本年权益乘数 = \frac{23\ 970}{17\ 600} = 1.36$$

计算结果表明,该企业2016年和2017年的权益乘数都比较低,说明企业的负债程度较低,长期偿债能力较强,同股东权益比率的计算结果相印证。

3. 产权比率

产权比率是负债总额与股东权益总额的比率,是企业财务结构稳健与否的重要标志,也称资本负债率。它反映企业股东权益对债权人权益的保障程度。其计算公式为:

$$产权比率 = \frac{负债总额}{股东权益总额} \times 100\%$$

产权比率越低,表示企业的长期偿债能力越强,债权人得到的保障程度越高,债权人就越有安全感;反之,比率越高,表示企业长期偿债能力越弱,债权人的安全感越小。因此,这个指标的评价标准,一般应小于1。但是,产权比率不是越低越好,比率越低,企业长期偿债能力提高,但企业不能充分发挥财务杠杆的效应。所以,企业在评价产权比率适当与否时,应从提高获利能力和增强偿债能力两个方面综合进行,即在保障债务偿还安全的前提下,应尽可能提高产权比率。

【例8-9】根据表8-2的资料,羽裳公司的产权比率计算如下:

$$上年产权比率 = \frac{5\ 350}{15\ 700} \times 100\% = 34.08\%$$

$$本年产权比率 = \frac{6\ 370}{17\ 600} \times 100\% = 36.19\%$$

计算结果表明,该公司2016年和2017年的产权比率都不高,同资产负债率计算结果可相印证,说明企业的长期偿债能力较强,债权人的保障程度较高。

小提示

> 1. 产权比率和权益乘数是资产负债率的另外两种表现形,它和资产负债率的性质一样。
> 2. 两种常用的财务杠杆比率,影响特定情况下资产净利率和权益净利率之间的关系。

财务杠杆既表明债务多少,与偿债能力有关;财务杠杆影响总资产净利率和权益净利率之间的关系,还表明权益净利率的风险高低,与盈利能力有关。

$$权益净利率 = 权益乘数 \times 总资产净利率$$

4. 利息保障倍数

利息保障倍数也称已获利息倍数,是息税前利润与利息费用的比率,反映了获利能

力对借款利息偿付的保证程度。其计算公式为:

$$利息保障倍数 = \frac{息税前利润}{利息费用} = \frac{净利润 + 利息费用 + 所得税费用}{利息费用}$$

分子中的"利息费用"是指计入本期利润表中财务费用的利息费用;分母的"利息费用"指本期的全部应付利息,既包括计入利润表中财务费用的利息费用,也包括计入资产负债表固定资产中的资本化利息。资本化利息虽然不在利润表中扣除,但仍然是要偿还的。

长期债务不需要每年还本,却需要每年付息。利息保障倍数反映了企业的经营所得支付债务利息的能力。如果这个比率太低,说明企业难以保证经营所得来按时按量支付债务利息,这会引起债权人的担心。一般来说,企业的利息保障倍数至少要大于1,否则,就难以偿付债务及利息,若长此以往,甚至会导致企业破产倒闭。

对企业和所有者来说,也并非简单地认为利息保障倍数越高越好。如果较高的利息保障倍数不是由于高利润带来的,而是由于低利息导致的,则说明企业没有很好地利用财务杠杆作用,未能充分利用举债经营的优势。利息保障倍数的国际标准值为3,下限为1。

小提示

在短期内,利息保障倍数小于1也仍然具有利息支付能力,因为计算净利润时减去的一些折旧和摊销费用并不需要支付现金。

【例8-10】 根据表8-2的资料,假定利润表中的财务费用全部为利息费用,则羽裳公司2016年和2017年的利息保障倍数如下:

$$2016年利息保障倍数 = \frac{4\,160 + 350}{350} = 12.89$$

$$2017年利息保障倍数 = \frac{5\,600 + 450}{450} = 13.44$$

从计算结果来看,该公司2016年和2017年的利息保障倍数都比较高,有较强的偿付债务利息的能力,但需进一步结合公司往年的情况和行业的特点进行判断。

三、影响偿债能力的其他因素

1. 可动用的银行贷款指标或授信额度

当企业存在可动用的银行贷款指标或授信额度时,这些数据不在财务报表中反映,但是可以随时增加企业的支付能力。

2. 资产质量

资产的账面价值与实际价值可能存在差异,如资产可能被高估或低估,一些资产无法进入到财务报表等。此外,资产的变现能力也会影响偿债能力。如果企业存在很快变现的长期资产,会增加企业的短期偿债能力。

3. 或有事项和承诺事项

如果企业存在债务担保或未决诉讼等或有事项,会增加企业的潜在偿债压力。同样各种支付承诺事项,也会加大企业偿债义务。

4. 经营租赁

经营租赁作为一种表外融资方式,会影响企业的偿债能力,特别是经营租赁期限较长、金额较大的情况。

资产负债表中的关键科目

在资产负债表里面,如果应收账款特别多,那就表示钱都在客户那里,没有回到我们手上;如果存货特别多,就表示钱都压在自己的材料或商品上,没有卖出去;如果固定资产特别多,就表示公司的钱都压在机器设备、工具器具、生产厂房、土地、运输设备上。

在资产负债表里面如果有一些无形资产,就表示这个公司把商标权、著作权、非专利技术等都放了进去。这些资产要是卖出去,到底值多少钱,很不确定。但是,若是放在报表里就会给人一种错觉,就是公司的资产状况不错,其实它是无形的。这是需要特别关注的。

另外,一个公司的流动资产和流动负债应该是对应的,短期借款用在短期用途;一个公司的长期负债和固定资产应该是相对应的,长期借款用在长期用途。我们最怕将长期负债用做短期用途,因为这样就背负了较高的利息;我们更怕的是将短期负债用作长期用途,债权人要求公司还钱的时候,公司难道要卖厂房、买设备、买机器吗?

任务三
营运能力分析

根据资产负债表和利润表,小于对羽裳服装公司的资产运营能力进行了分析。他发现了这样的问题:首先,他计算了存货周转率,发现存货周转速度比较慢,建议公司检查购入面料及辅料是否过多,已经生产的服装是否销售不畅。在不影响生产的前提下,应减少购入面料及辅料,采取促销措施,尽快销售积压服装。另外,他还发现公司的应收账款周转率比较低。他查看了一下应收账款明细账,发现客户有100多家,欠款金额有大有小,欠款时间有长有短。他感觉公司对应收账款的管理不力,应制定有关催收欠款的措施,让应收账款尽快变现,加快周转速度,减少坏账损失。

◼ 任务处理

营运能力是指企业对资产利用的能力，即资产运用效率的分析，通常用各种资产的周转速度表示。资产运用效率标志着资产的运行状态及其管理效果的好坏，这将对企业的偿债能力和获利能力产生重要影响。因此，股东、债权人和经营者都十分注重企业营运能力的分析。

评价企业营运能力的指标主要有：应收账款周转率、存货周转率、流动资产周转率、固定资产周转率和总资产周转率等。

一、应收账款周转率

应收账款周转率是企业一定时期内营业收入与应收账款平均余额的比率。它反映了企业应收账款的周转速度。其计算公式为：

$$应收账款周转率（周转次数）= \frac{营业收入}{应收账款平均余额}$$

$$应收账款周转期（周转天数）= \frac{计算期天数}{应收账款周转次数} = \frac{计算期天数 \times 应收账款平均余额}{营业收入}$$

$$应收账款平均余额 = \frac{期初应收账款 + 期末应收账款}{2}$$

应收账款周转率是评价应收账款流动性大小的一个重要的财务比率，可以用来分析企业应收账款的变现速度和管理效率。这一比率越高，说明企业催收账款速度越快，可以减少坏账损失，而且资产的流动性强，企业的短期偿债能力也会增强，在一定程度上，可以弥补流动比率低的不利影响。

在计算和使用应收账款周转率时，应注意以下问题：

（1）公式中的应收账款包括会计核算中"应收账款"和"应收票据"等全部赊销账款在内；

（2）分子、分母的数据应注意时间上的对应性。

（3）营业收入的赊销比例问题。从理论上讲，应收账款是赊销引起的，其对应的流量是赊销额，而非全部营业收入。因此，计算时使用赊销额而非营业收入。但是，外部分析人员无法取得赊销数据，只好直接使用营业收入计算。实际上是假设现销是收现时间等于零的应收账款。

（4）应收账款的减值准备问题。财务报表上列示的应收账款是已经计提减值准备后的净额，而营业收入并未相应减少。其结果是，计提减值准备越多，应收账款周转天数越少。这种周转天数的减少不是业绩改善的结果，反而说明企业应收账款管理欠佳。如果减值准备的金额较大，就应进行调整，使用未计提减值准备的应收账款计算周转天数。报表附注中披露的应收账款减值信息，可作为调整的依据。

应收账款周转率反映了企业应收账款周转速度的快慢以及应收账款管理效率的高低。在一定时期内周转次数越多（或周转次数越少）表明：

(1) 企业收账迅速，信用销售管理严格。
(2) 应收账款流动性强，从而增强企业短期偿债能力。
(3) 可以减少收账费用和坏账损失，相对增加流动资产的投资效益。
(4) 通过比较应收账款周转天数及企业信用期限，可评价客户的信用程度，调整企业信用政策。

【例 8-11】根据表 8-2 和表 8-3 的资料，假设羽裳公司 2015 年年末的应收账款余额为 1 000 万元，2016 年度和 2017 年度的应收账款周转率的计算如下（假设 1 年按 360 天计算，下同）：

2016 年度的应收账款周转率和应收账款周转期为：

$$应收账款周转率（周转次数）= \frac{20\,000}{(1\,000 + 1\,100) \div 2} = 19.05（次）$$

$$应收账款周转期（周转天数）= \frac{360}{19.05} = 18.90（天）$$

2017 年度的应收账款周转率和应收账款周转期为：

$$应收账款周转率（周转次数）= \frac{24\,000}{(1\,100 + 1\,200) \div 2} = 20.87（次）$$

$$应收账款周转期（周转天数）= \frac{360}{20.87} = 17.25（天）$$

计算结果表明，该公司 2017 年的应收账款周转率比 2016 年有所提高，周转次数由 19.05 次提高到 20.87 次，周转天数由 18.9 天缩短为 17.25 天，说明该公司的营运能力有所增强，对应收账款的管理比较稳健。

二、存货周转率

存货周转率是企业一定时期内的营业成本与平均存货余额的比率，是衡量和评价企业购入存货、投入生产、销售收回等个环节管理效率的综合指标，也是反映企业流动资产流动性的一个指标。其计算公式为：

$$存货周转率（周转次数）= \frac{营运成本}{存货平均余额}$$

$$存货周转期（周转天数）= \frac{计算期天数}{存货周转次数} = \frac{计算期天数 \times 存货平均余额}{营业成本}$$

$$存货平均余额 = \frac{期初存货 + 期末存货}{2}$$

公式中的营业成本可以从利润表中得到，存货平均余额是期初存货余额与期末存货余额的平均数，可以根据资产负债表计算得到。

存货周转率说明了一定时期内企业存货周转的次数，可以用来测定企业存货的变现速度，衡量企业的销售能力及存货是否过量。存货周转率反映了企业的销售效率和存货使用效率。在正常情况下，如果企业经营顺利，存货周转率越高，说明存货周转得越快，企业的销售能力越强，营运资金占用在存货上的金额也会越少。但是，存货周转率过高，也可能说明企业管理方面存在一些问题，如存货水平太低，甚至经常缺货，或者采购次数过于频繁，批量太小等。

在计算和使用存货周转率时，应注意以下问题：

（1）存货计价方法对存货周转率具有较大的影响，因此，在分析企业不同时期或不同企业的存货周转率时，应注意存货计价方法的口径是否一致。

（2）分子、分母的数据应注意时间上的对应性。

（3）应注意应付账款、存货和应收账款（或销售）之间的关系。一般来说，销售增加会拉动应收账款、存货、应付账款增加，不会引起周转率的明显变化。但是，当企业接受一个大订单时，通常要先增加存货，然后推动应付账款增加，最后才引起应收账款增加。因此，在该订单没有实现销售以前，先表现为存货等周转天数增加。这种周转天数增加，没有什么不好。与此相反，预见到销售会萎缩时，通常会先减少存货，进而引起存货周转天数等下降。这种周转天数下降，不是什么好事，并非资产管理改善。因此，任何财务分析都以认识经营活动本质为目的，不可根据数据高低作简单结论。

【例 8 - 12】 根据表 8 - 2 和表 8 - 3 的资料，假设羽裳公司 2015 年年末的存货余额为 3 800 万元，该公司 2016 年度和 2017 年度的存货周转率的计算如下：

2016 年度的存货周转率和存货周转期为：

$$存货周转率 = \frac{11\,800}{(3\,800 + 4\,100) \div 2} = 2.99 （次）$$

$$存货周转期 = \frac{360}{2.99} = 120.4 （天）$$

2017 年度的存货周转率和存货周转期为：

$$存货周转率 = \frac{13\,400}{(4\,100 + 5\,100) \div 2} = 2.91 （次）$$

$$存货周转期 = \frac{360}{2.91} = 123.71 （天）$$

计算结果表明，该公司 2017 年的存货周转率比 2016 年有所延缓，存货周转次数由 2.99 次降为 2.91 次，周转天数由 120.4 天增为 123.71 天。从资产负债表中也可以看出 2017 年存货水平有较大提高，说明该公司对存货的管理效率有所降低。

三、流动资产周转率

流动资产周转率是企业一定时期营业收入与流动资产平均余额的比率，它反映的是全部流动资产的利用效率。其计算公式为：

$$流动资产周转率（周转次数）= \frac{营业收入}{流动资产平均余额}$$

$$流动资产周转期（周转天数）= \frac{计算期天数}{流动资产周转次数} = \frac{计算期天数 \times 流动资产平均余额}{营业收入}$$

$$流动资产平均余额 = \frac{期初流动资产 + 期末流动资产}{2}$$

流动资产周转率反映了流动资产周转的速度。周转次数越多，周转天数越少，表明流动资产周转速度越快，流动资产的利用效率越好。

通常，流动资产中应收账款和存货占绝大部分，因此，它们的周转状况对流动资产周转具有决定性影响。

【例8-13】根据表8-2和表8-3的资料，假设羽裳公司2015年年末的流动资产总额为6 500万元，该公司2016年度和2017年度的流动资产周转率的计算如下：

2016年度的流动资产周转率和流动资产周转期为：

$$流动资产周转率（周转次数）=\frac{20\,000}{(6\,500+7\,050)\div 2}=2.95（次）$$

$$流动资产周转期（周转天数）=\frac{360}{2.95}=122.03（天）$$

2017年度的流动资产周转率和流动资产周转期为：

$$流动资产周转率（周转次数）=\frac{24\,000}{(7\,050+7\,920)\div 2}=3.21（次）$$

$$流动资产周转期（周转天数）=\frac{360}{3.21}=112.15（天）$$

计算结果表明，2017年的流动资产周转率比2018年有所提高，周转次数由2.95次提高到3.21次，周转天数由122.03天缩短为112.15天，说明该公司的流动资产利用效果有所改善。

四、固定资产周转率

固定资产周转率，是企业一定时期营业收入与平均固定资产净值的比率，是衡量固定资产利用效率的一项指标。其计算公式为：

$$固定资产周转率（周转次数）=\frac{营业收入}{平均固定资产净值}$$

$$固定资产周转期（周转天数）=\frac{计算期天数}{固定资产周转率}=\frac{计算期天数\times 平均固定资产净值}{营业收入}$$

$$平均固定资产净值=\frac{固定资产净值年初数+固定资产净值年末数}{2}$$

固定资产周转率是衡量固定资产利用效率的一项指标。该指标越高，表明企业利用固定资产创收的能力越强，固定资产的利用效果就越好，企业的营运能力就越强。反之，说明企业的固定资产未得到充分利用，应将闲置的固定资产及时清理。

运用固定资产周转率时，需要考虑固定资产因计提折旧其净值在不断地减少，以及因更新重置其净值突然增加的影响。同时，由于折旧方法的不同，可能影响其可比性。故在分析时，一定要剔除掉这些不可比因素。

【例8-14】根据表8-2和表8-3的资料，假设羽裳公司2015年年末的固定资产净值为12 000万元，表8-2中的固定资产金额均为固定资产净值（未计提固定资产减值准备）。该公司2016年度和2017年度的固定资产周转率的计算如下：

2016年度的固定资产周转率和固定资产周转期为：

$$固定资产周转率（周转次数）=\frac{20\,000}{(12\,000+13\,000)\div 2}=1.6（次）$$

$$固定资产周转期（周转天数）=\frac{360}{1.6}=225（天）$$

2017年度的固定资产周转率和固定资产周转期为：

固定资产周转率（周转次数）$= \dfrac{24\,000}{(13\,000+15\,000)\div 2} = 1.71$（次）

固定资产周转期（周转天数）$= \dfrac{360}{1.71} = 210.53$（天）

计算结果表明，该公司 2017 年的固定资产周转率比 2016 年有所加快，其主要原因是固定资产净值的增加幅度低于营业收入增长幅度所致，说明企业固定资产的营运能力有所提高。

五、总资产周转率

总资产周转率，是企业一定时期营业收入与平均资产总额的比率，是衡量企业全部资产利用效率的指标。其计算公式为：

$$总资产周转率（周转次数）= \dfrac{营业收入}{平均资产总额}$$

$$总资产周转期（周转天数）= \dfrac{计算期天数}{总资产周转率} = \dfrac{计算期天数 \times 平均资产总额}{营业收入}$$

$$平均资产总额 = \dfrac{资产总额年初数 + 资产总额年末数}{2}$$

总资产周转率越高，表明企业全部资产的使用效率越高；反之，如果该指标较低，则说明企业利用全部资产进行经营的效率较差，最终会影响企业的盈利能力。企业应采取各项措施来提高企业的资产利用程度，比如提高营业收入或处理多余的资产。

【例 8-15】根据表 8-2 和表 8-3 的资料，假设羽裳公司 2015 年年末的资产总额为 20 000 万元，该公司 2016 年度和 2017 年度的总资产周转率的计算如下：

2016 年度的总资产周转率和总资产周转期为：

总资产周转率（周转次数）$= \dfrac{20\,000}{(20\,000+21\,050)\div 2} = 0.97$（次）

总资产周转期（周转天数）$= \dfrac{360}{0.97} = 371.13$（天）

2017 年度的总资产周转率和总资产周转期为：

总资产周转率（周转次数）$= \dfrac{24\,000}{(21\,050+23\,970)\div 2} = 1.07$（次）

总资产周转期（周转天数）$= \dfrac{360}{1.07} = 336.45$（天）

计算结果表明，该公司 2017 年的总资产周转率比 2016 年略有加快，说明全部资产的利用效率有所提高。

总之，各项资产的周转率指标用于衡量各项资产赚取收入的能力，经常和企业的盈利能力指标结合在一起，以全面评价企业的盈利能力。

利润表里的关键科目

在利润表里，第一个关键科目是营业成本。一个公司的营业成本到底占营业收入的多少，我们不要去看绝对值，最好用比率去和同行企业比较。如果大家都做同样的产品，别的企业的成本比较低，我们就要分析是直接成本低还是间接成本低。通过分析，也许会发现，公司的原材料也许不贵，但间接的人力成本太高了。

第二个关键科目是销售费用和管理费用。一个公司的销售费用和管理费用很高，说明这个公司的主管聘得太多了，导致薪酬支付的多；或者公司促销过渡，广告支出没有达到预期效果，销售额增加有限。在这种情况下，如果降低促销费用，公司或许能赚点钱。

第三个关键科目是营业外收入。所谓营业外收入就是与公司本身的生产没有关系的收入。如果一个公司的营业外收入很多，我们认为这个公司不务正业。如果公司动不动就买房子、炒地皮，尽管赚了钱，但这些属于营业外收入，是"挂羊头卖狗肉"，不是做实业赚的钱，风险相对较大。

任务四
盈利能力分析

根据资产负债表和利润表，小于又对羽裳服装公司的盈利能力进行了分析。他主要计算分析了营业利润率、总资产报酬率和股东权益净利率。他发现，公司的营业利润率比较低，但是总资产净利率比较高，股东权益净利率也比较高。为什么会出现这种情况呢？小于苦苦思索，试图寻求答案，但是一直没有结果。最后，他将学过的相关知识重新看一遍，又上网查询，基本得到了答案：羽裳服装公司成立时间不是很长，没有历史包袱，资产经营效率比较高，所以，尽管公司销售盈利较低，但是资产盈利能力较高。在这种情况下，股东回报率也较高。因此，才会出现公司的营业利润率较低，但是总资产净利率和股东权益净利率较高的现象。

▣ 任务处理

盈利能力是指企业一定时期内运用各种资源赚取利润的能力。获取利润是企业经营的最终目标，也是企业能否生存与发展的前提。盈利能力的大小直接关系企业财务管理目标的实现与否，直接关系投资者的利益，也关系债权人以及企业经营者的切身利益。

盈利能力指标主要通过收入与利润以及资产与利润之间的关系反映，如营业毛利率、营业净利率、总资产报酬率、股东权益净利率等，还有针对上市公司的特殊财务分析指标，如每股收益、每股股利、市盈率、每股净资产、市净率等。

一、营业毛利率

营业毛利率是企业一定时期营业毛利与营业收入的比率。其计算公式为：

$$营业毛利率 = \frac{营业毛利}{营业收入} \times 100\%$$

其中：

$$营业毛利 = 营业收入 - 营业成本$$

营业毛利率反映产品每 1 元营业收入所包含的毛利润是多少，即营业收入扣除营业成本后还有多少剩余可以用于弥补各期费用和形成利润。营业毛利率越高，表明产品的盈利能力越强。

【例 8 - 16】根据表 8 - 3 的资料，该公司 2016 年度和 2017 年度的营业毛利率计算如下：

2016 年度的营业毛利率为：

$$营业毛利率 = \frac{20\,000 - 11\,800}{20\,000} \times 100\% = 41\%$$

2017 年度的营业毛利率为：

$$营业毛利率 = \frac{24\,000 - 13\,400}{24\,000} \times 100\% = 44.17\%$$

计算结果表明，2017 年度的营业毛利率比 2016 年度都有所提高，说明企业 2017 年的盈利能力增强了。

二、营业净利率

营业净利率是净利润与营业收入之比，其计算公式如下：

$$营业净利率 = \frac{净利润}{营业收入} \times 100\%$$

营业净利率反映每 1 元营业收入最终赚取了多少利润，用于反映产品最终的盈利能力。在利润表上，从营业收入到净利润需要扣除营业成本、期间费用、税金等项目，因此，将营业净利率按利润的扣除项目进行分解可以识别影响营业净利率的主要因素。

应当指出的是，营业净利率（又称净利率）指标被广泛应用。"营业收入"是利润表的第一行数字，"净利润"是利润表的最后一行数字，两者相除可以概括企业的全部经营成果。它表明每 1 元营业收入与其成本费用之间可以"挤"出来的净利润。该比率越大，企业盈利能力越强。

【例 8 - 17】根据表 8 - 3 的资料，该公司 2016 年度和 2017 年度的营业净利率计算如下：

2016 年度营业净利率为：

$$营业净利率 = \frac{3\,120}{20\,000} \times 100\% = 15.60\%$$

2017 年度的营业净利率为：

$$营业净利率 = \frac{4\,200}{24\,000} \times 100\% = 17.50\%$$

计算结果表明，2017 年度的营业净利率比 2016 年度都有所提高，说明企业 2017 年的盈利能力增强了。

三、总资产净利率

总资产净利率是企业一定时期内获得的净利润与平均资产总额的比率。它是反映企业资产综合利用效果的指标，也是衡量利用债权人和所有者权益总额所取得盈利的重要指标。其计算公式为：

$$总资产净利率 = \frac{净利润}{平均资产总额} \times 100\%$$

总资产净利率全面反映了企业全部资产的获利水平，因此是企业所有者和债权人都非常关心的指标。一般情况下，该指标越高，表明企业的资产利用效益越好，整个企业的盈利能力越强，经营管理水平越高。企业还可以将该指标与市场资本利率进行比较，如果前者较后者大，则说明企业可以充分利用财务杠杆，适当举债经营，以获得更多的收益。

小提示

> 影响总资产净利率因素是营业净利率和总资产周转率。
> $$总资产净利率 = \frac{净利润}{平均总资产} = \frac{净利润}{营业收入} \times \frac{营业收入}{平均净资产}$$
> $$= 营业净利率 \times 总资产周转率$$

【例 8-18】根据表 8-2 和表 8-3 的资料，假设羽裳公司 2015 年年末的资产总额为 20 000 万元，该公司 2016 年度和 2017 年度的总资产净利率的计算如下：

$$2016 年总资产净利率 = \frac{3\,120}{(20\,000 + 21\,050) \div 2} \times 100\% = 15.20\%$$

$$2017 年总资产净利率 = \frac{4\,200}{(21\,050 + 23\,970) \div 2} \times 100\% = 18.66\%$$

计算结果表明，2017 年度的资产净利率比 2016 年度要高，说明企业的资产利用效果好，盈利能力增强。

四、股东权益净利率

股东权益净利率，又称净资产收益率或股东权益报酬率，是一定时期企业的净利润与平均股东权益总额的比率。它是反映自有资金投资收益水平的指标，是企业盈利能力指标的核心。其计算公式为：

$$股东权益净利率 = \frac{净利润}{平均股东权益总额} \times 100\%$$

$$平均股东权益总额 = \frac{股东权益期初数 + 股东权益期末数}{2}$$

股东权益净利率的分母是股东的投入，分子是股东的所得，反映了企业自有资本的获利水平，是综合性最强的财务指标，通用性强，适应范围广泛。一般认为，股东权益净利率越高，企业自有资本获取收益的能力越强，运营效益越好，对企业投资人和债权人的保证程度越高。

【例 8 – 19】 根据表 8 – 2 和表 8 – 3 的资料，假设羽裳公司 2015 年年末的所有者权益总额为 15 000 万元，该公司 2016 年度和 2017 年度的股东权益净利率的计算如下：

$$2016 年的股东权益净利率 = \frac{3\ 120}{(15\ 000 + 15\ 700) \div 2} \times 100\% = 20.33\%$$

$$2017 年的股东权益净利率 = \frac{4\ 200}{(15\ 700 + 17\ 600) \div 2} \times 100\% = 25.23\%$$

计算结果表明，2017 年度的净资产收益率比 2016 年提高了，说明企业自有资本的盈利水平提高。

小提示

股东权益净利率并不是越高越好。

$$股东权益净利率 = \frac{净利润}{平均净资产} = \frac{净利润}{平均总资产} \times \frac{平均总资产}{平均净资产}$$

$$= 资产净利率 \times 权益乘数$$

通过对股东权益净利率的分解可以发现，改善资产盈利能力和增加企业负债都可以提高股东权益净利率。如果不改善资产盈利能力，单纯通过加大举债力度提高权益乘数，进而提高股东权益净利率的做法十分危险。因为企业负债经营的前提是有足够的盈利能力保障偿还债务本息，单纯增加负债对股东权益净利率的改善只具有短期效应，最终将因盈利能力无法涵盖增加的财务风险而使企业面临财务困境。因此，只有企业股东权益净利率上升同时财务风险没有明显加大，才能说明企业财务状况良好。

五、每股收益

每股收益是反映企业普通股股东持有每一股份所能享有企业利润或承担企业亏损的业绩评价指标。该指标有助于投资者、债权人等信息使用者评价企业或企业之间的盈利能力、预测企业成长潜力，进而做出经济决策。其计算公式为：

$$每股收益 = \frac{归属于普通股股东的当期净利润}{发行在外的普通股加权平均数}$$

每股收益越高，说明每股获利能力越强，投资者的回报越多；每股收益越低，说明每股获利能力越弱。该指标是衡量上市公司盈利能力时最常用的财务分析指标。

【例 8 – 20】 根据表 8 – 2 和表 8 – 3 的资料，假设羽裳公司 2016 年至 2017 年发行在外的普通股加权平均数均为 12 000 万股，利润表中的净利润全部归属于普通股股东，该公司 2016 年和 2017 年的普通股每股收益为：

$$2016 年每股收益 = \frac{3\ 120}{12\ 000} = 0.26（元）$$

$$2017\text{ 年每股收益} = \frac{4\,200}{12\,000} = 0.35\text{（元）}$$

计算结果表明，该公司 2017 年的普通股每股收益比 2016 年提高了，说明该公司的盈利能力增强。

六、每股股利

每股股利是上市公司本年发放的普通股股利总额与年末普通股股份总数的比值，也是衡量股份公司盈利能力的指标。该指标越高，说明股本盈利能力越强。其计算公式为：

$$\text{每股股利} = \frac{\text{普通股股利总额}}{\text{年末普通股股数}}$$

【例 8-21】根据表 8-2 和表 8-3 的资料，假设羽裳公司 2016 年至 2017 年分别发放普通股股利 1 320 万元和 1 560 万元，2016 年至 2017 年发行在外的普通股平均股数均为 12 000 万股，该公司 2016 年和 2017 年的普通股每股股利为：

$$2016\text{ 年每股股利} = \frac{1\,320}{12\,000} = 0.11\text{（元）}$$

$$2017\text{ 年每股股利} = \frac{1\,560}{12\,000} = 0.13\text{（元）}$$

每股股利反映的是上市公司每一普通股获取股利的大小。每股股利越大，则企业股本获利能力就越强；每股股利越小，则企业股本获利能力就越弱。但须注意，上市公司每股股利发放多少，除了受上市公司获利能力大小影响以外，还取决于企业的股利发放政策。如果企业为了增强发展后劲而增加留存，则当前的每股股利必然会减少；反之，则当前的每股股利会增加。

反映每股股利和每股收益之间的一个重要指标是股利发放率，即每股股利分配额与当期的每股收益之比。借助于该指标，投资者可以了解一家上市公司的股利发放政策。

$$\text{股利发放率} = \frac{\text{每股股利}}{\text{每股收益}} \times 100\%$$

七、市盈率

市盈率是指上市公司普通股每股市价与每股收益的比率，表示普通股股东为获取 1 元净利润所愿意支付的股票价格。其计算公式为：

$$\text{市盈率} = \frac{\text{每股市价}}{\text{每股收益}}$$

市盈率是反映上市公司盈利能力的一个重要指标，反映了投资者对股票投资收益和投资风险的预期。一般来说，市盈率高，说明投资者对该股票的收益预期看好、投资价值越大，愿意出较高的价格购买该公司股票。反之，投资者对该股票评价越低。另一方面，市盈率越高，也说明投资于该股票的风险越大；市盈率越低，说明投资于该股票的风险越小。

市盈率是投资者进行中长期投资的重要决策依据。影响市盈率的因素有上市公司盈利能力的成长性、投资者所获报酬的稳定性以及利率水平的变动等。

利率与市盈率之间的关系通常用以下公式表示：

$$市场平均市盈率 = \frac{1}{市场利率}$$

小提示

【例8-22】假设羽裳公司2016年至2017年发行在外的普通股平均股数均为12 000万股，该公司2016年和2017年普通股每股市价为4元和6元，则该公司2016年和2017年的市盈率分别为：

根据[例8-20]，该公司2016年和2017年普通股每股收益分别为0.26元和0.35元，则：

$$2016年市盈率 = \frac{4}{0.26} = 15.38（倍）$$

$$2017年市盈率 = \frac{6}{0.35} = 17.14（倍）$$

计算结果表明，该公司2017年年末的市盈率比2016年年末有所提高，表明投资者对该公司的发展前景看好。

使用市盈率进行分析的前提是每股收益维持在一定水平上，如果每股收益很小或接近亏损，但股票市价不会降至为零，会导致市盈率极高，但此时很高的市盈率不能说明任何问题。

小提示

八、每股净资产

每股净资产，又称每股账面价值，是指企业期末普通股净资产与期末发行在外的普通股股数之间的比率。其计算公式为：

$$每股净资产 = \frac{期末普通股净资产}{期末发行在外的普通股股数}$$

$$期末普通股净资产 = 期末股东权益 - 期末优先股股东权益$$

【例8-23】根据表8-2的资料，假设羽裳公司2016年和2017年发行在外的普通股平均股数均为12 000万股，则每股净资产计算如下：

$$2016年每股净资产 = \frac{15\ 700}{12\ 000} = 1.31（元）$$

$$2017年每股净资产 = \frac{17\ 600}{12\ 000} = 1.47（元）$$

每股净资产显示了发行在外的每一普通股股份所能分配的企业账面净资产的价值。这里所说的账面净资产是指企业账面上的总资产减去负债后的余额，即股东权益总额。每股净资产指标反映了在会计期末每一股份在企业账面上到底值多少钱，它与股票面值、发行价值、市场价值乃至清算价值等往往有较大差距。

利用该指标进行横向和纵向对比，可以衡量上市公司股票的投资价值。如在企业性质相同、股票市价相近的条件下，某一企业股票的每股净资产越高，则企业发展潜力与其股票的投资价值越大，投资者所承担的投资风险越小。

在市场投机气氛较浓的情况下，每股净资产指标往往不太受重视。

九、市净率

市净率是每股市价与每股净资产的比率，是投资者用以衡量、分析个股是否具有投资价值的工具之一。其计算公式为：

$$市净率 = \frac{每股市价}{每股净资产}$$

【例8-24】沿用以上资料，假设羽裳公司2016年和2017年普通股每股市价为4元和6元，每股净资产分别为1.31元和1.47元，则：

$$2016年市净率 = \frac{4}{1.31} = 3.05（倍）$$

$$2017年市净率 = \frac{6}{1.47} = 4.08（倍）$$

净资产代表的是全体股东共同享有的权益，是股东拥有公司财产和公司投资价值最基本的体现，它可以用来反映企业的内在价值。一般来说，市净率较低的股票，投资价值较高；反之，则投资价值较低。但有时较低市净率反映的可能是投资者对公司前景的不良预期，而较高市净率则相反。因此，在判断某只股票的投资价值时，还要综合考虑当时的市场环境及公司经营状况、资产质量和盈利能力等因素。

什么是财务云

财务云是将集团企业财务共享管理模式与云计算、移动互联网、大数据等计算机技术有效融合，实现财务共享服务、财务管理、资金管理三中心合一，建立集中、统一的企业财务云中心，支持多终端接入模式，实现"核算、报账、资金、决策"在全集团内的协同应用。

财务云的价值主要体现在四个方面：①实现财务资源的共享，减少人员及软硬件系统的重复设置，降低的总体运营成本；②强化财务管控力度，强化管理会计建设，通过共享服务实现数据集中，为管理层提供准确、及时和完整的会计信息，深度参与业务运营，提高运营能力；③提升企业整合能力，支持企业的业务整合与快速扩张；④通过业务标准化、人员专业化，提高财务工作效率，提升财务服务质量。

任务五
发展能力分析

根据资产负债表和利润表,小于又从不同的角度,对羽裳服装公司的发展能力进行了分析。他分析的指标主要有营业收入增长率、总资产增长率、股权资本增长率和利润增长率等。发现公司的发展能力比较强,潜力比较大。

■ 任务处理

企业的发展能力,也称企业的成长能力,它是企业通过自身的生产经营活动,不断扩大积累而形成的发展潜能。如规模的扩大、盈利的持续增长、市场竞争力的增强等。反映企业发展能力的主要指标有营业收入增长率、总资产增长率、股权资本增长率和利润增长率等。

一、营业收入增长率

营业收入增长率是指企业本年营业收入增长额与上年营业收入增长额之间的比率,反映企业营业收入的增减变动情况,是评价企业成长状况和发展能力的重要指标。其计算公式为:

$$营业收入增长率 = \frac{本年营业收入增长额}{上年营业收入总额} \times 100\%$$

其中:

本年营业收入增长额 = 本年营业收入总额 - 上年营业收入总额

【例 8-25】根据表 8-3 的资料,羽裳公司 2017 年营业收入增长率为:

$$营业收入增长率 = \frac{24\,000 - 20\,000}{20\,000} \times 100\% = 20\%$$

营业收入增长率是衡量企业经营状况和市场占有能力、预测企业经营业务拓展趋势的重要指标,也是企业扩张增量资本和存量资本的重要前提。该指标大于零,表明企业本年营业收入有所增长,指标值越高,表明其增长速度越快,企业市场前景越好。若该指标小于零,则说明该企业的生产经营等方面存在问题。该指标在实际操作时,应结合企业历年的营业收入水平、企业市场占有情况、行业未来发展及其他影响企业发展的潜在因素进行前瞻性预测、或者结合企业前三年的营业收入增长率作出趋势性分析判断。

二、总资产增长率

总资产增长率，是企业本年总资产增长额同年初资产总额的比率，反映企业本期资产规模的增长情况。其计算公式为：

$$总资产增长率 = \frac{本年总资产增长额}{年初资产总额} \times 100\%$$

其中：

$$本年总资产增长额 = 年末资产总额 - 年初资产总额$$

【例 8 – 26】根据表 8 – 2 的资料，羽裳公司 2017 年总资产增长率为：

$$总资产增长率 = \frac{23\,970 - 21\,050}{21\,050} \times 100\% = 13.87\%$$

总资产增长率是从企业资产总量扩张方面衡量企业的发展能力，表明企业规模增长水平对企业发展后劲的影响。该指标越高，表明企业一定时期内资产经营规模扩张的速度越快。但在分析时，需要关注资产规模扩张的质和量的关系，以及企业的后续发展能力，避免盲目扩张。

三、股权资本增长率

股权资本增长率，也称为净资产增值率或资本积累率，是指企业本年股东权益增长额与年初股东权益总额的比率。其计算公式为：

$$股权资本增长率 = \frac{本年股东权益增长额}{年初股东权益总额} \times 100\%$$

其中：

$$本年股东权益增值额 = 本年股东权益年末余额 - 本年股东权益年初余额$$

【例 8 – 27】根据表 8 – 2 的资料，羽裳公司 2017 年股权资本增长率为：

$$股权资本增长率 = \frac{17\,600 - 15\,700}{15\,700} \times 100\% = 12.10\%$$

股权资本增长率反映了企业当年股东权益的变化水平，体现了企业资本的积累能力，是评价企业发展潜力的重要财务指标。该比率越高，说明企业资本积累能力越强，企业的发展能力也越好。

在企业不依靠外部筹资，仅通过自身的盈利积累实现增长的情况下，股东权益增长额仅来源于企业的留用利润，这种情况下的股权资本增长率被称为可持续增长率。可持续增长率可以看作企业的内生性成长能力，它主要取决于两个因素：股东权益净利率和收益留存率。其计算公式为：

$$可持续增长率 = \frac{净利润 \times 收益留存率}{年初股东权益总额} \times 100\%$$

$$= 股东权益净利率 \times 收益留存率$$

$$= 股东权益净利率 \times (1 - 股利支付率)$$

需要说明的是，上式中的股东权益净利率不是用全年平均股东权益总额，而是用期初股东权益总额计算的。

四、利润增长率

利润增长率是企业本年利润总额增值额与上年利润总额的比率,其计算公式为:

$$利润增长率 = \frac{本年利润总额增长额}{上年利润总额} \times 100\%$$

其中:

$$本年利润增长额 = 本年利润总额 - 上年利润总额$$

【例 8-28】根据表 8-3 的资料,羽裳公司 2017 年利润增长率为:

$$利润增长率 = \frac{5\ 600 - 4\ 160}{4\ 160} \times 100\% = 34.62\%$$

利润增长率反映了企业的盈利能力的变化,该比率越高,说明企业的成长性越高,发展能力越强。

分析者也可以根据分析的目的,计算净利润增长率,其计算方法与利润增长率相同,只需将上式中的利润总额换成净利润即可。

上述四个财务比率从不同的角度反映了企业的发展能力。在具体分析时,往往计算连续若干年的财务比率,以正确评价企业发展能力的持续性。

什么是大数据的会计云

会计云是建立在云计算基础上的、以互联网为媒介,由专门的服务商提供软件、硬件及其维护等服务,客户利用电脑等终端设备实现会计核算、财务分析等功能的在线会计信息系统。

会计云的建设涉及数据资源、网络存储基础设施、提供计算能力的服务器、管理平台以及开展各种会计服务的应用软件等。根据云会计提供的服务功能以及企业实施会计信息化的实际情况,会计云的体系结构大体上可以划分为应用层、平台层、数据层、基础设施层和硬件虚拟化层。

任务六 财务综合分析

在进行财务分析的最后,小于以净资产收益率为核心,采用杜邦分析法,对羽裳服装公司的偿债能力、营运能力、盈利能力等诸方面的分析纳入一个有机的整体之中,全面地对企业经营状况、财务状况进行了剖析。最后,顺利完成财务分析报告。财务总监李先生对小于的工作给予充分肯定,认为小于具备做好一名财务人员的潜质。

任务处理

财务综合分析是指将企业的偿债能力、营运能力、盈利能力等诸方面的分析纳入一个有机的整体之中，全面地对企业经营成果、财务状况进行剖析，从而对企业经济效益的优劣做出准确的评价与判断。

综合指标分析的方法有很多，其中应用比较广泛的有杜邦财务分析体系和沃尔比重评分法。

杜邦财务分析体系（简称杜邦体系）是利用各主要财务比率之间的内在联系，对企业财务状况和经营成果进行综合系统评价的方法。该体系是以股东权益净利率为龙头，以资产净利率和权益乘数为核心，重点揭示企业获利能力及权益乘数对权益净利率的影响，以及各相关指标间的相互作用关系。因其最初由美国杜邦公司成功应用，所以得名。

杜邦体系以股东权益净利率为核心，将其分解为若干财务指标，通过分析各分解指标的变动对股东权益净利率的影响来揭示企业盈利能力及其变动原因。

杜邦体系各主要指标之间的关系如下：

$$股东权益净利率 = \frac{净利润}{销售收入} \times \frac{销售收入}{总资产} \times \frac{总资产}{股东权益}$$

$$= 销售净利率 \times 总资产周转率 \times 权益乘数$$

无论提高其中的哪个比率，股东权益净利率都会提高。其中，"销售净利率"是利润表的概括，"销售收入"在利润表的第一行，"净利润"在利润表的最后一行，两者相除可以概括企业全部经营成果；"权益乘数"是资产负债表的概括，表明资产、负债和股东权益的比例关系，可以反映企业最基本的财务状况；"总资产周转率"把利润表和资产负债表联系起来，使股东权益净利率可以综合整个企业经营活动和财务活动业绩。

杜邦体系的基本框架如图 8-1 所示：

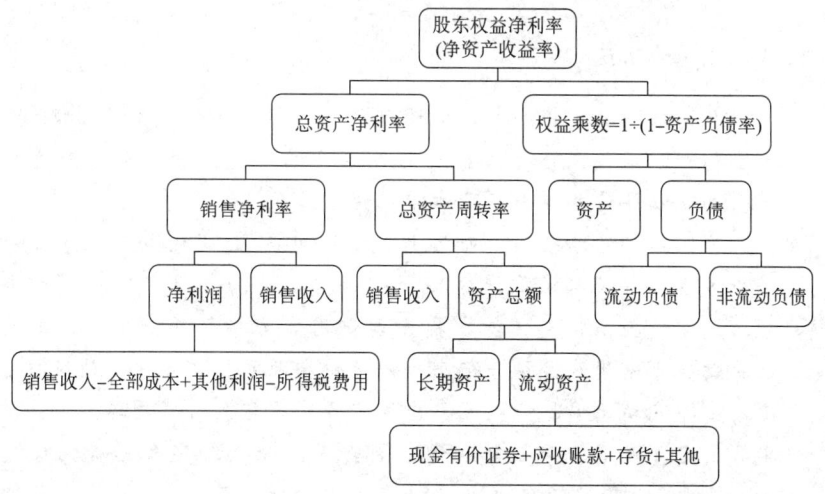

图 8-1 杜邦分析图

从上图可以看出，杜邦体系是将有关财务比率和财务指标以系统分析图的形式连在一起，通过这一指标体系图，可以了解以下问题：

（1）股东权益净利率是一个综合性最强的财务比率，是杜邦体系的起点。该指标反映了企业所有者投入资本的获利能力，说明了企业筹资、投资、资产运营等各项财务及其管理活动的效率，而不断提高股东权益净利率是股东权益最大化的基本保证。该指标的高低取决于销售净利率、总资产周转率和权益乘数。企业所有者、经营者都十分关心该指标。

（2）销售净利率反映了企业净利润与销售收入的关系。提高营业净利率是提高企业盈利的关键，主要有两个途径：一是扩大销售收入，二是降低成本费用。扩大销售既有利于提高销售净利率，又有利于提高总资产周转率。降低成本费用是提高销售净利率的一个重要因素，从杜邦分析图可以看出成本费用的基本结构是否合理，从而找出降低成本费用的途径和加强成本费用控制的办法。

（3）总资产周转率揭示企业资产总额实现销售收入的综合能力。影响总资产周转率的重要因素是资产总额。资产总额由流动资产和长期资产组成，它们的结构合理与否将直接影响资产的周转速度。一般来说，流动资产直接体现企业的偿债能力和变现能力，而长期资产则体现了企业的经营规模、发展潜力。两者直接之间应该有一个合理的比例关系。如果发现某项资产比重过大，影响资金周转，就应深入分析原因，例如企业持有的货币资金超过业务需要，就会影响企业的盈利能力；如果企业占有过多的存货和应收账款，则既会影响其获利能力，又会影响其偿债能力。因此，还应进一步分析各项资产的占有数额和周转速度。

（4）权益乘数是受资产负债率影响的指标，反映了股东权益与总资产的关系。权益乘数越大，说明企业负债程度较高，能给企业带来较大的财务杠杆利益，但同时也带来了较大的偿债风险。因此，企业既要合理使用全部资产，又要妥善安排资本结构。

通过杜邦体系自上而下逐层分解，可以全方位地揭示与披露企业各项财务指标间的结构关系，查明各主要指标变动的影响因素，为决策者优化经营理财状况，提高企业经营效益提供可靠依据。

沃尔比重分析法

在进行财务分析时，人们遇到的一个主要困难是计算出财务比率之后，无法判断它是偏高还是偏低。与本企业的历史比较，也只能看出自身的变化，却难以评价其在市场竞争中的优劣地位。

为了弥补这些缺陷，亚历山大·沃尔在20世纪初创立了一种财务综合分析方法——沃尔比重评分法。在《信用晴雨表研究》和《财务报表比率分析》中，亚历山大·沃尔提出了信用能力指数的概念，把若干个有代表性的财务比率用线性结合起来，以评价企业的信用水平。他选择了7个财务比率，即流动比率、产权比率、固定资产比率、存货周转率、应收账款周转率、固定资产周转率和自有资金周转率，分别给定各指标的比重，总和为100分。然后确定标准比率（以行业平均数为基础），并将实际比率与标准比率相比，评出每项指标的得分，最后求出总评分。

沃尔比重评分法的基本原理是将选定的具有代表性的财务指标与行业平均值（或标准值）进行比较，以确定公司各项指标占标准值的比重，并结合标准分值来确定公司实际得分值。其评价标准是公司某项财务指标的实际得分值高于标准分值，表明该指标较好；若某项财务指标的实际得分值低于标准分值，表明该指标较差；公司的总得分值表示公司财务状况在同行业中所处位置。

原始意义的沃尔比重评分法由两个缺陷：一是所选定的七项指标缺乏证明力；二是从技术上讲，由于评分时相对比率与比重相乘计算出来的，所以当某一个指标严重异常（过高或过低，甚至是负数）时，会对总评分产生不合逻辑的重大影响。

因而，在采用此方法进行财务状况综合分析和评价时，应注意以下几个方面的问题：①同行业的标准值必须准确无误；②标准分值的规定应根据指标的重要程度合理确定；③分析指标应尽可能全面，采用指标越多，分析的结果越接近现实。尽管沃尔比重分析法在理论上还有待于证明，但在实践中仍被广泛应用。

项目小结

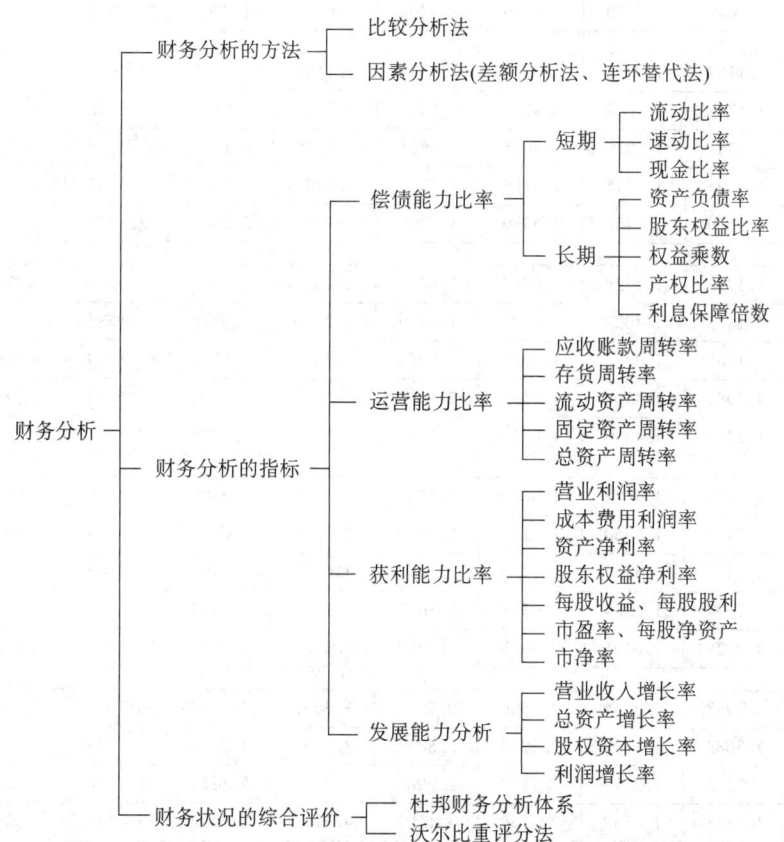

附　录

1. 复利终值系数（F/P, i, n）表

期数	1%	2%	3%	4%	5%	6%	7%	8%	9%	10%
1	1.0100	1.0200	1.0300	1.0400	1.0500	1.0600	1.0700	1.0800	1.0900	1.1000
2	1.0201	1.0404	1.0609	1.0816	1.1025	1.1236	1.1449	1.1664	1.1881	1.2100
3	1.0303	1.0612	1.0927	1.1249	1.1576	1.1910	1.2250	1.2597	1.2950	1.3310
4	1.0406	1.0824	1.1255	1.1699	1.2155	1.2625	1.3108	1.3605	1.4116	1.4641
5	1.0510	1.1041	1.1593	1.2167	1.2763	1.3382	1.4026	1.4693	1.5386	1.6105
6	1.0615	1.1262	1.1941	1.2653	1.3401	1.4185	1.5007	1.5869	1.6771	1.7716
7	1.0721	1.1487	1.2299	1.3159	1.4071	1.5036	1.6058	1.7138	1.8280	1.9487
8	1.0829	1.1717	1.2668	1.3686	1.4775	1.5938	1.7182	1.8509	1.9926	2.1436
9	1.0937	1.1951	1.3048	1.4233	1.5513	1.6895	1.8385	1.9990	2.1719	2.3579
10	1.1046	1.2190	1.3439	1.4802	1.6289	1.7908	1.9672	2.1589	2.3674	2.5937
11	1.1157	1.2434	1.3842	1.5395	1.7103	1.8983	2.1049	2.3316	2.5804	2.8531
12	1.1268	1.2682	1.4258	1.6010	1.7959	2.0122	2.2522	2.5182	2.8127	3.1384
13	1.1381	1.2936	1.4685	1.6651	1.8856	2.1329	2.4098	2.7196	3.0658	3.4523
14	1.1495	1.3195	1.5126	1.7317	1.9799	2.2609	2.5785	2.9372	3.3417	3.7975
15	1.1610	1.3459	1.5580	1.8009	2.0789	2.3966	2.7590	3.1722	3.6425	4.1772
16	1.1726	1.3728	1.6047	1.8730	2.1829	2.5404	2.9522	3.4259	3.9703	4.5950
17	1.1843	1.4002	1.6528	1.9479	2.2920	2.6928	3.1588	3.7000	4.3276	5.0545
18	1.1961	1.4282	1.7024	2.0258	2.4066	2.8543	3.3799	3.9960	4.7171	5.5599
19	1.2081	1.4568	1.7535	2.1068	2.5270	3.0256	3.6165	4.3157	5.1417	6.1159
20	1.2202	1.4859	1.8061	2.1911	2.6533	3.2071	3.8697	4.6610	5.6044	6.7275
21	1.2324	1.5157	1.8603	2.2788	2.7860	3.3996	4.1406	5.0338	6.1088	7.4002
22	1.2447	1.5460	1.9161	2.3699	2.9253	3.6035	4.4304	5.4365	6.6586	8.1403
23	1.2572	1.5769	1.9736	2.4647	3.0715	3.8197	4.7405	5.8715	7.2579	8.9543
24	1.2697	1.6084	2.0328	2.5633	3.2251	4.0489	5.0724	6.3412	7.9111	9.8497
25	1.2824	1.6406	2.0938	2.6658	3.3864	4.2919	5.4274	6.8485	8.6231	10.8347
26	1.2953	1.6734	2.1566	2.7725	3.5557	4.5494	5.8074	7.3964	9.3992	11.9182
27	1.3082	1.7069	2.2213	2.8834	3.7335	4.8223	6.2139	7.9881	10.2451	13.1100
28	1.3213	1.7410	2.2879	2.9987	3.9201	5.1117	6.6488	8.6271	11.1671	14.4210
29	1.3345	1.7758	2.3566	3.1187	4.1161	5.4184	7.1143	9.3173	12.1722	15.8631
30	1.3478	1.8114	2.4273	3.2434	4.3219	5.7435	7.6123	10.0627	13.2677	17.4494

续表

期数	11%	12%	13%	14%	15%	16%	17%	18%	19%	20%
1	1.1100	1.1200	1.1300	1.1400	1.1500	1.1600	1.1700	1.1800	1.1900	1.2000
2	1.2321	1.2544	1.2769	1.2996	1.3225	1.3456	1.3689	1.3924	1.4161	1.4400
3	1.3676	1.4049	1.4429	1.4815	1.5209	1.5609	1.6016	1.6430	1.6852	1.7280
4	1.5181	1.5735	1.6305	1.6890	1.7490	1.8106	1.8739	1.9388	2.0053	2.0736
5	1.6851	1.7623	1.8424	1.9254	2.0114	2.1003	2.1924	2.2878	2.3864	2.4883
6	1.8704	1.9738	2.0820	2.1950	2.3131	2.4364	2.5652	2.6996	2.8398	2.9860
7	2.0762	2.2107	2.3526	2.5023	2.6600	2.8262	3.0012	3.1855	3.3793	3.5832
8	2.3045	2.4760	2.6584	2.8526	3.0590	3.2784	3.5115	3.7589	4.0214	4.2998
9	2.5580	2.7731	3.0040	3.2519	3.5179	3.8030	4.1084	4.4355	4.7854	5.1598
10	2.8394	3.1058	3.3946	3.7072	4.0456	4.4114	4.8068	5.2338	5.6947	6.1917
11	3.1518	3.4785	3.8359	4.2262	4.6524	5.1173	5.6240	6.1759	6.7767	7.4301
12	3.4985	3.8960	4.3345	4.8179	5.3503	5.9360	6.5801	7.2876	8.0642	8.9161
13	3.8833	4.3635	4.8980	5.4924	6.1528	6.8858	7.6987	8.5994	9.5964	10.6993
14	4.3104	4.8871	5.5348	6.2613	7.0757	7.9875	9.0075	10.1472	11.4198	12.8392
15	4.7846	5.4736	6.2543	7.1379	8.1371	9.2655	10.5387	11.9737	13.5895	15.4070
16	5.3109	6.1304	7.0673	8.1372	9.3576	10.7480	12.3303	14.1290	16.1715	18.4884
17	5.8951	6.8660	7.9861	9.2765	10.7613	12.4677	14.4265	16.6722	19.2441	22.1861
18	6.5436	7.6900	9.0243	10.5752	12.3755	14.4625	16.8790	19.6733	22.9005	26.6233
19	7.2633	8.6128	10.1974	12.0557	14.2318	16.7765	19.7484	23.2144	27.2516	31.9480
20	8.0623	9.6463	11.5231	13.7435	16.3665	19.4608	23.1056	27.3930	32.4294	38.3376
21	8.9492	10.8038	13.0211	15.6676	18.8215	22.5745	27.0336	32.3238	38.5910	46.0051
22	9.9336	12.1003	14.7138	17.8610	21.6447	26.1864	31.6293	38.1421	45.9233	55.2061
23	11.0263	13.5523	16.6266	20.3616	24.8915	30.3762	37.0062	45.0076	54.6487	66.2474
24	12.2392	15.1786	18.7881	23.2122	28.6252	35.2364	43.2973	53.1090	65.0320	79.4968
25	13.5855	17.0001	21.2305	26.4619	32.9190	40.8742	50.6578	62.6686	77.3881	95.3962
26	15.0799	19.0401	23.9905	30.1666	37.8568	47.4141	59.2697	73.9490	92.0918	114.4755
27	16.7387	21.3249	27.1093	34.3899	43.5353	55.0004	69.3455	87.2598	109.5893	137.3706
28	18.5799	23.8839	30.6335	39.2045	50.0656	63.8004	81.1342	102.9666	130.4112	164.8447
29	20.6237	26.7499	34.6158	44.6931	57.5755	74.0085	94.9271	121.5005	155.1893	197.8136
30	22.8923	29.9599	39.1159	50.9502	66.2118	85.8499	111.0647	143.3706	184.6753	237.3763

续表

期数	21%	22%	23%	24%	25%	26%	27%	28%	29%	30%
1	1.2100	1.2200	1.2300	1.2400	1.2500	1.2600	1.2700	1.2800	1.2900	1.3000
2	1.4641	1.4884	1.5129	1.5376	1.5625	1.5876	1.6129	1.6384	1.6641	1.6900
3	1.7716	1.8158	1.8609	1.9066	1.9531	2.0004	2.0484	2.0972	2.1467	2.1970
4	2.1436	2.2153	2.2889	2.3642	2.4414	2.5205	2.6014	2.6844	2.7692	2.8561
5	2.5937	2.7027	2.8153	2.9316	3.0518	3.1758	3.3038	3.4360	3.5723	3.7129
6	3.1384	3.2973	3.4628	3.6352	3.8147	4.0015	4.1959	4.3980	4.6083	4.8268
7	3.7975	4.0227	4.2593	4.5077	4.7684	5.0419	5.3288	5.6295	5.9447	6.2749
8	4.5950	4.9077	5.2389	5.5895	5.9605	6.3528	6.7675	7.2058	7.6686	8.1573
9	5.5599	5.9874	6.4439	6.9310	7.4506	8.0045	8.5948	9.2234	9.8925	10.6045
10	6.7275	7.3046	7.9259	8.5944	9.3132	10.0857	10.9153	11.8059	12.7614	13.7858
11	8.1403	8.9117	9.7489	10.6571	11.6415	12.7080	13.8625	15.1116	16.4622	17.9216
12	9.8497	10.8722	11.9912	13.2148	14.5519	16.0120	17.6053	19.3428	21.2362	23.2981
13	11.9182	13.2641	14.7491	16.3863	18.1899	20.1752	22.3588	24.7588	27.3947	30.2875
14	14.4210	16.1822	18.1414	20.3191	22.7374	25.4207	28.3957	31.6913	35.3391	39.3738
15	17.4494	19.7423	22.3140	25.1956	28.4217	32.0301	36.0625	40.5648	45.5875	51.1859
16	21.1138	24.0856	27.4462	31.2426	35.5271	40.3579	45.7994	51.9230	58.8079	66.5417
17	25.5477	29.3844	33.7588	38.7408	44.4089	50.8510	58.1652	66.4614	75.8621	86.5042
18	30.9127	35.8490	41.5233	48.0386	55.5112	64.0722	73.8698	85.0706	97.8622	112.4554
19	37.4043	43.7358	51.0737	59.5679	69.3889	80.7310	93.8147	108.8904	126.2422	146.1920
20	45.2593	53.3576	62.8206	73.8641	86.7362	101.7211	119.1446	139.3797	162.8524	190.0496
21	54.7637	65.0963	77.2694	91.5915	108.4202	128.1685	151.3137	178.4060	210.0796	247.0645
22	66.2641	79.4175	95.0413	113.5735	135.5253	161.4924	192.1683	228.3596	271.0027	321.1839
23	80.1795	96.8894	116.9008	140.8312	169.4066	203.4804	244.0538	292.3003	349.5935	417.5391
24	97.0172	118.2050	143.7880	174.6306	211.7582	256.3853	309.9483	374.1444	450.9756	542.8008
25	117.3909	144.2101	176.8593	216.5420	264.6978	323.0454	393.6344	478.9049	581.7585	705.6410
26	142.0429	175.9364	217.5369	268.5121	330.8722	407.0373	499.9157	612.9982	750.4685	917.3333
27	171.8719	214.6424	267.5704	332.9550	413.5903	512.8670	634.8929	784.6377	968.1044	1192.5333
28	207.9651	261.8637	329.1115	412.8642	516.9879	646.2124	806.3140	1 004.3363	1 248.8546	1 550.2933
29	251.6377	319.4737	404.8072	511.9516	646.2349	814.2276	1 024.0187	1 285.5504	1 611.0225	2 015.3813
30	304.4816	389.7579	497.9129	634.8199	807.7936	1 025.9267	1 300.5083	1 645.5046	2 078.2190	2 619.9956

2. 复利现值系数（P/F, i, n）表

期数	1%	2%	3%	4%	5%	6%	7%	8%	9%	10%
1	0.9901	0.9804	0.9709	0.9615	0.9524	0.9434	0.9346	0.9259	0.9174	0.9091
2	0.9803	0.9612	0.9426	0.9246	0.9070	0.8900	0.8734	0.8573	0.8417	0.8264
3	0.9706	0.9423	0.9151	0.8890	0.8638	0.8396	0.8163	0.7938	0.7722	0.7513
4	0.9610	0.9238	0.8885	0.8548	0.8227	0.7921	0.7629	0.7350	0.7084	0.6830
5	0.9515	0.9057	0.8626	0.8219	0.7835	0.7473	0.7130	0.6806	0.6499	0.6209
6	0.9420	0.8880	0.8375	0.7903	0.7462	0.7050	0.6663	0.6302	0.5963	0.5645
7	0.9327	0.8706	0.8131	0.7599	0.7107	0.6651	0.6227	0.5835	0.5470	0.5132
8	0.9235	0.8535	0.7894	0.7307	0.6768	0.6274	0.5820	0.5403	0.5019	0.4665
9	0.9143	0.8368	0.7664	0.7026	0.6446	0.5919	0.5439	0.5002	0.4604	0.4241
10	0.9053	0.8203	0.7441	0.6756	0.6139	0.5584	0.5083	0.4632	0.4224	0.3855
11	0.8963	0.8043	0.7224	0.6496	0.5847	0.5268	0.4751	0.4289	0.3875	0.3505
12	0.8874	0.7885	0.7014	0.6246	0.5568	0.4970	0.4440	0.3971	0.3555	0.3186
13	0.8787	0.7730	0.6810	0.6006	0.5303	0.4688	0.4150	0.3677	0.3262	0.2897
14	0.8700	0.7579	0.6611	0.5775	0.5051	0.4423	0.3878	0.3405	0.2992	0.2633
15	0.8613	0.7430	0.6419	0.5553	0.4810	0.4173	0.3624	0.3152	0.2745	0.2394
16	0.8528	0.7284	0.6232	0.5339	0.4581	0.3936	0.3387	0.2919	0.2519	0.2176
17	0.8444	0.7142	0.6050	0.5134	0.4363	0.3714	0.3166	0.2703	0.2311	0.1978
18	0.8360	0.7002	0.5874	0.4936	0.4155	0.3503	0.2959	0.2502	0.2120	0.1799
19	0.8277	0.6864	0.5703	0.4746	0.3957	0.3305	0.2765	0.2317	0.1945	0.1635
20	0.8195	0.6730	0.5537	0.4564	0.3769	0.3118	0.2584	0.2145	0.1784	0.1486
21	0.8114	0.6598	0.5375	0.4388	0.3589	0.2942	0.2415	0.1987	0.1637	0.1351
22	0.8034	0.6468	0.5219	0.4220	0.3418	0.2775	0.2257	0.1839	0.1502	0.1228
23	0.7954	0.6342	0.5067	0.4057	0.3256	0.2618	0.2109	0.1703	0.1378	0.1117
24	0.7876	0.6217	0.4919	0.3901	0.3101	0.2470	0.1971	0.1577	0.1264	0.1015
25	0.7798	0.6095	0.4776	0.3751	0.2953	0.2330	0.1842	0.1460	0.1160	0.0923
26	0.7720	0.5976	0.4637	0.3607	0.2812	0.2198	0.1722	0.1352	0.1064	0.0839
27	0.7644	0.5859	0.4502	0.3468	0.2678	0.2074	0.1609	0.1252	0.0976	0.0763
28	0.7568	0.5744	0.4371	0.3335	0.2551	0.1956	0.1504	0.1159	0.0895	0.0693
29	0.7493	0.5631	0.4243	0.3207	0.2429	0.1846	0.1406	0.1073	0.0822	0.0630
30	0.7419	0.5521	0.4120	0.3083	0.2314	0.1741	0.1314	0.0994	0.0754	0.0573

续表

期数	11%	12%	13%	14%	15%	16%	17%	18%	19%	20%
1	0.9009	0.8929	0.8850	0.8772	0.8696	0.8621	0.8547	0.8475	0.8403	0.8333
2	0.8116	0.7972	0.7831	0.7695	0.7561	0.7432	0.7305	0.7182	0.7062	0.6944
3	0.7312	0.7118	0.6931	0.6750	0.6575	0.6407	0.6244	0.6086	0.5934	0.5787
4	0.6587	0.6355	0.6133	0.5921	0.5718	0.5523	0.5337	0.5158	0.4987	0.4823
5	0.5935	0.5674	0.5428	0.5194	0.4972	0.4761	0.4561	0.4371	0.4190	0.4019
6	0.5346	0.5066	0.4803	0.4556	0.4323	0.4104	0.3898	0.3704	0.3521	0.3349
7	0.4817	0.4523	0.4251	0.3996	0.3759	0.3538	0.3332	0.3139	0.2959	0.2791
8	0.4339	0.4039	0.3762	0.3506	0.3269	0.3050	0.2848	0.2660	0.2487	0.2326
9	0.3909	0.3606	0.3329	0.3075	0.2843	0.2630	0.2434	0.2255	0.2090	0.1938
10	0.3522	0.3220	0.2946	0.2697	0.2472	0.2267	0.2080	0.1911	0.1756	0.1615
11	0.3173	0.2875	0.2607	0.2366	0.2149	0.1954	0.1778	0.1619	0.1476	0.1346
12	0.2858	0.2567	0.2307	0.2076	0.1869	0.1685	0.1520	0.1372	0.1240	0.1122
13	0.2575	0.2292	0.2042	0.1821	0.1625	0.1452	0.1299	0.1163	0.1042	0.0935
14	0.2320	0.2046	0.1807	0.1597	0.1413	0.1252	0.1110	0.0985	0.0876	0.0779
15	0.2090	0.1827	0.1599	0.1401	0.1229	0.1079	0.0949	0.0835	0.0736	0.0649
16	0.1883	0.1631	0.1415	0.1229	0.1069	0.0930	0.0811	0.0708	0.0618	0.0541
17	0.1696	0.1456	0.1252	0.1078	0.0929	0.0802	0.0693	0.0600	0.0520	0.0451
18	0.1528	0.1300	0.1108	0.0946	0.0808	0.0691	0.0592	0.0508	0.0437	0.0376
19	0.1377	0.1161	0.0981	0.0829	0.0703	0.0596	0.0506	0.0431	0.0367	0.0313
20	0.1240	0.1037	0.0868	0.0728	0.0611	0.0514	0.0433	0.0365	0.0308	0.0261
21	0.1117	0.0926	0.0768	0.0638	0.0531	0.0443	0.0370	0.0309	0.0259	0.0217
22	0.1007	0.0826	0.0680	0.0560	0.0462	0.0382	0.0316	0.0262	0.0218	0.0181
23	0.0907	0.0738	0.0601	0.0491	0.0402	0.0329	0.0270	0.0222	0.0183	0.0151
24	0.0817	0.0659	0.0532	0.0431	0.0349	0.0284	0.0231	0.0188	0.0154	0.0126
25	0.0736	0.0588	0.0471	0.0378	0.0304	0.0245	0.0197	0.0160	0.0129	0.0105
26	0.0663	0.0525	0.0417	0.0331	0.0264	0.0211	0.0169	0.0135	0.0109	0.0087
27	0.0597	0.0469	0.0369	0.0291	0.0230	0.0182	0.0144	0.0115	0.0091	0.0073
28	0.0538	0.0419	0.0326	0.0255	0.0200	0.0157	0.0123	0.0097	0.0077	0.0061
29	0.0485	0.0374	0.0289	0.0224	0.0174	0.0135	0.0105	0.0082	0.0064	0.0051
30	0.0437	0.0334	0.0256	0.0196	0.0151	0.0116	0.0090	0.0070	0.0054	0.0042

续表

期数	21%	22%	23%	24%	25%	26%	27%	28%	29%	30%
1	0.8264	0.8197	0.8130	0.8065	0.8000	0.7937	0.7874	0.7813	0.7752	0.7692
2	0.6830	0.6719	0.6610	0.6504	0.6400	0.6299	0.6200	0.6104	0.6009	0.5917
3	0.5645	0.5507	0.5374	0.5245	0.5120	0.4999	0.4882	0.4768	0.4658	0.4552
4	0.4665	0.4514	0.4369	0.4230	0.4096	0.3968	0.3844	0.3725	0.3611	0.3501
5	0.3855	0.3700	0.3552	0.3411	0.3277	0.3149	0.3027	0.2910	0.2799	0.2693
6	0.3186	0.3033	0.2888	0.2751	0.2621	0.2499	0.2383	0.2274	0.2170	0.2072
7	0.2633	0.2486	0.2348	0.2218	0.2097	0.1983	0.1877	0.1776	0.1682	0.1594
8	0.2176	0.2038	0.1909	0.1789	0.1678	0.1574	0.1478	0.1388	0.1304	0.1226
9	0.1799	0.1670	0.1552	0.1443	0.1342	0.1249	0.1164	0.1084	0.1011	0.0943
10	0.1486	0.1369	0.1262	0.1164	0.1074	0.0992	0.0916	0.0847	0.0784	0.0725
11	0.1228	0.1122	0.1026	0.0938	0.0859	0.0787	0.0721	0.0662	0.0607	0.0558
12	0.1015	0.0920	0.0834	0.0757	0.0687	0.0625	0.0568	0.0517	0.0471	0.0429
13	0.0839	0.0754	0.0678	0.0610	0.0550	0.0496	0.0447	0.0404	0.0365	0.0330
14	0.0693	0.0618	0.0551	0.0492	0.0440	0.0393	0.0352	0.0316	0.0283	0.0254
15	0.0573	0.0507	0.0448	0.0397	0.0352	0.0312	0.0277	0.0247	0.0219	0.0195
16	0.0474	0.0415	0.0364	0.0320	0.0281	0.0248	0.0218	0.0193	0.0170	0.0150
17	0.0391	0.0340	0.0296	0.0258	0.0225	0.0197	0.0172	0.0150	0.0132	0.0116
18	0.0323	0.0279	0.0241	0.0208	0.0180	0.0156	0.0135	0.0118	0.0102	0.0089
19	0.0267	0.0229	0.0196	0.0168	0.0144	0.0124	0.0107	0.0092	0.0079	0.0068
20	0.0221	0.0187	0.0159	0.0135	0.0115	0.0098	0.0084	0.0072	0.0061	0.0053
21	0.0183	0.0154	0.0129	0.0109	0.0092	0.0078	0.0066	0.0056	0.0048	0.0040
22	0.0151	0.0126	0.0105	0.0088	0.0074	0.0062	0.0052	0.0044	0.0037	0.0031
23	0.0125	0.0103	0.0086	0.0071	0.0059	0.0049	0.0041	0.0034	0.0029	0.0024
24	0.0103	0.0085	0.0070	0.0057	0.0047	0.0039	0.0032	0.0027	0.0022	0.0018
25	0.0085	0.0069	0.0057	0.0046	0.0038	0.0031	0.0025	0.0021	0.0017	0.0014
26	0.0070	0.0057	0.0046	0.0037	0.0030	0.0025	0.0020	0.0016	0.0013	0.0011
27	0.0058	0.0047	0.0037	0.0030	0.0024	0.0019	0.0016	0.0013	0.0010	0.0008
28	0.0048	0.0038	0.0030	0.0024	0.0019	0.0015	0.0012	0.0010	0.0008	0.0006
29	0.0040	0.0031	0.0025	0.0020	0.0015	0.0012	0.0010	0.0008	0.0006	0.0005
30	0.0033	0.0026	0.0020	0.0016	0.0012	0.0010	0.0008	0.0006	0.0005	0.0004

3. 年金现值系数（P/A，i，n）表

期数	1%	2%	3%	4%	5%	6%	7%	8%	9%	10%
1	0.9901	0.9804	0.9709	0.9615	0.9524	0.9434	0.9346	0.9259	0.9174	0.9091
2	1.9704	1.9416	1.9135	1.8861	1.8594	1.8334	1.8080	1.7833	1.7591	1.7355
3	2.9410	2.8839	2.8286	2.7751	2.7232	2.6730	2.6243	2.5771	2.5313	2.4869
4	3.9020	3.8077	3.7171	3.6299	3.5460	3.4651	3.3872	3.3121	3.2397	3.1699
5	4.8534	4.7135	4.5797	4.4518	4.3295	4.2124	4.1002	3.9927	3.8897	3.7908
6	5.7955	5.6014	5.4172	5.2421	5.0757	4.9173	4.7665	4.6229	4.4859	4.3553
7	6.7282	6.4720	6.2303	6.0021	5.7864	5.5824	5.3893	5.2064	5.0330	4.8684
8	7.6517	7.3255	7.0197	6.7327	6.4632	6.2098	5.9713	5.7466	5.5348	5.3349
9	8.5660	8.1622	7.7861	7.4353	7.1078	6.8017	6.5152	6.2469	5.9952	5.7590
10	9.4713	8.9826	8.5302	8.1109	7.7217	7.3601	7.0236	6.7101	6.4177	6.1446
11	10.3676	9.7868	9.2526	8.7605	8.3064	7.8869	7.4987	7.1390	6.8052	6.4951
12	11.2551	10.5753	9.9540	9.3851	8.8633	8.3838	7.9427	7.5361	7.1607	6.8137
13	12.1337	11.3484	10.6350	9.9856	9.3936	8.8527	8.3577	7.9038	7.4869	7.1034
14	13.0037	12.1062	11.2961	10.5631	9.8986	9.2950	8.7455	8.2442	7.7862	7.3667
15	13.8651	12.8493	11.9379	11.1184	10.3797	9.7122	9.1079	8.5595	8.0607	7.6061
16	14.7179	13.5777	12.5611	11.6523	10.8378	10.1059	9.4466	8.8514	8.3126	7.8237
17	15.5623	14.2919	13.1661	12.1657	11.2741	10.4773	9.7632	9.1216	8.5436	8.0216
18	16.3983	14.9920	13.7535	12.6593	11.6896	10.8276	10.0591	9.3719	8.7556	8.2014
19	17.2260	15.6785	14.3238	13.1339	12.0853	11.1581	10.3356	9.6036	8.9501	8.3649
20	18.0456	16.3514	14.8775	13.5903	12.4622	11.4699	10.5940	9.8181	9.1285	8.5136
21	18.8570	17.0112	15.4150	14.0292	12.8212	11.7641	10.8355	10.0168	9.2922	8.6487
22	19.6604	17.6580	15.9369	14.4511	13.1630	12.0416	11.0612	10.2007	9.4424	8.7715
23	20.4558	18.2922	16.4436	14.8568	13.4886	12.3034	11.2722	10.3711	9.5802	8.8832
24	21.2434	18.9139	16.9355	15.2470	13.7986	12.5504	11.4693	10.5288	9.7066	8.9847
25	22.0232	19.5235	17.4131	15.6221	14.0939	12.7834	11.6536	10.6748	9.8226	9.0770
26	22.7952	20.1210	17.8768	15.9828	14.3752	13.0032	11.8258	10.8100	9.9290	9.1609
27	23.5596	20.7069	18.3270	16.3296	14.6430	13.2105	11.9867	10.9352	10.0266	9.2372
28	24.3164	21.2813	18.7641	16.6631	14.8981	13.4062	12.1371	11.0511	10.1161	9.3066
29	25.0658	21.8444	19.1885	16.9837	15.1411	13.5907	12.2777	11.1584	10.1983	9.3696
30	25.8077	22.3965	19.6004	17.2920	15.3725	13.7648	12.4090	11.2578	10.2737	9.4269

续表

期数	11%	12%	13%	14%	15%	16%	17%	18%	19%	20%
1	0.9009	0.8929	0.8850	0.8772	0.8696	0.8621	0.8547	0.8475	0.8403	0.8333
2	1.7125	1.6901	1.6681	1.6467	1.6257	1.6052	1.5852	1.5656	1.5465	1.5278
3	2.4437	2.4018	2.3612	2.3216	2.2832	2.2459	2.2096	2.1743	2.1399	2.1065
4	3.1024	3.0373	2.9745	2.9137	2.8550	2.7982	2.7432	2.6901	2.6386	2.5887
5	3.6959	3.6048	3.5172	3.4331	3.3522	3.2743	3.1993	3.1272	3.0576	2.9906
6	4.2305	4.1114	3.9975	3.8887	3.7845	3.6847	3.5892	3.4976	3.4098	3.3255
7	4.7122	4.5638	4.4226	4.2883	4.1604	4.0386	3.9224	3.8115	3.7057	3.6046
8	5.1461	4.9676	4.7988	4.6389	4.4873	4.3436	4.2072	4.0776	3.9544	3.8372
9	5.5370	5.3282	5.1317	4.9464	4.7716	4.6065	4.4506	4.3030	4.1633	4.0310
10	5.8892	5.6502	5.4262	5.2161	5.0188	4.8332	4.6586	4.4941	4.3389	4.1925
11	6.2065	5.9377	5.6869	5.4527	5.2337	5.0286	4.8364	4.6560	4.4865	4.3271
12	6.4924	6.1944	5.9176	5.6603	5.4206	5.1971	4.9884	4.7932	4.6105	4.4392
13	6.7499	6.4235	6.1218	5.8424	5.5831	5.3423	5.1183	4.9095	4.7147	4.5327
14	6.9819	6.6282	6.3025	6.0021	5.7245	5.4675	5.2293	5.0081	4.8023	4.6106
15	7.1909	6.8109	6.4624	6.1422	5.8474	5.5755	5.3242	5.0916	4.8759	4.6755
16	7.3792	6.9740	6.6039	6.2651	5.9542	5.6685	5.4053	5.1624	4.9377	4.7296
17	7.5488	7.1196	6.7291	6.3729	6.0472	5.7487	5.4746	5.2223	4.9897	4.7746
18	7.7016	7.2497	6.8399	6.4674	6.1280	5.8178	5.5339	5.2732	5.0333	4.8122
19	7.8393	7.3658	6.9380	6.5504	6.1982	5.8775	5.5845	5.3162	5.0700	4.8435
20	7.9633	7.4694	7.0248	6.6231	6.2593	5.9288	5.6278	5.3527	5.1009	4.8696
21	8.0751	7.5620	7.1016	6.6870	6.3125	5.9731	5.6648	5.3837	5.1268	4.8913
22	8.1757	7.6446	7.1695	6.7429	6.3587	6.0113	5.6964	5.4099	5.1486	4.9094
23	8.2664	7.7184	7.2297	6.7921	6.3988	6.0442	5.7234	5.4321	5.1668	4.9245
24	8.3481	7.7843	7.2829	6.8351	6.4338	6.0726	5.7465	5.4509	5.1822	4.9371
25	8.4217	7.8431	7.3300	6.8729	6.4641	6.0971	5.7662	5.4669	5.1951	4.9476
26	8.4881	7.8957	7.3717	6.9061	6.4906	6.1182	5.7831	5.4804	5.2060	4.9563
27	8.5478	7.9426	7.4086	6.9352	6.5135	6.1364	5.7975	5.4919	5.2151	4.9636
28	8.6016	7.9844	7.4412	6.9607	6.5335	6.1520	5.8099	5.5016	5.2228	4.9697
29	8.6501	8.0218	7.4701	6.9830	6.5509	6.1656	5.8204	5.5098	5.2292	4.9747
30	8.6938	8.0552	7.4957	7.0027	6.5660	6.1772	5.8294	5.5168	5.2347	4.9789

续表

期数	21%	22%	23%	24%	25%	26%	27%	28%	29%	30%
1	0.8264	0.8197	0.8130	0.8065	0.8000	0.7937	0.7874	0.7813	0.7752	0.7692
2	1.5095	1.4915	1.4740	1.4568	1.4400	1.4235	1.4074	1.3916	1.3761	1.3609
3	2.0739	2.0422	2.0114	1.9813	1.9520	1.9234	1.8956	1.8684	1.8420	1.8161
4	2.5404	2.4936	2.4483	2.4043	2.3616	2.3202	2.2800	2.2410	2.2031	2.1662
5	2.9260	2.8636	2.8035	2.7454	2.6893	2.6351	2.5827	2.5320	2.4830	2.4356
6	3.2446	3.1669	3.0923	3.0205	2.9514	2.8850	2.8210	2.7594	2.7000	2.6427
7	3.5079	3.4155	3.3270	3.2423	3.1611	3.0833	3.0087	2.9370	2.8682	2.8021
8	3.7256	3.6193	3.5179	3.4212	3.3289	3.2407	3.1564	3.0758	2.9986	2.9247
9	3.9054	3.7863	3.6731	3.5655	3.4631	3.3657	3.2728	3.1842	3.0997	3.0190
10	4.0541	3.9232	3.7993	3.6819	3.5705	3.4648	3.3644	3.2689	3.1781	3.0915
11	4.1769	4.0354	3.9018	3.7757	3.6564	3.5435	3.4365	3.3351	3.2388	3.1473
12	4.2784	4.1274	3.9852	3.8514	3.7251	3.6059	3.4933	3.3868	3.2859	3.1903
13	4.3624	4.2028	4.0530	3.9124	3.7801	3.6555	3.5381	3.4272	3.3224	3.2233
14	4.4317	4.2646	4.1082	3.9616	3.8241	3.6949	3.5733	3.4587	3.3507	3.2487
15	4.4890	4.3152	4.1530	4.0013	3.8593	3.7261	3.6010	3.4834	3.3726	3.2682
16	4.5364	4.3567	4.1894	4.0333	3.8874	3.7509	3.6228	3.5026	3.3896	3.2832
17	4.5755	4.3908	4.2190	4.0591	3.9099	3.7705	3.6400	3.5177	3.4028	3.2948
18	4.6079	4.4187	4.2431	4.0799	3.9279	3.7861	3.6536	3.5294	3.4130	3.3037
19	4.6346	4.4415	4.2627	4.0967	3.9424	3.7985	3.6642	3.5386	3.4210	3.3105
20	4.6567	4.4603	4.2786	4.1103	3.9539	3.8083	3.6726	3.5458	3.4271	3.3158
21	4.6750	4.4756	4.2916	4.1212	3.9631	3.8161	3.6792	3.5514	3.4319	3.3198
22	4.6900	4.4882	4.3021	4.1300	3.9705	3.8223	3.6844	3.5558	3.4356	3.3230
23	4.7025	4.4985	4.3106	4.1371	3.9764	3.8273	3.6885	3.5592	3.4384	3.3254
24	4.7128	4.5070	4.3176	4.1428	3.9811	3.8312	3.6918	3.5619	3.4406	3.3272
25	4.7213	4.5139	4.3232	4.1474	3.9849	3.8342	3.6943	3.5640	3.4423	3.3286
26	4.7284	4.5196	4.3278	4.1511	3.9879	3.8367	3.6963	3.5656	3.4437	3.3297
27	4.7342	4.5243	4.3316	4.1542	3.9903	3.8387	3.6979	3.5669	3.4447	3.3305
28	4.7390	4.5281	4.3346	4.1566	3.9923	3.8402	3.6991	3.5679	3.4455	3.3312
29	4.7430	4.5312	4.3371	4.1585	3.9938	3.8414	3.7001	3.5687	3.4461	3.3317
30	4.7463	4.5338	4.3391	4.1601	3.9950	3.8424	3.7009	3.5693	3.4466	3.3321

4. 年金终值系数 (F/A, i, n) 表

期数	1%	2%	3%	4%	5%	6%	7%	8%	9%	10%
1	1.0000	1.0000	1.0000	1.0000	1.0000	1.0000	1.0000	1.0000	1.0000	1.0000
2	2.0100	2.0200	2.0300	2.0400	2.0500	2.0600	2.0700	2.0800	2.0900	2.1000
3	3.0301	3.0604	3.0909	3.1216	3.1525	3.1836	3.2149	3.2464	3.2781	3.3100
4	4.0604	4.1216	4.1836	4.2465	4.3101	4.3746	4.4399	4.5061	4.5731	4.6410
5	5.1010	5.2040	5.3091	5.4163	5.5256	5.6371	5.7507	5.8666	5.9847	6.1051
6	6.1520	6.3081	6.4684	6.6330	6.8019	6.9753	7.1533	7.3359	7.5233	7.7156
7	7.2135	7.4343	7.6625	7.8983	8.1420	8.3938	8.6540	8.9228	9.2004	9.4872
8	8.2857	8.5830	8.8923	9.2142	9.5491	9.8975	10.2598	10.6366	11.0285	11.4359
9	9.3685	9.7546	10.1591	10.5828	11.0266	11.4913	11.9780	12.4876	13.0210	13.5795
10	10.4622	10.9497	11.4639	12.0061	12.5779	13.1808	13.8164	14.4866	15.1929	15.9374
11	11.5668	12.1687	12.8078	13.4864	14.2068	14.9716	15.7836	16.6455	17.5603	18.5312
12	12.6825	13.4121	14.1920	15.0258	15.9171	16.8699	17.8885	18.9771	20.1407	21.3843
13	13.8093	14.6803	15.6178	16.6268	17.7130	18.8821	20.1406	21.4953	22.9534	24.5227
14	14.9474	15.9739	17.0863	18.2919	19.5986	21.0151	22.5505	24.2149	26.0192	27.9750
15	16.0969	17.2934	18.5989	20.0236	21.5786	23.2760	25.1290	27.1521	29.3609	31.7725
16	17.2579	18.6393	20.1569	21.8245	23.6575	25.6725	27.8881	30.3243	33.0034	35.9497
17	18.4304	20.0121	21.7616	23.6975	25.8404	28.2129	30.8402	33.7502	36.9737	40.5447
18	19.6147	21.4123	23.4144	25.6454	28.1324	30.9057	33.9990	37.4502	41.3013	45.5992
19	20.8109	22.8406	25.1169	27.6712	30.5390	33.7600	37.3790	41.4463	46.0185	51.1591
20	22.0190	24.2974	26.8704	29.7781	33.0660	36.7856	40.9955	45.7620	51.1601	57.2750
21	23.2392	25.7833	28.6765	31.9692	35.7193	39.9927	44.8652	50.4229	56.7645	64.0025
22	24.4716	27.2990	30.5368	34.2480	38.5052	43.3923	49.0057	55.4568	62.8733	71.4027
23	25.7163	28.8450	32.4529	36.6179	41.4305	46.9958	53.4361	60.8933	69.5319	79.5430
24	26.9735	30.4219	34.4265	39.0826	44.5020	50.8156	58.1767	66.7648	76.7898	88.4973
25	28.2432	32.0303	36.4593	41.6459	47.7271	54.8645	63.2490	73.1059	84.7009	98.3471
26	29.5256	33.6709	38.5530	44.3117	51.1135	59.1564	68.6765	79.9544	93.3240	109.1818
27	30.8209	35.3443	40.7096	47.0842	54.6691	63.7058	74.4838	87.3508	102.7231	121.0999
28	32.1291	37.0512	42.9309	49.9676	58.4026	68.5281	80.6977	95.3388	112.9682	134.2099
29	33.4504	38.7922	45.2189	52.9663	62.3227	73.6398	87.3465	103.9659	124.1354	148.6309
30	34.7849	40.5681	47.5754	56.0849	66.4388	79.0582	94.4608	113.2832	136.3075	164.4940

续表

期数	11%	12%	13%	14%	15%	16%	17%	18%	19%	20%
1	1.0000	1.0000	1.0000	1.0000	1.0000	1.0000	1.0000	1.0000	1.0000	1.0000
2	2.1100	2.1200	2.1300	2.1400	2.1500	2.1600	2.1700	2.1800	2.1900	2.2000
3	3.3421	3.3744	3.4069	3.4396	3.4725	3.5056	3.5389	3.5724	3.6061	3.6400
4	4.7097	4.7793	4.8498	4.9211	4.9934	5.0665	5.1405	5.2154	5.2913	5.3680
5	6.2278	6.3528	6.4803	6.6101	6.7424	6.8771	7.0144	7.1542	7.2966	7.4416
6	7.9129	8.1152	8.3227	8.5355	8.7537	8.9775	9.2068	9.4420	9.6830	9.9299
7	9.7833	10.0890	10.4047	10.7305	11.0668	11.4139	11.7720	12.1415	12.5227	12.9159
8	11.8594	12.2997	12.7573	13.2328	13.7268	14.2401	14.7733	15.3270	15.9020	16.4991
9	14.1640	14.7757	15.4157	16.0853	16.7858	17.5185	18.2847	19.0859	19.9234	20.7989
10	16.7220	17.5487	18.4197	19.3373	20.3037	21.3215	22.3931	23.5213	24.7089	25.9587
11	19.5614	20.6546	21.8143	23.0445	24.3493	25.7329	27.1999	28.7551	30.4035	32.1504
12	22.7132	24.1331	25.6502	27.2707	29.0017	30.8502	32.8239	34.9311	37.1802	39.5805
13	26.2116	28.0291	29.9847	32.0887	34.3519	36.7862	39.4040	42.2187	45.2445	48.4966
14	30.0949	32.3926	34.8827	37.5811	40.5047	43.6720	47.1027	50.8180	54.8409	59.1959
15	34.4054	37.2797	40.4175	43.8424	47.5804	51.6595	56.1101	60.9653	66.2607	72.0351
16	39.1899	42.7533	46.6717	50.9804	55.7175	60.9250	66.6488	72.9390	79.8502	87.4421
17	44.5008	48.8837	53.7391	59.1176	65.0751	71.6730	78.9792	87.0680	96.0218	105.9306
18	50.3959	55.7497	61.7251	68.3941	75.8364	84.1407	93.4056	103.7403	115.2659	128.1167
19	56.9395	63.4397	70.7494	78.9692	88.2118	98.6032	110.2846	123.4135	138.1664	154.7400
20	64.2028	72.0524	80.9468	91.0249	102.4436	115.3797	130.0329	146.6280	165.4180	186.6880
21	72.2651	81.6987	92.4699	104.7684	118.8101	134.8405	153.1385	174.0210	197.8474	225.0256
22	81.2143	92.5026	105.4910	120.4360	137.6316	157.4150	180.1721	206.3448	236.4385	271.0307
23	91.1479	104.6029	120.2048	138.2970	159.2764	183.6014	211.8013	244.4868	282.3618	326.2369
24	102.1742	118.1552	136.8315	158.6586	184.1678	213.9776	248.8076	289.4945	337.0105	392.4842
25	114.4133	133.3339	155.6196	181.8708	212.7930	249.2140	292.1049	342.6035	402.0425	471.9811
26	127.9988	150.3339	176.8501	208.3327	245.7120	290.0883	342.7627	405.2721	479.4306	567.3773
27	143.0786	169.3740	200.8406	238.4993	283.5688	337.5024	402.0323	479.2211	571.5224	681.8528
28	159.8173	190.6989	227.9499	272.8892	327.1041	392.5028	471.3778	566.4809	681.1116	819.2233
29	178.3972	214.5828	258.5834	312.0937	377.1697	456.3032	552.5121	669.4475	811.5228	984.0680
30	199.0209	241.3327	293.1992	356.7868	434.7451	530.3117	647.4391	790.9480	966.7122	1 181.8816

续表

期数	21%	22%	23%	24%	25%	26%	27%	28%	29%	30%
1	1.0000	1.0000	1.0000	1.0000	1.0000	1.0000	1.0000	1.0000	1.0000	1.0000
2	2.2100	2.2200	2.2300	2.2400	2.2500	2.2600	2.2700	2.2800	2.2900	2.3000
3	3.6741	3.7084	3.7429	3.7776	3.8125	3.8476	3.8829	3.9184	3.9541	3.9900
4	5.4457	5.5242	5.6038	5.6842	5.7656	5.8480	5.9313	6.0156	6.1008	6.1870
5	7.5892	7.7396	7.8926	8.0484	8.2070	8.3684	8.5327	8.6999	8.8700	9.0431
6	10.1830	10.4423	10.7079	10.9801	11.2588	11.5442	11.8366	12.1359	12.4423	12.7560
7	13.3214	13.7396	14.1708	14.6153	15.0735	15.5458	16.0324	16.5339	17.0506	17.5828
8	17.1189	17.7623	18.4300	19.1229	19.8419	20.5876	21.3612	22.1634	22.9953	23.8577
9	21.7139	22.6700	23.6690	24.7125	25.8023	26.9404	28.1287	29.3692	30.6639	32.0150
10	27.2738	28.6574	30.1128	31.6434	33.2529	34.9449	36.7235	38.5926	40.5564	42.6195
11	34.0013	35.9620	38.0388	40.2379	42.5661	45.0306	47.6388	50.3985	53.3178	56.4053
12	42.1416	44.8737	47.7877	50.8950	54.2077	57.7386	61.5013	65.5100	69.7800	74.3270
13	51.9913	55.7459	59.7788	64.1097	68.7596	73.7506	79.1066	84.8529	91.0161	97.6250
14	63.9095	69.0100	74.5280	80.4961	86.9495	93.9258	101.4654	109.6117	118.4108	127.9125
15	78.3305	85.1922	92.6694	100.8151	109.6868	119.3465	129.8611	141.3029	153.7500	167.2863
16	95.7799	104.9345	114.9834	126.0108	138.1085	151.3766	165.9236	181.8677	199.3374	218.4722
17	116.8937	129.0201	142.4295	157.2534	173.6357	191.7345	211.7230	233.7907	258.1453	285.0139
18	142.4413	158.4045	176.1883	195.9942	218.0446	242.5855	269.8882	300.2521	334.0074	371.5180
19	173.3540	194.2535	217.7116	244.0328	273.5558	306.6577	343.7580	385.3227	431.8696	483.9734
20	210.7584	237.9893	268.7853	303.6006	342.9447	387.3887	437.5726	494.2131	558.1118	630.1655
21	256.0176	291.3469	331.6059	377.4648	429.6809	489.1098	556.7173	633.5927	720.9642	820.2151
22	310.7813	356.4432	408.8753	469.0563	538.1011	617.2783	708.0309	811.9987	931.0438	1 067.2796
23	377.0454	435.8607	503.9166	582.6298	673.6264	778.7707	900.1993	1 040.3583	1 202.0465	1 388.4635
24	457.2249	532.7501	620.8174	723.4610	843.0329	982.2511	1 144.2531	1 332.6586	1 551.6400	1 806.0026
25	554.2422	650.9551	764.6054	898.0916	1 054.7912	1 238.6363	1 454.2014	1 706.8031	2 002.6156	2 348.8033
26	671.6330	795.1653	941.4647	1 114.6336	1 319.4890	1 561.6818	1 847.8358	2 185.7079	2 584.3741	3 054.4443
27	813.6759	971.1016	1 159.0016	1 383.1457	1 650.3612	1 968.7191	2 347.7515	2 798.7061	3 334.8426	3 971.7776
28	985.5479	1 185.7440	1 426.5719	1 716.1007	2 063.9515	2 481.5860	2 982.6443	3 583.3438	4 302.9470	5 164.3109
29	1 193.5129	1 447.6077	1 755.6835	2 128.9648	2 580.9394	3 127.7984	3 788.9583	4 587.6801	5 551.8016	6 714.6042
30	1 445.1507	1 767.0813	2 160.4907	2 640.9164	3 227.1743	3 942.0260	4 812.9771	5 873.2306	7 162.8241	8 729.9855

参考文献

1. 中国注册会计师协会．财务成本管理．北京：中国财经出版传媒集团·中国财政经济出版社．2018．
2. 财政部会计资格评价中心．中级会计资格·财务管理．北京：中国财经出版传媒集团·经济科学出版社．2018．
3. 闫华红．2018年会计专业技术资格考试应试指导及全真模拟测试·中级财务管理．北京．北京科学技术出版社．2018．
4. 荆新，王化成，刘俊彦．财务管理学．北京：中国人民大学出版社．2017．
5. 郭素娟．管理会计．北京：中国财政经济出版社．2017．
6. 郭凤林，宋常．财务管理．广州：中山大学出版社．2009．
7. 袁建国，周丽媛．财务管理．大连：东北财经大学出版社．2008．
8. 贾成海．管理会计．北京：电子工业出版社．2008．
9. 余世维．突破中小企业发展瓶颈．北京：东方出版社．2006．
10. 〔美〕查尔斯·亨格瑞等著．潘飞等译．管理会计教程．北京：人民邮电出版社．2006．
11. 于树彬，王忠民，刘萍．管理会计．大连：东北财经大学出版社．2010．
12. 史永翔．搞通财务出利润．北京：北京大学出版社．2007．